高等院校会计学专业应用型人才培养系列教材

税 法

吕静宜 主 编
陈 珍 温雅丽 副主编

清华大学出版社
北京

内 容 简 介

本书严格遵循国家最新颁布和修订的税收法律、法规,内容准确,时效性强,全书包括税法总论、增值税、消费税、企业所得税、个人所得税,小税种 6 章内容,既对税法的基本原则、税法要素及税法的产生和发展等基本内容进行了简单的介绍,又重点对各税种的概念、计算、征收管理等进行了深入浅出的讲解。本书在编写体例上力求创新,突出应用性的特点,通过设置"案例导入""业务案例""思考与辨析""'税'眼看新闻"等知识栏目,辅以大量生动鲜活的现实案例,激发学生求知欲的目的。

本书可作为应用型本科院校的教材,也可作为财税培训机构的培训教材,还可作为企业相关管理人员提升专业素养的阅读材料。

本书封面贴有清华大学出版社防伪标签,无标签者不得销售。
版权所有,侵权必究。举报: 010-62782989,beiqinquan@tup.tsinghua.edu.cn。

图书在版编目(CIP)数据

税法/吕静宜主编. —北京: 清华大学出版社,2021.4(2025.1重印)
高等院校会计学专业应用型人才培养系列教材
ISBN 978-7-302-57293-0

Ⅰ.①税… Ⅱ.①吕… Ⅲ.①税法-中国-高等学校-教材 Ⅳ.①D922.22

中国版本图书馆 CIP 数据核字(2021)第 006076 号

责任编辑: 左卫霞
封面设计: 傅瑞学
责任校对: 刘 静
责任印制: 刘 菲

出版发行: 清华大学出版社
网　　址: https://www.tup.com.cn, https://www.wqxuetang.com
地　　址: 北京清华大学学研大厦 A 座　　　　邮　编: 100084
社 总 机: 010-83470000　　　　　　　　　　邮　购: 010-62786544
投稿与读者服务: 010-62776969, c-service@tup.tsinghua.edu.cn
质量反馈: 010-62772015, zhiliang@tup.tsinghua.edu.cn
课件下载: https://www.tup.com.cn, 010-83470410

印 装 者: 三河市君旺印务有限公司
经　　销: 全国新华书店
开　　本: 185mm×260mm　　印 张: 15.75　　字　数: 382 千字
版　　次: 2021 年 4 月第 1 版　　　　　　　印　次: 2025 年 1 月第 4 次印刷
定　　价: 58.00 元

产品编号: 091004-02

PREFACE 前 言

目前,我国税收法律制度正处在新一轮的重大变革过程中,随着税法的日益复杂,公民税法风险防范意识的加强,企事业单位、税务机关、税务中介机构等对税务专业人才的需求越来越大,税法课程被列为经管专业的一门专业核心课,同时它又是税务师、注册会计师、会计职称等资格考试的必考内容。

本书旨在通过系统讲授各种税收法律、法规,使学生熟悉我国现行税法的立法精神和基本政策,初步掌握现行主体税种的基本法律规定和计算缴纳方法。本书将各税种的计算、缴纳与学生的认知能力、创新能力结合起来,培养学生正确解决企业涉税业务的能力和独立从事纳税处理的工作素养。

本书在借鉴大量优秀成果的基础上,本着"最新、适度、够用"的原则,结合编者对税法理论的认识与教学经验编写而成,主要具有以下特点。

(1) 内容方面。本书紧跟最新的税收政策变化,税收政策的历次重大调整都体现在书中。根据应用型本科院校学生的特点,本书适度压缩了理论性的叙述,增强了可操作性的制度规定的阐述与应用。本书参考了初级会计师考试和税务师资格考试的考试大纲与重要考点,力求在系统讲授专业知识的同时,提高学生的专业考试水平。

(2) 编写体例方面。本书每章节前都设置了"案例导入",旨在激发学生的学习兴趣,引导学生进行专业思考,导入案例既可作为课前预习的问题,也可用作课堂讨论。在法律规定较为晦涩和概念容易混淆之处通过"思考与辨析""业务案例"等方式进行详细解释,增强税法的可理解性;将各种相关税收时政新闻通过"'税'眼看新闻"的方式生动解读,在增加税法的可读性与趣味性的同时培养学生的税法思维。本书选用案例可作为课程思政建设的素材,提升学生的税法遵从度和职业道德。

(3) 资源配套方面。本书提供了丰富的教学和学习资源,主要包括各章节的课件,课后练习题及参考答案。课后练习题涉及单选、多选、计算分析、案例分析等多种题型,且题量适中,可以从不同角度与层面考查学生对税收政策的理解。

本书由主讲税法课程多年的教师集体编写,由吕静宜担任主编,陈珍、温雅丽担任副主编。

本书在编写过程中参考了大量专著和优秀教材,并得到了有关专家、学者及相关院校的大力支持,在此表示深深的谢意。

由于编者水平有限,且我国税制仍在不断改革中,本书难免出现不足之处,敬请广大读者批评与指正。

编　者

2020 年 11 月

CONTENTS 目 录

第一章　税法总论 ·· 1
　第一节　税收概述 ·· 1
　第二节　税法概述 ·· 5
　第三节　我国现行税法体系与税收管理体制 ··································· 10
　课后习题 ··· 13

第二章　增值税 ·· 17
　第一节　增值税概述 ·· 17
　第二节　增值税征税范围 ·· 20
　第三节　增值税纳税人、税率及征收率、计税方法 ··························· 31
　第四节　增值税一般计税方法 ·· 35
　第五节　简易计税方法 ··· 50
　第六节　增值税出口货物和服务的退（免）税政策 ·························· 55
　第七节　增值税税收优惠 ·· 58
　第八节　增值税征收管理 ·· 63
　课后习题 ··· 64

第三章　消费税 ·· 71
　第一节　消费税概述 ·· 71
　第二节　消费税纳税义务人、征税范围、税率及纳税环节 ·················· 72
　第三节　消费税计税依据 ·· 79
　第四节　消费税应纳税额的计算 ··· 83
　第五节　消费税征收管理 ·· 91
　课后习题 ··· 92

第四章　企业所得税 ·· 97
　第一节　企业所得税概述 ·· 97
　第二节　企业所得税纳税人、征税对象及税率 ································· 98

第三节　企业所得税应纳税所得额的确定……………………………………101
　　第四节　资产的税务处理……………………………………………………117
　　第五节　企业所得税税收优惠………………………………………………121
　　第六节　企业所得税应纳税额的计算………………………………………126
　　第七节　企业所得税征收管理………………………………………………131
　　课后习题………………………………………………………………………132

第五章　个人所得税……………………………………………………………141
　　第一节　个人所得税概述……………………………………………………141
　　第二节　个人所得税纳税义务人、征税对象、税率………………………142
　　第三节　个人所得税应纳税额的计算………………………………………150
　　第四节　个人所得税税收优惠………………………………………………169
　　第五节　个人所得税征收管理………………………………………………171
　　课后习题………………………………………………………………………174

第六章　小税种…………………………………………………………………178
　　第一节　资源税………………………………………………………………178
　　第二节　土地增值税…………………………………………………………187
　　第三节　城镇土地使用税……………………………………………………191
　　第四节　耕地占用税…………………………………………………………195
　　第五节　房产税………………………………………………………………199
　　第六节　车船税………………………………………………………………203
　　第七节　契税…………………………………………………………………207
　　第八节　车辆购置税…………………………………………………………210
　　第九节　船舶吨税……………………………………………………………214
　　第十节　印花税………………………………………………………………216
　　第十一节　城市维护建设税…………………………………………………225
　　第十二节　烟叶税……………………………………………………………228
　　第十三节　环境保护税………………………………………………………229
　　第十四节　关税………………………………………………………………234
　　课后习题………………………………………………………………………240

参考文献……………………………………………………………………………246

第一章

税 法 总 论

【案例导入】 新华社北京2019年10月3日电 记者从国家税务总局以及江苏省税务局获悉,2019年6月初,群众举报范冰冰"阴阳合同"涉税问题后,国家税务总局高度重视,即责成江苏等地税务机关依法开展调查核实,目前案件事实已经查清。

从调查核实情况看,范冰冰在电影《大轰炸》剧组拍摄过程中实际取得片酬3 000万元,其中1 000万元已经申报纳税,其余2 000万元以拆分合同方式偷逃个人所得税618万元,少缴税金及附加112万元,合计730万元。此外,还查出范冰冰及其担任法定代表人的企业少缴税款2.48亿元,共中偷逃税款1.34亿元。

对于上述违法行为,根据国家税务总局指定管辖,江苏省税务局依据《中华人民共和国税收征收管理法》(以下简称《税收征管法》)第三十二、五十二条的规定,对范冰冰及其担任法定代表人的企业追缴税款2.55亿元,加收滞纳金0.33亿元;依据《税收征管法》第六十三条的规定,对范冰冰采取拆分合同手段隐瞒真实收入偷逃税款处4倍罚款共计2.4亿元,对其利用工作室账户隐匿个人报酬的真实性质偷逃税款3倍罚款计2.39亿元;对其担任法定代表人的企业少计收入偷逃税款处1倍罚款共计94.6万元;依据《税收征管法》第六十九条和《中华人民共和国税收征收管理法实施细则》(以下简称《税收征管法实施细则》)第九十三条的规定,对其担任法定代表人的两户企业未代扣代缴个人所得税和非法提供便利协助少缴税款各处0.5倍罚款,分别计0.51亿元、0.65亿元。

——摘自新华视点微博"税务部门依法查处范冰冰'阴阳合同'等偷逃税问题"

思考: 什么是税收?作为公民如何遵守税收相关法律、法规?

第一节 税 收 概 述

西方国家有句名言,世界上只有两件事是不可避免的,那就是税收和死亡。可见税收在西方国家经济生活中的地位,实际上,在任何国家,税收都是经济生活中不可避免的组成部分。

一、税收的产生

税收是一个古老的经济范畴。从人类发展的历史看,税收是与国家有本质联系的一个分配范畴,它随着国家及政府的形成而产生。在我国古代的第一个奴隶制国家夏朝,最早出现了国家凭借其政权力量进行强制课征的形式——贡,即臣属将物品进献给君王。贡,一般有土贡和贡赋两种类型,这是臣属必须履行的义务,但贡的数量、时间尚不确定。贡的强制性是税收萌芽的特征。到商代,贡逐渐演变为助法,它是商朝"井田助耕制"的简称。"井田制"就是用尺丈量田地,将田地分成"井"字形,共为九块,中间一块是公田,周围八块为私田。八块私田由八户农奴耕种,所收的粮食、稻谷归农奴所有,中间的田则由周围八户农奴无偿耕种,收的粮食全部上缴统治者,"井田制"实际上是一种力役之征。到周代,助法又演变为彻法。所谓彻法,就是每个农户要将耕种的田地一定数量的收获量缴纳给王室,即"民耗百亩者,彻取十亩以为赋"。这时候,由原来的力役变成了实物形式。夏、商、周三代的贡、助、彻,都是对土地收获原始的强制课征形式。在当时的土地所有制下,地租和赋税的某些特征,从税收起源的角度看,具有了税收的原始形式,是税收发展的雏形阶段。春秋后期,赋与税统一按田亩征收,"赋"和"税"就往往并用了,统称赋税。

综观历史,税收产生有两个条件:一是国家的产生和存在;二是私有财产制度的存在和发展。

二、税收的概念

税收是国家(政府)公共财政最主要的收入形式和来源。税收的本质是国家为满足社会公共需要,凭借公共权力,按照法律所规定的标准和程序,参与国民收入分配,强制取得财政收入所形成的一种特殊分配关系。可以从以下三个方面理解税收的内涵。

(1) 税收是国家取得财政收入的一种重要工具,其本质是一种分配关系,且是以国家为主体进行的分配。

(2) 国家征税的依据是政治权力,有别于按生产要素进行的分配。

(3) 国家征税的目的是满足社会成员获得公共产品的需要。

三、税收的特征

税收自产生以来一直都是国家取得财政收入的主要形式,与其他财政收入形式相比,税收具有以下基本特征。

1. 强制性

税收的强制性是指国家凭借政治权利,以国家的法律、法令为依据强制征收,任何纳税人必须依法纳税,税务机关必须依法征税。从公共产品理论角度看,税收是公共产品的价格,纳税人只有支付了税收才得以获得政府提供的公共服务。由于公共产品具有非竞争性和非排他性,因此在提供过程中存在"搭便车"行为,为克服这一问题,政府往往采取强制性的方式。

2. 无偿性

税收的无偿性是指国家征税后税款为国家所有,归国家自主支配使用,国家不需要承担任何必须将税款等额直接返还给纳税人或向纳税人支付任何报酬的义务。税收的无偿性是对纳税人个体而言,其享有的公共利益与其缴纳的税款并非一一对等,但对纳税人整体而言是对等的,长期以来,我国宣传"社会主义税收取之于民,用之于民"就是从政府面向全社会提供相应的公共服务的角度提出来的。

3. 固定性

国家在征税之前就以法律的形式,预先规定了征税对象和税率等各项征税标准,不经国家有关部门批准不能随意改变。税收的固定性使征纳双方都有法可依。

上述税收的特征是相互联系、不可分离的，无偿性要求它具有强制性，强制性是无偿性的保障；税收的强制性和无偿性又决定了它必须具有固定性。

"税"眼看新闻　　1 350 000 000元！确诊患者医疗费用公布

2020年6月7日，在国新办发布会上，国新办发布《抗击新冠肺炎疫情的中国行动》白皮书。这一白皮书是真实记录中国抗疫艰辛历程的重要文献，约3.7万字。

中央宣传部副部长、国务院新闻办公室主任徐麟表示，白皮书的发布就是为了记录中国抗击疫情的艰辛历程，分享中国疫情防控和医疗救治的有效做法，介绍中国人民历经疫情磨难的感受和体会，传递团结合作、战胜疫情的信心和力量。

《抗击新冠肺炎疫情的中国行动》白皮书介绍，截至2020年5月31日24时，31个省、自治区、直辖市和新疆生产建设兵团累计报告确诊病例83 017例，累计治愈出院病例78 307例，累计死亡病例4 634例，治愈率94.3%，病亡率5.6%。

疫情发生后，中国对确诊患者实施免费救治措施。白皮书透露，截至5月31日，全国确诊住院患者结算人数5.8万人次，总医疗费用13.5亿元，确诊患者人均医疗费用约2.3万元。其中，重症患者人均治疗费用超过15万元，一些危重症患者治疗费用几十万元甚至上百万元，全部由国家承担。

白皮书显示，为保障救治资金，截至5月31日，全国各级财政共安排疫情防控资金1 624亿元。国家及时调整医保政策，明确确诊和疑似患者医疗保障政策，对确诊和疑似患者实行"先救治，后结算"。对新冠肺炎患者（包括确诊和疑似患者）发生的医疗费用，在基本医保、大病保险、医疗救助等按规定支付后，个人负担部分由财政给予补助。异地就医医保支付的费用由就医地医保部门先行垫付。

《抗击新冠肺炎疫情的中国行动》真实记录了中国抗疫艰辛历程，展现了面对疫情，中国政府始终把人民生命安全和身体健康放在第一位的信念和行动。在此，将部分信息梳理如下。

(1) 16家方舱医院累计收治患者1.2万余人，累计治愈出院8 000余人、转院3 500余人，实现"零感染、零死亡、零回头"。

(2) 加强临床血液供应，10个省份无偿支援湖北省红细胞4.5万单位，血小板1 762个治疗量，新鲜冰冻血浆137万毫升（不含恢复期血浆）。

(3) 疫情发生以来，湖北省成功治愈3 000余位80岁以上、7位百岁以上新冠肺炎患者，多位重症老年患者是从死亡线上抢救回来的。一位70岁老人身患新冠肺炎，10多名医护人员精心救护几十天，终于挽回了老人的生命，治疗费用近150万元全部由国家承担。

(4) 驻外使领馆尽力履行领事保护职能，通过各种渠道宣介疫情防护知识，向留学生发放100多万份"健康包"。

(5) 截至5月31日，全国各级财政共安排疫情防控资金1 624亿元。及时调整医保政策，明确确诊和疑似患者医疗保障政策，对确诊和疑似患者实行"先救治，后结算"。

(6) 自1月24日除夕至3月8日，全国共调集346支国家医疗队、4.26万名医务人员、900多名公共卫生人员驰援湖北。

(7) 人民解放军派出4 000多名医务人员支援湖北，承担火神山医院等3家医疗机构的医疗救治任务,空军出动运输机紧急运送医疗物资。

(8) 400万名社区工作者奋战在全国65万个城乡社区中,监测疫情、测量体温、排查人员、站岗值守、宣传政策、防疫消杀,认真细致,尽职尽责,守好疫情防控"第一关口"。公安民警及辅警驻守医院、转运病人、街道巡逻、维护秩序,面对急难险重任务勇挑重担,130多人牺牲在工作岗位。

(9) 3月1日至5月31日,中国向200个国家和地区出口防疫物资。其中,口罩706亿只,防护服3.4亿套,护目镜1.15亿个,呼吸机9.67万台,检测试剂盒2.25亿人份,红外线测温仪4 029万台。

——摘自微信公众号广东共青团

【点评】 政府存在的理由就是为社会提供公共产品和公共服务,就是为大家服务,这是政府的职责所在。税收除维护政府日常的运转外,绝大部分都应该用来提高国民的福利,搞好公共服务。因此,提升国民的税收遵从度,增加政府财政收入,政府提供公共服务的能力会相应提升,人民享受的福利待遇将逐步得到改善。

四、税收的分类

税收分类是指根据不同的目的,按照一定的标准,对复杂的税制和繁多的税种进行归类。科学的税收分类不仅能够揭示各类税收的性质、特点、功能以及各类税收之间的区别与联系,而且为制定科学合理的税收政策和切实有效的税收征管制度提供可靠依据。常用的税收分类方法有以下几种。

1. 根据课税对象的属性分类

根据课税对象的属性,可分为流转税、所得税、财产税、资源税、行为税五种。

(1) 流转税。流转税又称商品劳务税,是指以商品、劳务或服务的流转额为课税对象的税种,它主要以商品销售额、购进商品的支付金额或营业收入额为计税依据,一般采用比例税率的形式,如增值税、消费税、关税等。

(2) 所得税。所得税是以收益所得额为课税对象的税种。它主要根据纳税人的生产经营所得、个人收入所得和其他所得进行课征,如企业所得税、个人所得税等。

(3) 财产税。财产税是以财产价值为课税对象的税种。主要包括房产税、车船税等。

(4) 资源税。资源税是指以各种应税自然资源为征税对象征收的各种税,主要包括资源税、土地增值税和城镇土地使用税等。

(5) 行为税。行为税是指以特定行为为课税对象的税种,主要包括印花税、契税等。

2. 根据计税的标准不同分类

根据计税的标准不同,可分为从价税、从量税和复合税三种。

(1) 从价税。从价税是以征税对象的价格为计税依据的税种。我国现行的增值税、企业所得税、房产税等就是从价税。

(2) 从量税。从量税是以征税对象的数量、重量、容积或体积等自然单位为计税依据,采用固定单位税额征收的税种,如车船税、城镇土地使用税等。

(3) 复合税。复合税是从价税和从量税的结合,既按征税对象的价格又按其数量为标准计征的税种,如卷烟、白酒的消费税。

3. 根据税收和价格的组成关系分类

根据税收和价格的组成关系,可分为价内税和价外税两种。

(1) 价内税。价内税是指税金构成商品价格一部分的税收存在形式,凡是商品价格中包含应缴流转税税金(不包含流转税中的增值税),统称为价内税。我国现行的消费税就是价内税。

(2) 价外税。价外税是价内税的对称,凡是商品价格中不包含应缴流转税税金,统称为价外税。在价外税的条件下,购买货物支付的商品市场价格由生产价格和商品税金两部分组成。以不含税价格计征税款,一般不会产生重复征税问题。价外税具有直观、透明、中性的特点,我国现行的增值税就是价外税。

4. 根据税收负担是否易于转嫁分类

以税收负担是否易于转嫁为标准,分为直接税与间接税两种。

(1) 直接税。直接税是指纳税人直接负担的各种税收。对于直接税而言,由于税负不能转嫁,因而纳税人就是负税人。我国的所得税和财产税属于直接税。

(2) 间接税。间接税是指纳税人能将税负转嫁给他人负担的各种税。对于间接税而言,纳税人不一定是负税人,最终负担税收的可能是消费者。我国的关税、消费税和增值税就属于间接税。

5. 根据税收的征收管理权和收入支配权不同分类

根据税收的征收管理权和收入支配权不同,可分为中央税、地方税、中央和地方共享税三大类。

(1) 中央税。中央税是指属于中央固定财政收入,由中央集中管理和使用的税种。例如,消费税、车辆购置税、关税、海关代征的进口环节增值税等就属于中央税。

(2) 地方税。地方税是指属于地方固定财政收入,由地方管理和使用的税种。例如,城镇土地使用税、耕地占用税、土地增值税等。

(3) 中央和地方共享税。中央和地方共享税是指由中央和地方政府共同管理和使用的税种。中央政府和地方政府按一定比例分享,如增值税中央分享50%,地方分享50%。

第二节 税法概述

一、税法的概念

税法是指有权的国家机关制定的有关调整税收分配过程中形成的权利义务关系的法律规范的总和。

有权的国家机关是指国家最高权力机关,在我国指全国人民代表大会及其常务委员会。地方立法机关往往拥有一定的立法权,获得授权的行政机关也是制定税法主体的构成者。

税法是税收制度的法律表现形式。广义的税法是指各种税收法律规范形式的总和,从立法层次上划分,包括由全国人民代表大会正式制定的税收法律、由国务院制定的税收法规或省级人民代表大会制定的地方性税收法规、由有规章制定权的单位制定的税务部门规章。狭义的税法仅指国家最高权力机关正式立法的税收法律。

税法具有义务性法规和综合性法规的特点。义务性法规是相对授权性法规而言的,是指直接要求人们从事或不从事某种行为的法规,即直接规定人们某种义务的法规。税法具有的综合性,是指它由一系列单行税收法律法规及行政规章制度组成,其内容涉及课税的基本原则、征纳双方的权利和义务、税收管理规则、法律责任、解决税务争议的法律规范等。税法的综合性特点是由税收制度所调整的税收分配关系和税收法律关系的复杂性所决定的。

税法的本质是调整税收分配过程中形成的权利义务关系,既要保证国家税收收入,也要保护纳税人的权利,两者缺一不可,这也是税法的核心要义。

二、税法的构成要素

税法的构成要素是指各种单行税法具有的共同基本要素的总称。了解税法要素的构成,有助于全面掌握和执行税法规定。税法的构成要素一般包括总则、纳税义务人、征税对象、税率、纳税环节、纳税期限、纳税地点、减税免税、罚则、附则等项目。其中纳税义务人、征税对象、税率三项是构成税法的三个最基本的要素。

1. 总则

总则主要包括税法的立法意图、立法依据、适用原则等。

2. 纳税义务人

纳税义务人也称纳税人,是指税法规定的直接负有纳税义务的单位和个人。纳税义务人可以是自然人,也可以是法人或其他社会组织。纳税义务人是区分不同税种的重要标志之一。因此,每个税种都应明确规定各自的纳税义务人。

与纳税义务人有关的还有负税人、代扣代缴义务人和代收代缴义务人等概念。负税人是指实际负担税款的单位和个人。如果税收由纳税人自己负担,纳税人本身就是负税人,如个人所得税、企业所得税等;有的税收虽然由纳税人缴纳,但实际上由别人负担,如消费税等。代扣代缴义务人是指有义务从持有的纳税人收入中扣除其应纳税款并代为缴纳的单位或个人,如代个人支付个人所得税的企业就是代扣代缴义务人,一般是在向纳税人支付款项时,发生代扣代缴。代收代缴义务人是指有义务借助与纳税人的经济交往而向纳税人收取应纳税款并代为缴纳的单位和个人,一般是在向纳税人收取款项时,发生代收代缴。

3. 征税对象

征税对象又称课税对象,是指对什么征税,是税收法律关系中权利义务所指的对象。它是一个税种区别于另一个税种的主要标志。不同的征税对象构成不同的税种。如房产税的征税对象为房产;个人所得税的征税对象是个人所得额。

根据征税对象的不同,可分为对流转额征税、对所得额征税、对财产征税、对资源征税、对特定行为征税等,也因此将税收分为相应的五大类,即流转税、所得税、财产税、资源税和行为税。

在征税对象这一要素中,有两个相关的概念:一个是税目,一个是计税依据。

税目是征税对象的具体化,它规定了征税对象的具体范围。凡列入税目的即为应税项目,没有列入税目的,则不属于应税项目。制定税目的基本方法一般有两种:一是列举法,即按照每种商品或经营项目分别设置税目,必要时还可以在一个税目下设若干子目;二是概括法,即把性质相近的产品或项目归类设置税目,如按产品大类或行业设置税目等。如消费税列有烟、酒、高档化妆品等15个税目。

计税依据也称计税标准,是计算征税对象应纳税额的直接数量依据或标准,它解决征税对象课税的计算问题。计税依据与征税对象有时是一致的,有时不一致。例如个人所得税,计税依据与征税对象都是个人所得,而资源税的计税依据有重量、体积,而征税对象则是应税资源。

4. 税率

税率是指应纳税额与征税对象的比例或征收额度,它是计算税额的尺度,是税法的核心要素,体现征税的深度。税率的形式有以下几种。

(1) 比例税率。比例税率是指对同一征税对象,不论其数量多少、数额大小,均按同一个比例征收的税率,如增值税、企业所得税、城市维护建设税。

(2) 定额税率。定额税率是指按征税对象的一定计量单位规定固定的税额,而不采用百分比的形式。这种方式的税率与课税对象的价值量脱离了联系,不受课税对象价值量变化的影响,适用于对价格稳定、质量等级和品种规格单一的大宗产品征税的税种。目前我国的城镇土地使用税、耕地占用税、车船税、环境保护税等采用的是定额税率,此外,消费税中部分应税消费品、资源税中水资源税均采用定额税率。

(3) 累进税率。累进税率是按征税物件数额的大小,划分为几个等级,各定一个税率递增征税,数额越大,税率越高。累进税率分为全额累进税率、超额累进税率、全率累进税率及超率累进税率。全额累进税率是把征税对象的全部数额分为若干级,确定不同等级的税率,按征税对象的全部数额达到哪一级,就按哪一级的税率征税,我国目前没有采用此类税率。超额累进税率是指把征税对象数额的大小划分为若干个等级,每一等级规定一个税率,税率依次提高,每一纳税人的征税对象则依所属等级同时适用几个税率分别计算,将计算结果相加后得出应纳税款。目前我国采用这种税率的有个人所得税。超率累进税率是指以征税对象数额的相对率划分若干级距,分别规定相应的差别税率,相对率每超过一个级距的,对超过的部分就按高一级的税率计算征税。目前采用这种税率的有土地增值税。全率累进税率是指按课税对象的相对额划分若干级距,每个级距规定的税率随课税对象相对额的增大而提高,使纳税人的全部课税对象都按与其所对应的税率计算纳税的税率制度。我国目前没有采用这种税率。

5. 纳税环节

纳税环节是指税法规定的征税对象在从生产到消费的流转过程中应当缴纳税款的环节。如流转税在生产和流通环节纳税,所得税在分配环节纳税等。

6. 纳税期限

纳税期限是指纳税人发生纳税义务后,应依法缴纳税款的法定期限。每一个税种要明确规定纳税期限,这是由税收的强制性和固定性的特征所决定的。纳税期限可以分为两种:一是按期纳税;二是按次纳税。如《中华人民共和国增值税暂行条例》规定,增值税的纳税期限为1日、3日、5日、10日、15日、1个月或者1个季度。在实务中,我们经常还会用到另外两个概念:一是纳税义务发生时间,即税法上产生纳税义务的时间,不同的税种,税法会规定相应的纳税义务时间;二是缴库期限,即税款缴纳期限。

7. 纳税地点

纳税地点是指纳税人依据税法规定向征税机关申报纳税的具体地点。通常,在税法上规定的纳税地点主要有机构所在地、经济活动发生地、财产所在地、报关地等。

8. 减税免税

减税免税是对某些纳税人或征税对象给予鼓励照顾措施,是税收制度的一个组成部分,也是税制统一性与灵活性相结合的体现。减税是对应纳税额少征一部分税款,而免税是对应纳税额全部免征税款。减税免税可以分为税基式减免、税率式减免和税额式减免三种形式。

(1) 税基式减免。税基式减免是通过直接缩小计税依据的方式来实现的减税免税,具体包括起征点、免征额、项目扣除以及跨期结转等。

起征点是征税对象达到一定标准后开始征税的起点,对征税对象未达到起征点的不征税,达到起征点的就全部数量征税,而不是仅就超过部分征税。

免征额是在征税对象的全部数额中免予征税的数额,低于免征额的部分不征税,仅就超过免征额的部分征税。

项目扣除则是指在征税对象中扣除一定项目的数额,以其余额作为依据计算税额。

跨期结转是将以前纳税年度的经营亏损从本纳税年度经营利润中扣除。

 业务案例

某税收政策规定其起征点和免税额的优惠均为3 500元,适用税率5%。若企业当期应税收入2 500元,如何享受该政策?若企业当期应税收入12 500元,又如何享受该政策?

解析 当企业应税收入为2 500元时,其低于起征点,也低于免征额,因此,2 500元都不必交税。

当企业应税收入为12 500元时,按以下两种情况分别计算应纳税额。

(1) 适用起征点政策时,应税收入12 500元超过了起征点3 500元,纳税人须以12 500元全额作为应税收入交税:应纳税额=12 500×5%=625(元)。

(2) 适用免征额政策时,应税收入12 500元超过了免征额3 500元,纳税人只须以超过的部分(9 000元)作为应税收入交税:应纳税额=9 000×5%=450(元)。

由该业务案例可以看出,起征点是超过了起征点全交税,免征额是指超过的部分才交税。因此,起征点只是对部分纳税人的援助,而免征额是对所有纳税人的扶助。

(2) 税率式减免。税率式减免即通过直接降低税率的方式实现的减税免税,包括低税率、零税率等。如企业所得税对小型微利企业采用20%的优惠税率,对国家重点扶持的高新技术企业采用15%的优惠税率,相对于企业所得税25%的基本税率而言,这20%和15%的企业所得税低税率就是税率式减免。

(3) 税额式减免。税额式减免即通过直接减少应纳税额的方式实现的减税免税,包括部分免征、减半征收、核定减免率等。

9. 罚则

罚则又称为法律责任,是对违反税法的行为采取的处罚措施。

10. 附则

附则主要包括两项内容:一是规定此项税法的解释权;二是规定税法的生效时间。

三、税收法律关系

税收法律关系是税法所确认和调整的国家与纳税人之间、国家与国家之间以及各级政府之间在税收分配过程中形成的权利与义务关系。

1. 税收法律关系的构成

税收法律关系由税收法律关系的主体、客体和内容三方面构成。

(1) 税收法律关系的主体。税收法律关系的主体是指税收法律关系中享有权利和承担义务的当事人。在我国,税收法律关系主体包括征纳双方,即征税主体和纳税主体。征税主体是代表国家行使征税职责的国家行政机关。征税主体享有国家权力的同时意味着必须依法行使具有职权与职责相对等的结果,体现了职、权、责的统一性。纳税主体是履行义务的人,包括法人、自然人和其他组织,在华的外国企业、组织、外籍人、无国籍人,以及在华虽然没有机构、场所但有来源于中国境内所得的外国企业或组织。我国采取属地兼属人的原则确定税收法律关系中的纳税主体。值得注意的是,作为权利主体双方的征收主体和纳税主体法律地位是平等的,但权利和义务不对等。

(2) 税收法律关系的客体。税收法律关系的客体是指税收法律关系主体的权利、义务所共同指向的对象,即征税对象。例如,流转税税收法律关系的客体就是货物销售收入或劳务收入,所得税税收法律关系的客体是生产经营所得和其他所得,财产税税收法律关系的客体是财产。

(3) 税收法律关系的内容。税收法律关系的内容即征纳双方各自享有的权利和承担的义务,这是税收法律关系中最实质的东西,也是税法的灵魂。

征税主体的权利主要表现在税收管理权、税收征收权、税收检查权、税务违法处理权、税收行政立法权、代位权和撤销权等;其义务主要有向纳税人宣传、咨询、辅导税法,及时把征收的税款解缴国库,依法受理纳税人对税法争议的申诉,依法办理减免税等税收优惠、对纳税人的经营状况有保密义务等。

纳税主体的权利主要有知情权、保密权、税收监督权、纳税申报方式选择权、申请延期申报权、多缴税款申请退还权、申请延期纳税权、委托税务代理权、陈述与申辩权、税收法律救济权、依法要求听证权、索取有关税收凭证权、对未出示税务检查证和税务检查通知书的拒绝检查权等;其义务主要是按税法规定办理税务登记、依法设置、保管账簿和有关资料及依法开具、使用、取得和保管发票的义务,财务会计制度和会计核算软件备案的义务,按照规定安装、使用税控设置的义务,按时、如实纳税申报、按时缴纳税款的义务,代扣、代缴税款的义务,及时提供信息的义务,报告其他涉税信息的义务和接受税务检查等。

2. 税收法律关系的产生、变更与消灭

税收法律关系的产生是指在税收法律关系主体之间形成权利义务关系。由于税法属于义务性法规,税收法律关系的产生应以引起纳税义务成立的法律事实为基础和标志。纳税义务产生的标志是纳税主体进行的应当课税的行为,税收法律关系的产生只能以纳税主体应税行为的出现为标志。如销售货物、取得应税收入等,国家颁布新税法、出现新的纳税主体都可能引发新的纳税行为出现,但其本身并不直接产生纳税义务。

税收法律关系的变更是指由于某一法律事实的发生,使税收法律关系的主体、内容和客体发生变化。引起税收法律关系变更的原因是多方面的,归纳起来,主要有以下几点:①由于纳税人自身的组织状况发生变化。例如,纳税人发生改组、分设、合并、联营、迁移等情况,需要向税务机关申报办理变更登记或重新登记,从而引起税收法律关系的变更。②由于纳税人的经营或财产情况发生变化。③由于税务机关组织结构或管理方式的变化。例如,国家税务局、地方税务局分设后,某些纳税人需要变更税务登记;申报大厅的设立,也会带来税收法律关系的某些变更。④由于税法的修订或调整。例如,1994年实行新税制以后,原有的许多个案减免税取消,纳税人由享受一定的减免税照顾变为依法纳税,类似的税法修订或调整,都使税收法律关系发生量或质的变更。⑤因不可抗力造成的破坏。例如,由于自然灾害等不可抗拒的原因,纳税人往往遭受重大财产损失,被迫停产、减产。纳税人向主管税务机关申请减税得到批准的,税收法律关系发生变更。

税收法律关系的消灭是指这一法律关系的终止,即其主体间权利义务关系的终止。

税收法律关系消灭的原因主要有以下几个方面:①纳税人履行纳税义务。这是最常见的税收法律关系消灭的原因,它包括纳税人依法如期履行纳税义务和税务机关采取必要的法律手段,使纳税义务被强制履行这两类情况。②纳税义务因超过期限而消灭。我国税法规定,未征、少征税款的一般追缴期限为3年。超过3年,除法定的特殊情况外,即使纳税人没有履行纳税义务,税务机关也不能再追缴税款,税收法律关系因而消灭。③纳税义务的免除。即纳税人符合免税条件,并经税务机关审核确认后,纳税义务免除,税收法律关系消灭。④某些税法的废止。⑤纳税主体的消失。没有纳税主体,征税无法进行,税收法律关系因此而消灭。

第三节 我国现行税法体系与税收管理体制

一、我国现行税法体系

税法体系是指全部现行的税收法律规范分类组合成为税收法律子系统而形成的一国税收法律内在和谐统一的有机整体,简称税制。按照税法的职能作用不同,可分为税收实体法和税收程序法两大部分。

1. 税收实体法体系

我国现行的税收实体法体系包括以下几类:①商品(货物)和劳务税类,如增值税、消费税、关税等,它们主要在生产、流通或服务业中发挥调节作用;②所得税类,如企业所得税、个人所得税、土地增值税等,它们主要调节生产经营者的利润和个人的纯收入;③财产和行为税类,如房产税、车船税、印花税、契税等,它们主要是对某些财产和行为发挥调节作用;④资源税类和环境保护税类,如资源税、环境保护税、城镇土地使用税,它们主要调节因开发和利用自然资源差异而形成的级差收入;⑤特定目的税类,如城市维护建设税、车辆购置税、耕地占用税、船舶吨税、烟叶税等,它们主要是为达到特定目的,调节特定对象和特定行为。

2. 税收程序法体系

除税收实体法外,我国对税收征收管理适用的法律制度,是按照税收管理机关的不同而分别规定的。

(1) 由税务机关负责征收的税种的征收管理,按照全国人大常委会发布实施的《税收征管法》及各实体税法中的征管规定执行。

(2) 由海关负责征收的税种的征收管理,按照《中华人民共和国海关法》和《中华人民共和国进出口关税条例》等有关规定执行。

税法体系还可以按照税法的基本内容和效力、税法征收对象、主权国家行使税收管辖权及税负转嫁进行分类。

我国现行的税法体系由税收实体法和税收征收管理法律制度构成。

二、我国税收管理体制

一个国家税收法律政策的制定和贯彻执行,以及税收管理的实现和税款的征解入库等,都必须依靠各级政府的协同合作才能顺利完成。同时,各级政府在执行各自的国家职能任务中,也需要一定的收入供其安排使用。因此有必要在中央和地方政府之间,建立一套税收立法、执法以及税收管理权限划分的行政规范,以调动各方面共同搞好征收管理、完成税收任务的积极性,并使各级政府都有一部分可供支配的财力,以保证其职能任务的实现。这种划分税收管理权限的行政规范,就是税收管理体制。

(一) 税收立法

税收立法权是指对税收法律、条例、税则等基本税收法规的制定和颁布施行的权限。我国的税收立法机关及立法形式分为以下几种情况。

(1) 全国人民代表大会及其常务委员会以"法律"的形式立法。如《中华人民共和国企业所得税法》《中华人民共和国个人所得税法》《中华人民共和国车船税法》《中华人民共和国环境保护税法》《中华人民共和国烟叶税法》《中华人民共和国船舶吨税法》《中华人民共和国车辆购置税法》《中华人民共和国耕地占用税法》《中华人民共和国资源税法》《中华人民共和国契税法》《中华人民共和国城市维护建设税法》《中华人民共和国税收征收管理法》等由全国人民代表大会及其常务委员会制定,属于正式立法。除《宪法》外,在税收法律体系中,税收法律具有最高的法律效力。

(2) 经全国人民代表大会常务委员会原则通过,授权国务院以"条例"或"暂行条例"立法。如《中华人民共和国增值税暂行条例》《中华人民共和国消费税暂行条例》《中华人民共和国土地增值税暂行条例》《中华人民共和国关税暂行条例》《中华人民共和国城镇土地使用税暂行条例》等则是由全国人民代表大会及其常务委员会授权国务院制定的,其授权立法的法律效力高于行政法规,相当于税收准法律。

(3) 国务院或地方人大及其常务委员会以"条例""暂行条例""实施细则"等形式制定。如《中华人民共和国税收征收管理法实施细则》《中华人民共和国房产税暂行条例》等则是由国务院制定的税收行政法规。目前海南省、民族自治区的地方人大也可以制定税收地方法规,其效力低于宪法、法律,高于地方法规、部门规章、地方规章。

(4) 授权财政部、税务总局、海关总署等以"办法""规则""规定"的形式制定。如《中华人民共和国增值税暂行条例实施细则》《税务代理试行办法》等属于由财政部、国家税务总局、海关总署等税收部门制定的税收规章,《房产税暂行条例实施细则》则是由省级地方政府制定的税收地方规章。

目前我国在进行制定、认可、修订、补充和废止等税收立法活动中,一般遵循提议、审议、通过和公布三个法定的步骤和方法,完成税收立法程序。

(二) 税收执法权

税收执法权是指税务机关按照税收法律规范文件的规定征收税款的权力。它是直接调整政府和纳税人权利和义务关系的过程。税收执法权包括税款征收管理权、税务检查权、税务稽查权、税务行政复议裁决权及其他税收执法权。

1. 税款征收管理权

目前我国税收征收机关主要有税务局系统、海关系统。海关系统负责关税、船舶吨税、代征进口环节的增值税和消费税,税务局系统负责其他税收的征收管理。

根据国务院关于实行分税制财政管理体制的决定,我国的税收收入分为中央政府固定收入、中央政府与地方政府共享收入和地方政府固定收入。将维护国家权益、实施宏观调控所必需的税种划为中央税;将同国民经济发展直接相关的主要税种划为中央与地方共享税;将适合地方征管的税种划为地方税,并充实地方税税种,增加地方税收收入。同时根据按收入归属划分税收管理权限的原则,对中央税,其税收管理权由国务院及其税务主管部门(财政部和国家税务总局)掌握,由中央税务机构负责征收;对地方税,其管理权由地方人民政府及其税务主管部门掌握,由地方税务机构负责征收;对中央与地方共享税,原则上由中央税务机构负责征收,共享税中地方分享的部分,由中央税务机构直接划入地方金库。

(1)中央政府固定收入包括消费税(含进口环节海关代征的部分)、车辆购置税、关税、海关代征的进口环节增值税等。

(2)地方政府固定收入包括城镇土地使用税、耕地占用税、土地增值税、房产税、车船税、契税、环境保护税、烟叶税等。

(3)中央政府与地方政府共享收入主要包括:①增值税(不含进口环节由海关代征的部分)中央政府分享50%,地方政府分享50%;②企业所得税,中国铁路总公司、各银行总行及海洋石油企业缴纳的部分归中央政府,其余部分中央与地方政府按60%和40%的比例分享;③个人所得税,除储蓄存款利息所得的个人所得税归中央外,其余部分中央占60%,地方占40%;④资源税,海洋石油企业缴纳的部分归中央政府,其他部分归地方政府;⑤城市维护建设税,中国铁路总公司、各银行总行、各保险公司集中缴纳的部分归中央政府,其余部分归地方政府;⑥印花税,证券交易印花税收入归中央政府,其他印花税收入归地方政府。

2. 税务检查权

税务检查权包含以下两类。

(1)税务机关为取得确定税额所需资料,证实纳税人纳税申报的真实性与准确性而进行的经常性检查,其依据是税法赋予税务机关的强制行政检查权。

(2)为打击税收违法犯罪而进行的特别调查,可以分为行政性调查和刑事调查两个阶段。行政性调查属于税务检查权范围,从原则上讲,纳税人在违反税法的刑事犯罪嫌疑的情况下,即调查的刑事性质确定后,案件应开始适用刑事调查程序。

3. 税务稽查权

税务稽查是税务机关依法对纳税人、扣缴义务人履行纳税义务、扣缴义务情况所进行的税务检查和处理工作的总称。税务稽查权是税收执法权的一个重要组成部分,也是整个国家行政监督体系中的一种特殊的监督权行使形式。

根据相关法律规定,税务稽查的基本任务是:依照国家税收法律、法规,查处税收违法行为,保障税收收入,维护税收秩序,促进依法纳税,保证税法的实施。税务稽查必须以事实为根据,以税收法律、法规、规章为准绳,依靠人民群众,加强与司法机关及其他有关部门的联系和配合。各级税务机关设立的税务稽查机构应按照各自的税收管辖范围行使税务稽查职能。

4. 税务行政复议裁决权

税务行政复议裁决权的行使是税收执法权的有机组成部分,该权力的实施对保障和监督税务机关依法行使税收执法权,防止和纠正违法或者不当的具体税务行政行为,保护纳税人和其他有关当事人的合法权益发挥着积极作用。

5. 其他税收执法权

其他税收执法权主要是税务行政处罚权,包括警告(责令限期改正)、罚款、停止出口退税权、没收违法所得、收缴发票或者停止发售发票、提请吊销营业执照、通知出境管理机关阻止出境等。

 课后习题

一、判断题

1. 税收的征收主体是税务机关。(   )
2. 纳税义务人、征税对象、纳税期限是构成税法的三个最基本的要素。(   )
3. 如果税法规定某一税种的起征点是800元,那么,超过起征点的,只对超过800元的部分征税。(   )
4. 在税收法律关系中,权利主体双方法律地位是平等的,但双方的权利与义务不对等。(   )
5. 税收法律关系的内容是权利主体所享有的权利和所应承担的义务。(   )
6. 税收法律关系的产生、变更或消灭,是由税法的制定、变更或废止决定的。(   )
7. 尽管税收法律、法规和规章的制定机关不同,但它们的法律效力是相同的。(   )
8. 在税收法律关系中,代表国家行使征税职权的税务机关是权利主体,履行纳税义务的法人、自然人是义务主体,即为权利客体。(   )

二、单项选择题

1. 下列权力中,作为国家征税依据的是(   )。
    A. 管理权力   B. 政治权力   C. 财产权力   D. 社会权力
2. 下列关于税收的说法中正确的是(   )。
    A. 税收是国家取得财政收入的唯一形式
    B. 国家征税的依据是经济权力
    C. 无偿性是国家权力在税收上的法律体现,是国家取得税收收入的根本前提
    D. 税收的固定性是对强制性和无偿性的一种规范和约束
3. 以下对税收概念的相关理解不正确的是(   )。
    A. 税收是目前我国政府取得财政收入的最主要工具
    B. 国家征税依据的是财产权力
    C. 税收分配是以国家为主体进行的分配活动

D. 国家征税是为了满足社会公共需要

4. 在税法构成要素中,区分不同税种的主要标志( )。
   A. 纳税人　　　　B. 征税对象　　　　C. 税率　　　　D. 纳税地点

5. 税目是征税对象的具体项目,以下关于税目的说法正确的是( )。
   A. 税目具体规定一个税种的税收负担,体现征税的深度
   B. 税目具体规定一个税种的征税范围,体现征税的广度
   C. 税目具体规定一个税种的征税范围,体现征税的深度
   D. 税目具体规定一个税种的税收负担,体现征税的广度

6. 纳税义务人是指( )。
   A. 最终负担税收的单位和个人　　　　B. 直接负有纳税义务的单位和个人
   C. 代扣代缴税款的单位和个人　　　　D. 受托代征的单位和个人

7. 关于税法构成要素,下列说法不正确的有( )。
   A. 纳税人是税法规定的直接负有纳税义务的,实际负担税款的单位和个人
   B. 征税对象是税法中规定的征税的目的物,是国家征税的依据
   C. 税率是对征税对象的征收比例或征收额度,是计算税额的尺度
   D. 税目是课税对象的具体化,反映具体征税项目

8. 下列减免税中,属于税率式减免的是( )。
   A. 起征点　　　　B. 零税率　　　　C. 免征　　　　D. 抵免税额

9. 减免税作为税收优惠政策的核心内容,体现了税法的统一性与灵活性的有机结合。下列关于税收减免税表述,正确的是( )。
   A. 增值税即征即退是税基式减免税的一种形式
   B. 增值税的减免税由全国人大规定
   C. 免征额是税额式减免税的一种形式
   D. 零税率是税率式减免税的一种形式

10. 引起税收法律关系的前提条件是( )。
    A. 权利主体　　　　B. 税法　　　　C. 权利客体　　　　D. 税收法律事实

11. 下列关于税收法律关系的表述中,正确的是( )。
    A. 税收法律关系总体上与其他法律关系一样,都是由权利主体、权利客体两方面构成
    B. 税收法律关系中权利主体双方法律地位并不平等,双方的权利义务也不对等
    C. 代表国家行使征税职责的各级国家税务机关是税收法律关系中的权利主体之一
    D. 税法是引起法律关系的前提条件,税法可以产生具体的税收法律关系

12. 下列各项中,属于税收法律关系消灭原因的是( )。
    A. 纳税义务因超过期限而消灭　　　　B. 纳税人自身的组织状况发生变化
    C. 税法的调整　　　　D. 因不可抗拒力造成的破坏

13. 税收法律的立法机关是( )。
    A. 国务院　　　　B. 各级人民政府
    C. 国家税务总局　　　　D. 全国人民代表大会

14. 下列各项中,属于税收部门规章的是( )。
    A.《税收代理试行办法》　　　　　　B.《中华人民共和国车船税法》
    C.《消费税暂行条例》　　　　　　　D.《个人所得税法》
15. 《中华人民共和国资源税法》的法律级次属于( )。
    A. 财政部制定的部门规章　　　　　B. 全国人大授权国务院立法
    C. 国务院制定的税收行政法规　　　D. 全国人大制定的税收法律
16. 下列项目中,属于纳税人权利的是( )。
    A. 依法办理税务登记　　　　　　　B. 自觉接受税务检查
    C. 多缴税款申请退还　　　　　　　D. 追回纳税人欠缴的税款
17. 下列项目中,属于税务机关义务的是( )。
    A. 依法征管　　　　　　　　　　　B. 进行税务检查
    C. 对违法行为进行处罚　　　　　　D. 依法受理税务复议申请
18. 税收行政法规由( )制定。
    A. 全国人民代表大会　　　　　　　B. 地方人民代表大会
    C. 财政部和国家税务总局　　　　　D. 国务院
19. 下列税种中,其收入全部作为中央政府固定收入的是( )。
    A. 耕地占用税　　B. 个人所得税　　C. 企业所得税　　D. 车辆购置税
20. 下列税种中,属于中央政府与地方政府共享收入的是( )。
    A. 消费税　　　　B. 关税　　　　　C. 个人所得税　　D. 土地增值税

三、多项选择题

1. 下列属于国务院制定的税收行政法规的有( )。
    A.《中华人民共和国增值税暂行条例》
    B.《中华人民共和国消费税暂行条例》
    C.《税收征管法实施细则》
    D.《中华人民共和国房产税暂行条例》
2. 下列项目中,属于税收法律的有( )。
    A.《个人所得税法》　　　　　　　　B.《税收征管法》
    C.《税收征管法实施细则》　　　　　D.《企业所得税暂行条例实施细则》
3. 下列各项目中,属于我国税收法律关系权利主体的是( )。
    A. 各级税务机关　　B. 各级人民政府　　C. 海关　　　　D. 财政机关
4. 下列关于税法构成要素的表述中,正确的有( )。
    A. 税基是对课税对象量的规定
    B. 税目是对课税对象质的界定
    C. 征税对象是计算税额的尺度
    D. 消费税、企业所得税都规定有不同的税目
5. 下列关于我国税收法律级次的表述中,正确的有( )。
    A.《中华人民共和国房产税暂行条例实施细则》属于税收规章
    B.《中华人民共和国企业房产税暂行条例》属于税收行政法规
    C.《中华人民共和国企业所得税法》属于全国人大制定的税收法律

D.《中华人民共和国增值税暂行条例》属于全国人大常委会制定的税收法律

6. 下列税种中,由全国人民代表大会立法确立的有( )。
   A. 车辆购置税　　　B. 企业所得税　　　C. 个人所得税　　　D. 契税

7. 下列各项中,属于按照税收的征税对象分类的有( )。
   A. 关税类　　　　　B. 行为税类　　　　C. 资源税类　　　　D. 中央税

8.《税收征管法》属于税法体系中的( )。
   A. 税收实体法　　　B. 税收基本法　　　C. 税收程序法　　　D. 国内税法

9. 下列各项中,属于税收法律关系消灭的原因有( )。
   A. 纳税人履行纳税义务　　　　　　　　B. 纳税义务因超过期限而消灭
   C. 纳税义务的免除　　　　　　　　　　D. 纳税主体的消失

10. 下列各项中,属于减免税基本形式中的税额式减免的有( )。
    A. 跨期结转　　　　B. 减半征收　　　　C. 核定减免率　　　D. 免征额

第二章

增 值 税

【案例导入】 据媒体报道,华北某市天猫、京东等电商平台多名店主在2020年5月收到了当地税务部门通过电子税务局发送的"风险自查提示",提醒他们存在少记营业收入风险,即其向税务部门申报的销售收入与电商平台所统计的销售收入差异较大,要求企业自查3年以来存在的漏报问题并补缴营收差额所产生的增值税、企业所得税以及滞纳金。

消息一出,无数商家人心惶惶。有商家核算,2017—2019年电商平台流水数据显示的销售收入是4 000万元,但他只申报了300万元的销售额。如果把税款补齐,他要补481万元[(4 000−300)×13%]的增值税,还要补31.8万元(318×10%)的企业所得税,再加上滞纳金,就超过了800万元。

补缴税额如此大,不免让人好奇,为什么商家申报的收入和电商平台的数据相差甚远?业内人士指出,这其中有两部分:一种是电商商家只申报了开发票的收入,因为在网络购物中,买家很少会向商家索要发票,商家也绝对不会主动给买家提供发票。不用开发票,商家就不向税务局申报这部分销售额,也不用上缴这部分的增值税,因此漏报了经营中未开发票的收入。另一种是隐藏了"刷单"带来的虚假收入。很多电商商家为了提高产品知名度和搜索流量,其销量都是通过电商的黑色产业链"刷单"刷出来的,这部分是虚假的交易,是商家亏本砸出来的销售额。

思考:新闻中这个商家对增值税的估算方式是否正确?

第一节 增值税概述

增值税自1954年在法国开征以来,因其有效地解决了传统销售税的重复征税问题,迅速被世界其他国家采用。目前,已有170多个国家和地区开征了增值税,征税范围大多覆盖所有货物和劳务。

我国自1979年开始试行增值税,增值税制度历经1984年、1993年、2012年、2016年四次重要改革。我国现行增值税的基本规范是2008年11月5日经国务院第三十四次常务会议修订通过的《中华人民共和国增值税暂行条例》(中华人民共和国国务院令第538号)和2016年3月发布的《关于全面推开营业税改征增值税试点的通知》(财税〔2016〕36号)。

一、增值税的概念

增值税是指对在我国境内销售货物或者提供劳务,销售应税服务、无形资产和不动产,以及进口货物的单位和个人,就其取得的货物、应税劳务和应税行为的增值额,以及以进口货物的完税价格为计算依据而征收的一种流转税。正确理解增值额是定义增值税概念的前提。

所谓增值额是指生产者或经营者在生产经营过程中新创造的价值。以货物为例,按照马克思的剩余价值理论,商品价值总额$=C+V+M$。式中,C为生产成本;V为劳动力价值;M为剩余价值,增值额相当于商品价值总额扣除在生产上消耗掉的生产资料转移价值后的余额即$V+M$。对单个生产经营单位而言,增值额就是其商品销售额扣除规定的非增值项目后的余额,这个余额大体上相当于该经营单位活劳动创造的价值;而如果按商品生产的全过程而言,一个商品从生产到流通各个经营环节的增值额之和,相当于该商品进入最终消费的销售总额。商品在各流转环节的增值额情况如表2-1所示。

表2-1 商品流转环节增值额的计算　　　　　　　　　　　　单位:元

环节	进价	增值额	售价
原料生产	0	20	20
半成品生产	20	30	50
产成品生产	50	35	85
商品批发	85	5	90
商品零售	90	10	100

而在实际中,计算各个生产经营环节的增值额是一件相对比较困难的事。因此,大部分国家采用法定增值额,即各国政府根据各自国情政策要求在增值税制度中人为确定增值额。法定增值额可以等于理论上的增值额,也可以大于或小于理论上的增值额。

二、增值税的类型

在计算法定增值额时,允许扣除外购流动资产的已纳税额,但对外购的机器、设备厂房等固定资产的已纳税额是否给予扣除,各国的增值税法则做出了不同的规定,于是形成了以下三种类型的增值税。

(1)生产型增值税。生产型增值税是指在计算增值税时,只能扣除属于非固定资产项目的那部分生产资料的税款,不允许扣除固定资产价值中所含有的税款。该类型增值税的征税对象大体上相当于国内生产总值,因此称为生产型增值税。我国在1994年1月1日至2008年12月31日执行的是生产型增值税制度。

(2)收入型增值税。收入型增值税是指在计算增值税时,只允许扣除固定资产折旧部分所含的税款,未提折旧部分不得计入扣除项目金额。该类型增值税的征税对象大体上相当于国民收入,因此称为收入型增值税。

(3)消费型增值税。消费型增值税是指在计算增值税时,允许将固定资产价值中所含的税款全部一次性扣除。这样,就整个社会而言,生产资料都排除在征税范围之外。该类型增值税的征税对象仅相当于社会消费资料的价值,因此称为消费型增值税。我国从2009年1月1日起,在全国所有地区实施消费型增值税。

上述三种类型的计税依据有所差别,其产生的收入效应和激励效应也就不同。从财政收入的角度看,生产型增值税的效应最大。因为生产型增值税的计税依据较大,在同样的税率条件下,带来的增值税税额也多。从激励投资的角度看,消费型增值税的效应最大。因为消费型增值税在征收增值税时,允许将纳税期内外购的固定资产已纳税额一次性给予扣除,有利于企业加速设备更新,推动技术进步,同时可以彻底消除重复征税带来的各种弊端,将增值税对投资的任何不利影响降到最低限度。

三、增值税的特点

(1) 按增值额征税,避免重复征税。增值税是一个多环节连续课征的税种,因其仅就商品销售额中的增值部分征税,避免了征收的重复性。这是增值税最本质的特点,也是增值税区别于其他流转税的一个最显著的特征。

(2) 税基宽阔,普遍征收。除在生产环节和流通环节普遍征收外,还延伸到服务业的提供加工、修理修配劳务。每经过一个环节,只要有增值额就征税,而不论企业经营性质、经营方式、经营规模、经营结果如何,且只对增值额征税。

(3) 实行价外税制度。以销售额为计税依据,销售额不含增值税金,在增值税专用发票上分别注明销售额和增值税税额。

四、我国增值税制度的建立与发展

我国自改革开放后才逐步引进和推广增值税,增值税在我国的建立与发展大致经历了四个阶段。

1. 1984 年 10 月:试行阶段

我国自 1979 年下半年开始引进增值税并在极少数地区试点,征税范围也仅选择了机器机械和农业机具两个行业以及自行车、缝纫机、电风扇三种产品。1983 年 1 月起全国范围内的两大行业和三种产品试行增值税,以便为正式建立增值税做好准备。在全国试点的基础上,1984 年 10 月结合国有企业第二步利改税对原工商税进行了改革,将其划分为产品税、增值税和营业税。国务院颁发了《中华人民共和国增值税条例(草案)》,财政部颁发了《中华人民共和国增值税条例(草案)实施细则》。至此,我国正式建立了增值税制度。

2. 1994 年 1 月 1 日:全面推行阶段

1984—1993 年,我国增值税一直局限于生产环节,仅对部分工业产品征税,在税率设计上仍沿用产品税的观念,并实行产品税、增值税不交叉征收的税制结构。这些都说明我国只是引进了增值税的计税形式,增值税制度尚未完全体现出普遍征收的原则、中性原则和简化原则。这种状况同党的十四次全国代表大会提出的建立社会主义市场经济体制的目标很不适应,市场经济的核心是通过竞争机制发挥市场对资源优化配置的基础性作用。此外,市场经济的开放性还要求税收制度以至整个税制结构具有规范性,并与国际惯例衔接。1994 年 1 月 1 日起,开始执行《中华人民共和国增值税暂行条例》,改革后的增值税,其普遍征收的原则主要体现在两个方面:从征税范围看,包括货物的生产、批发、零售和进口四个环节,此外,还包括劳务活动中的加工和修理修配;从纳税人看,凡在我国境内销售货物或者提供加工、修理修配劳务以及进口货物的单位和个人,都是增值税的纳税义务人。增值税只设两档税率,除少数几类货物外,绝大多数货物都按照基本税率征税。这种基本性的特点,保证了市场对资源优化配置的基础性作用。

3. 2012年1月1日：营改增试点

为避免营业税重复征税、不能抵扣、不能退税的弊端，2011年，经国务院批准，财政部、国家税务总局联合下发了《营业税改征增值税试点方案》，规定自2012年起在上海市选择部分行业试点，交通运输业和部分现代服务业率先由征收营业税改为征收增值税。自2013年8月1日起，在全国范围内开展交通运输业（铁路运输外）和部分现代服务业营业税改征增值税（以下称营改增）试点。自2014年1月1日起，营改增试点扩大到电信业。

4. 2016年5月1日：营改增全面实施阶段

自2016年5月1日起，在全国范围内全面推开营改增试点，建筑业、房地产业、金融业、生活服务业等全部营业税纳税人纳入试点范围，由缴纳营业税改为缴纳增值税，至此，营业税全部改征增值税。

2017年开始以减税并档为主对增值税进行改革，2018年《政府工作报告》中提出"改革完善增值税制度，按照三档并两档方向调整税率水平，重点降低制造业、交通运输等行业税率，提高小规模纳税人年销售额标准"，2019年《政府工作报告》中提出"深化增值税改革，将制造业等行业现行16％的税率降至13％，将交通运输业、建筑业等行业现行10％的税率降至9％，确保主要行业税负明显降低；保持6％一档的税率不变，但通过采取对生产、生活性服务业增加税收抵扣等配套措施，确保所有行业税负只减不增，继续向推进税率三档并两档、税制简化方向迈进"。

第二节 增值税征税范围

根据《中华人民共和国增值税暂行条例》及《财政部 国家税务总局关于全面推开营业税改征增值税试点的通知》（财税〔2016〕36号）的规定，在中华人民共和国境内销售货物、提供应税劳务、销售应税服务、无形资产和转让不动产以及进口货物，属于增值税的征收范围。

增值税征税范围内容繁多，本节内容将按如图2-1所示讲述。

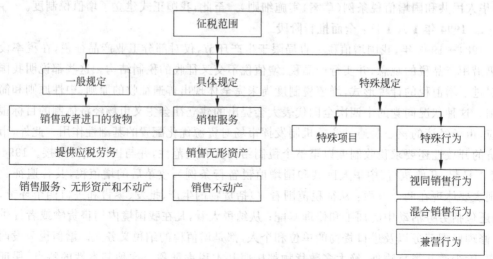

图2-1 增值税的征税范围

一、征税范围的一般规定

1. 销售或者进口的货物

货物是指有形动产,含电力、热力、气体在内。进口货物是指申报进入我国海关境内的货物,除享受免税政策外,在进口环节缴纳增值税。

销售货物是指有偿转让货物的所有权,有偿是指从购买方取得货币、货物或其他经济利益。

2. 提供应税劳务

提供应税劳务是指有偿提供加工、修理修配劳务。加工劳务是指受托加工货物,即委托方提供原料及主要材料,受托方按照委托方的要求,加工货物并收取加工费的业务。修理修配是指受托对损伤和丧失功能的货物进行修复,使其恢复原状和功能的业务,如汽修厂提供汽车修理劳务。提供加工、修理修配劳务的对象仅限于有形动产。

单位或个体工商户聘用的员工为本单位或者雇主提供的加工、修理修配劳务不包括在内。

3. 销售服务、无形资产和不动产

销售服务、无形资产和不动产是指有偿提供服务、有偿转让无形资产和不动产,但下列非经营活动的情形除外。

(1) 行政单位收取的同时满足以下条件的政府性基金或者行政事业性收费:由国务院或者财政部批准设立的政府性基金,由国务院或者省级人民政府及其财政、价格主管部门批准设立的行政事业性收费;收取时开具省级以上(含省级)财政部门监(印)制的财政票据,所收款项全额上缴财政。

(2) 单位或者个体工商户聘用的员工为本单位或者雇主提供取得工资的服务。

(3) 单位或者个体工商户为聘用的员工提供服务。

(4) 财政部和国家税务总局规定的其他情形。

二、征税范围的具体规定

(一) 销售服务

销售服务是指提供交通运输服务、邮政服务、电信服务、建筑服务、金融服务、现代服务和生活服务。

1. 交通运输服务

交通运输服务是指利用运输工具将货物或者旅客送达目的地,使其空间位置得到转移的业务活动,包括陆路运输服务、水路运输服务、航空运输服务和管道运输服务。

(1) 陆路运输服务。陆路运输服务是指通过陆路(地上或者地下)运送货物或者旅客的运输业务活动,包括铁路运输和其他陆路运输。出租车公司向使用本公司自有出租车的出租车司机收取的管理费用,按"陆路运输服务"征收增值税。

(2) 水路运输服务。水路运输服务是指通过江、河、湖、川等天然、人工水道或者海洋航道运送货物或者旅客的运输业务活动。远洋运输的程租、期租业务,属于水路运输服务。

程租业务是指运输企业为租船人完成某一特定航次的运输任务并收取租赁费的业务。如运输企业提供从天津到大连这条航线的运输服务。

期租业务是指运输企业将配备操作人员的船舶承租给他人使用一定期限,承租期内听候承租方调遣,不论是否经营,均按天向承租方收取租赁费,发生的固定费用均由船东负担的业务。

(3)航空运输服务。航空运输服务是指通过空中航线运送货物或者旅客的运输业务活动。

航空运输的湿租业务是指航空企业将配有机组人员的飞机承租给他人使用一定期限,承租期内听候承租方调遣,不论是否经营,均按一定标准向承租方收取租赁费,发生的固定费用均由承租方承担的业务。

航天运输服务是指利用火箭等载体将卫星、空间探测器等空间发行器发射到空间轨道的业务活动。航天运输服务按照航空运输服务缴纳增值税。

(4)管道运输服务。管道运输服务是指通过管道设施输送气体、液体、固体物质的运输业务活动。无运输工具承运业务是指经营者以承运人身份与托运人签订运输服务合同,收取运费并承担承运人责任,然后委托实际承运人完成运输服务的经营活动,按照"交通运输服务"征收增值税。

2. 邮政服务

邮政服务是指中国邮政集团公司及其所属邮政企业提供邮件寄递、邮政汇兑和机要通信等邮政基本服务的业务活动,包括邮政普通服务、邮政特殊服务和其他邮政服务。

(1)邮政普通服务。邮政普通服务是指函件、包裹等邮件寄递,以及邮票发行、报刊发行和邮政汇兑等业务活动。

(2)邮政特殊服务。邮政特殊服务是指义务兵平常信函、机要通信、盲人读物和革命烈士遗物的寄递等业务活动。

(3)其他邮政服务。其他邮政服务是指邮册等邮品销售、邮政代理等业务活动。

值得注意的是,邮政储蓄业务不属于邮政服务的范畴,按"金融服务"征收增值税。

3. 电信服务

电信服务是指利用有线、无线电磁系统或者光电系统等各种通信网络资源,提供语音通话服务,传送、发射、接收或者应用图像、短信等电子数据和信息的业务活动,包括基础电信服务和增值电信服务。

(1)基础电信服务。基础电信服务是指利用固网、移动网、卫星、互联网,提供语音通话服务的业务活动,以及出租或者出售带宽、波长等网络元素的业务活动。

(2)增值电信服务。增值电信服务是指利用固网、移动网、卫星、互联网、有线电视网络,提供短信和彩信服务、电子数据和信息的传输及应用服务、互联网接入服务等业务活动。卫星电视信号落地转接服务,按照增值电信服务计算缴纳增值税。

4. 建筑服务

建筑服务是指各类建筑物、构筑物及其附属设施的建造、修缮、装饰,线路、管道、设备、设施等的安装以及其他工程作业的业务活动,包括工程服务、安装服务、修缮服务、装饰服务和其他建筑服务。

(1)工程服务。工程服务是指新建、改建各种建筑物、构筑物的工程作业,包括与建筑物相连的各种设备或者支柱、操作平台的安装或者装设工程作业,以及各种窑炉和金属结构工程作业。

(2) 安装服务。安装服务是指生产设备、动力设备、起重设备、运输设备、传动设备、医疗实验设备以及其他各种设备、设施的装配、安置工程作业,包括与被安装设备相连的工作台、梯子、栏杆的装设工程作业,以及被安装设备的绝缘、防腐、保温、油漆等工程作业。

固定电话、有线电视、宽带、水、电、燃气、暖气等经营者向用户收取的安装费、初装费、开户费、扩容费以及类似收费按照安装服务缴纳增值税。

(3) 修缮服务。修缮服务是指对建筑物、构筑物进行修补、加固、养护、改善,使之恢复原来的使用价值或者延长其使用期限的工程作业。

(4) 装饰服务。装饰服务是指对建筑物、构筑物进行修饰装修,使之美观或者具有特定用途的工程作业。

(5) 其他建筑服务。其他建筑服务是指上列工程作业之外的各种工程作业服务,如钻井(打井)、拆除建筑物或者构筑物、平整土地、园林绿化、疏浚(不包括航道疏浚)、建筑物平移、搭脚手架、爆破、矿山穿孔、表面附着物(包括岩层、土层、沙层等)剥离和清理等工程作业。

值得注意的是,有形动产修理属于"加工修理修配劳务",而建筑物、构筑物的修补、加固、养护、改善属于"建筑服务"中的修缮服务。

物业服务企业为业主提供的装修服务,纳税人将建筑施工设备出租给他人使用并配备操作人员均按照"建筑服务"征收增值税。

5. 金融服务

金融服务是指经营金融保险的业务活动,包括贷款服务、直接收费金融服务、保险服务和金融商品转让。

(1) 贷款服务。贷款是指将资金贷与他人使用而取得利息收入的业务活动。各种占用、拆借资金取得的收入,包括金融商品持有期间(含到期)利息(保本收益、报酬、资金占用费、补偿金等)收入、信用卡透支利息收入、买入返售金融商品利息收入、融资融券收取的利息收入,以及融资性售后回租、押汇、罚息、票据贴现、转贷等业务取得的利息及利息性质的收入,按照贷款服务缴纳增值税。

"保本收益、报酬、资金占用费、补偿金"是指合同中明确承诺到期本金可全部收回的投资收益。

(2) 直接收费金融服务。直接收费金融服务包括提供货币兑换、账户管理、电子银行、信用卡、信用证、财务担保、资产管理、信托管理、基金管理、金融交易场所(平台)管理、资金结算、资金清算、金融支付等服务。

(3) 保险服务。保险服务是指投保人根据合同约定,向保险人支付保险费,保险人对于合同约定的可能发生的事故因其发生所造成的财产损失承担赔偿保险金责任,或者当被保险人死亡、伤残、疾病及达到合同约定的年龄、期限等条件时承担给付保险金责任的商业保险行为,包括人身保险和财产保险服务。

人身保险服务是指以人的寿命和身体为保险标的的保险业务活动。财产保险服务是指以财产及其有关利益为保险标的的保险业务活动。

(4) 金融商品转让。金融商品转让是指转让外汇、有价证券、非货物期货和其他金融商品(基金、信托、理财等资产管理产品和各种金融衍生品)所有权的活动。另外,基金、信托、理财等资产管理产品持有至到期的收益也不属于金融商品转让。存款利息、被保险人获得的保险赔付，不征收增值税。

6. 现代服务

现代服务是指围绕制造业、文化产业、现代物流产业等提供技术性、知识性服务的业务活动，包括研发和技术服务、信息技术服务、文化创意服务、物流辅助服务、租赁服务、鉴证咨询服务、广播影视服务、商务辅助服务和其他现代服务。

（1）研发和技术服务。研发和技术服务包括研发服务、合同能源管理服务、工程勘察勘探服务、专业技术服务。

（2）信息技术服务。信息技术服务是指利用计算机、通信网络等技术对信息进行生产、收集、处理、加工、存储、运输、检索和利用，并提供信息服务的业务活动，包括软件服务、电路设计及测试服务、信息系统服务、业务流程管理服务和信息系统增值服务。

（3）文化创意服务。文化创意服务包括设计服务、知识产权服务、广告服务和会议展览服务。文化创意服务中的广告服务包括广告代理和广告的发布、播映、宣传、展示等。宾馆、旅馆、旅社、度假村和其他经营性住宿场所提供会议场地及配套服务的活动，按照文化创意服务中的"会议展览服务"征收增值税。

（4）物流辅助服务。物流辅助服务包括航空服务、港口码头服务、货运客运场站服务、打捞救助服务、装卸搬运服务、仓储服务和收派服务。

（5）租赁服务。租赁服务包括融资租赁服务和经营租赁服务。

① 融资租赁服务是指具有融资性质和所有权转移特点的租赁活动。合同期满付清租金后，承租人有权按照残值购入租赁物，以拥有其所有权。不论出租人是否将租赁物销售给承租人，均属于融资租赁。按照标的物的不同，融资租赁服务可分为有形动产融资租赁服务和不动产融资租赁服务。

② 经营租赁服务是指在约定时间内将有形动产或者不动产转让他人使用且租赁物所有权不变更的业务活动。

按标的物不同，经营租赁服务可分为有形动产经营租赁服务和不动产经营租赁服务。如将建筑物、构筑物等不动产或者飞机、车辆等有形动产的广告位出租给其他单位或者个人用于发布广告，按经营租赁服务缴纳增值税；而车辆停放服务、道路通行服务（包括过路费、过桥费、过闸费等）等按不动产经营租赁服务缴纳增值税。

水路运输的光租业务、航空运输的干租业务属于经营租赁。光租业务是指运输企业将船舶在约定的时间内出租给他人使用，不配备操作人员，不承担运输过程中发生的各项费用，只收取固定租赁费的业务活动。干租业务是指航空运输企业将飞机在约定的时间内出租给他人使用，不配备机组人员，不承担运输过程中发生的各项费用，只收取固定租赁费的业务活动。

（6）鉴证咨询服务。鉴证咨询服务包括认证服务、鉴证服务和咨询服务。

① 认证服务是指具有专业资质的单位利用检测、检验、计算等技术，证明产品、服务、管理体系符合相关技术规范、相关技术规范的强制性要求或标准的业务活动。

② 鉴证服务包括会计鉴证、税务鉴证、法律鉴证、职业技能鉴定、工程造价鉴证、工程监理、资产评估、环境评估、房地产土地评估、建筑图纸审核、医疗事故鉴定等。

③ 咨询服务是指提供信息、建议、策划、顾问等服务的活动。翻译服务和市场调查服务

按照"咨询服务"征收增值税。

（7）广播影视服务。广播影视服务包括广播影视节目（作品）的制作服务、发行服务和播映（含放映）服务。

（8）商务辅助服务。商务辅助服务包括企业管理服务、经纪代理服务、人力资源服务、安全保护服务。

（9）其他现代服务。其他现代服务是指除研发和技术服务、信息技术服务、文化创意服务、物流辅助服务、租赁服务、鉴证咨询服务、广播影视服务和商务辅助服务以外的现代服务。例如，除享受免税政策外，在进口环节缴纳的增值税，纳税人对安装运行后的电梯提供的维护保养服务，纳税人为客户办理退票而向客户收取的退票费、手续费等收入，按照"其他现代服务"缴纳增值税。

7. 生活服务

生活服务是指为满足城乡居民日常生活需求提供的各类服务活动，包括文化体育服务、教育医疗服务、旅游娱乐服务、餐饮住宿服务、居民日常服务和其他生活服务。

（1）文化体育服务。文化服务包括文艺创作、文艺表演、文化比赛，图书馆的图书和资料借阅，档案馆的档案管理，文物及非物质遗产保护，组织举办宗教活动、科技活动、文化活动，提供游览场所。

纳税人在游览场所经营索道、摆渡车、电瓶车、游船等取得的收入，按照"文化体育服务"缴纳增值税。

（2）教育医疗服务。教育医疗服务是指提供学历教育服务、非学历教育服务、教育辅助服务的业务活动，包括教育服务和医疗服务。学历教育服务是指根据教育行政管理部门确定或者认可的招生和教学计划组织教学，并颁发相应学历证书的业务活动，包括初等教育、初级中等教育、高级中等教育、高等教育等。非学历教育服务包括学前教育、各类培训、演讲、讲座、报告会等。教育辅助服务包括教育测评、考试、招生等服务。医疗服务是指提供医学检查、诊断、治疗、康复、预防、保健、接生、计划生育、防疫服务等方面的服务，以及与这些服务有关的提供药品、医用材料器具、救护车、病房住宿和伙食的业务。各类培训、演讲、讲座、报告会等属于教育医疗服务。

（3）旅游娱乐服务。旅游服务是指根据旅游者的要求，组织安排交通、游览、住宿、餐饮、购物、文娱、商务等服务的业务活动。娱乐服务包括歌厅、舞厅、夜总会、酒吧、台球、高尔夫球、保龄球、游艺（如射击、狩猎、跑马、游戏机、蹦极、卡丁车、热气球、动力伞、射箭、飞镖）。

（4）餐饮住宿服务。餐饮住宿服务包括餐饮服务和住宿服务。提供餐饮服务的纳税人销售的外卖食品，按照"餐饮服务"征收增值税。纳税人以长（短）租形式出租酒店公寓并提供配套服务的，按照"住宿服务"征收增值税。

（5）居民日常服务。居民日常服务是指主要为满足居民个人及其家庭日常生活需求提供的服务，包括市容市政管理、家政、婚庆、养老、殡葬、照料和护理、救助救济、美容美发、按摩、桑拿、氧吧、足疗、沐浴、洗染、摄影扩印等服务。

（6）其他生活服务。其他生活服务是指除文化体育服务、教育医疗服务、旅游娱乐服务、餐饮食宿服务和居民日常服务之外的生活服务。提供植物养护服务，按照"其他生活服务"征收增值税。

思考与辨析 2-1

试区分下列业务属于增值税征税范围中的具体类别。

① 水路运输的程租、期租和光租业务。
② 航空运输的湿租业务、干租业务。
③ 建筑施工设备出租业务、建筑施工设备并配备操作人员的出租业务。
④ 仓库出租业务、仓库并配备看管人员的出租业务。
⑤ 提供会议场地业务、提供会议场地及相关人员服务业务。

解析 水路运输的程租、期租业务都属于既租赁设备又配备操作人员,属于"交通运输服务"项目,光租业务仅涉及船舶的租赁,属于"有形动产租赁"项目。航空运输的湿租业务不仅提供飞机还提供所需机组人员等,属于"交通运输服务"项目,干租业务仅提供飞机的租赁,不配备人员,属于"有形动产租赁"项目。建筑施工设备出租属于"有形动产租赁"项目,建筑施工设备并配备操作人员的出租属于"建筑服务"项目。仓库出租业务属于"不动产租赁"项目,将仓库并配备看管人员出租业务则属于"仓储服务(现代服务中的物流辅助服务)"项目。只提供会议场地服务,属于"不动产租赁"项目,而提供会议场地及相关人员服务,则属于"会议展览服务"项目。

(二) 销售无形资产

销售无形资产是指转让无形资产所有权或者使用权的业务活动。无形资产是指不具实物形态,但能带来经济利益的资产,包括技术、商标、著作权、商誉、自然资源使用权和其他权益性无形资产。技术包括专利技术和非专利技术。自然资源使用权包括土地使用权、海域使用权、探矿权、取水权和其他自然资源使用权。其他权益性无形资产包括基础设施资产经营权、公共事业特许权、配额、经营权(包括特许经营权、连锁经营权、其他经营权)、经销权、分销权、代理权、会员权、席位权、网络游戏虚拟道具、域名、名称权、肖像权、冠名权、转会费等。

(三) 销售不动产

销售不动产是指转让不动产所有权的业务活动。不动产是指不能移动或者移动后会引起性质、形状改变的财产,包括建筑物、构筑物等。建筑物包括住宅、商业营业用房、办公楼等可供居住、工作或者进行其他活动的建造物。构筑物包括道路、桥梁、隧道、水坝等建造物。转让建筑物有限产权或者永久使用权的,转让在建的建筑物或者构筑物所有权的,以及在转让建筑物或者构筑物时一并转让其所占土地的使用权的,按照销售不动产缴纳增值税。

纳税人所有的经营活动都应缴纳增值税。若单论"销售服务、无形资产和不动产"而言,确定其是否需要缴纳增值税,除另有规定外,一般应同时具备以下四个条件:①应税行为是发生在中华人民共和国境内;②应税行为是属于《销售服务、无形资产、不动产注释》范围内的业务活动;③应税服务是为他人提供的;④应税行为是有偿的。所说的有偿,是指从购买方取得货币、货物或者其他经济利益。其他经济利益是指非货币、货物形式的收益,具体包括固定资产(不含货物)、生物资产(不含货物)、无形资产(包括特许权)、股权投资、存货、不准备持有至到期的债券投资、服务以及有关权益等。

三、征税范围的特殊规定

（一）特殊项目

(1) 经营罚没物品(未上缴财政的)收入,照章征收增值税。执法部门和单位查处的商品,其拍卖取得的收入如数上缴财政,不予征税。

(2) 航空公司已售票但未提供航空运输服务取得的逾期票证收入,按照航空运输服务缴纳增值税。

(3) 药品生产企业销售自产创新药的销售额,为向购买方收取的全部价款和价外费用。

(4) 电力公司向发电企业收取的过网费,应当征收增值税。供电企业利用自身输变电设备对并入电网的企业自备电厂生产的电力产品进行电压调节,向电厂收取的并网服务费,应当征收增值税。

(5) 根据国家指令无偿提供的铁路运输服务、航空运输服务,属于用于公益事业服务,不缴纳增值税。

(6) 存款利息不征收增值税。

(7) 被保险人获得的保险赔付不缴纳增值税。

(8) 房地产主管部门或者其指定机构、公积金管理中心、开发企业以及物业管理单位代收的住宅专项维修资金,不征收增值税。

(9) 纳税人在资产重组过程中,通过合并、分立、出售、置换等方式,将全部或部分实物资产以及与其相关联的债权、负债和劳动力一并转让给其他单位和个人,不属于增值税的征税范围。

(10) 单用途卡发卡企业或者售卡企业销售仅限于在本企业、本企业所属集团或者同一品牌特许经营体系内兑付货物或者服务的作为预付凭证的单用途卡,或者接受单用途卡持卡人充值取得的预收资金,不缴纳增值税。单用途卡售卡方因发行或者销售单用途卡并办理相关资金收付结算业务取得的手续费、结算费、服务费、管理费等收入,应按照现行规定缴纳增值税。持卡人使用单用途卡购买货物或服务时,货物或者服务的销售方应按照现行规定缴纳增值税,且不得向持卡人开具增值税发票。销售方与售卡方不是同一个纳税人的,销售方在收到售卡方结算的销售款时,应向售卡方开具增值税普通发票,并在备注栏注明"收到预付卡结算款",不得开具增值税专用发票。

（二）特殊行为

1. 视同销售行为

单位或个体工商户的下列行为,视同销售货物或服务,征收增值税:

(1) 将货物交付其他单位或者个人代销;

(2) 销售代销货物;

(3) 设有两个以上机构并实行统一核算的纳税人,将货物从一个机构移送至其他机构用于销售,但相关机构设在同一县(市)的除外;

(4) 将自产、委托加工的货物用于集体福利或个人消费;

(5) 将自产、委托加工或购进的货物作为投资,提供给其他单位或个体工商户;

(6) 将自产、委托加工或购进的货物分配给股东或投资者;

(7) 将自产、委托加工或购进的货物无偿赠送其他单位或者个人；

(8) 单位或者个体工商户向其他单位或者个人无偿提供服务，但用于公益事业或者以社会公众为对象的除外；

(9) 单位或者个人向其他单位或者个人无偿转让无形资产或者不动产，但用于公益事业或者以社会公众为对象的除外；

(10) 财政部和国家税务总局规定的其他情形。

税法做出上述规定的意义在于：一是保证增值税税款抵扣制度的实施，不致因发生上述行为而造成各相关环节税款抵扣链条的中断，如"将货物交付其他单位或者个人代销；销售代销货物视同销售"就是这种原因。如果不将之视同销售就会出现销售代销货物方仅有销项税额而无进项税额，而将货物交付其他单位或者个人代销方仅有进项税额而无销项税额的情况，导致增值税抵扣链条不完整。二是避免因发生上述视同销售行为而造成货物销售税收负担不平衡的矛盾，防止以上述行为逃避纳税的现象。三是体现增值税计算的配比原则。即购进货物、应税服务和应税劳务已经在购进环节实施了进项税额抵扣，就应该产生相应的销售额及相应的销项税额，否则就会发生不配比情况。

思考与辨析 2-2

某家电生产企业提供的下列运输服务业务，是否需要缴纳增值税？

① 为所售货物无偿提供运输服务。
② 为所售货物有偿提供运输服务。
③ 为原料供应商无偿提供运输服务。
④ 为本单位职工上下班无偿提供班车服务。

解析 根据"单位或者个体工商户向其他单位或者个人无偿提供服务，视同销售，但用于公益事业或者以社会公众为对象的除外"，业务①、③不属于公益事业和社会公众为对象，需要缴纳增值税；业务②属于企业正常的生产经营活动，需要缴纳增值税；业务④属于"单位或者个体工商户为聘用的员工提供非经营性服务"，不需要缴纳增值税。

思考与辨析 2-3

下列业务，属于视同销售计算缴纳增值税的是哪些？

① 某水泥生产企业将自产的水泥用于投资。
② 某建材商店将外购的水泥捐赠给灾区用于救灾。
③ 某食品加工厂将外购的面粉用于生产面包。
④ 某航空公司无偿为灾区运送救灾物资。
⑤ 某单位无偿为关联企业提供建筑服务。
⑥ 某玩具生产企业将新研发的玩具交付某商场代为销售。
⑦ 某卷烟生产企业将委托加工收回的卷烟用于赠送客户。

解析 业务①属于"将自产、委托加工或购进的货物作为投资，提供给其他单位或个体工商户"，应视同销售；业务②属于"将自产、委托加工或购进的货物无偿赠送其他单位或者个人"，应视同销售；业务③属于"将外购的货物用于增值税应税项目"，不属于视同销售行为；业务④属于"单位或者个体工商户向其他单位或者个人无偿提供服务，但用于公益事业或者以社会公众为对象的除外",无须视同销售计税;业务⑤、⑥、⑦分别属于"单位或者个体工商户向其他单位或者个人无偿提供服务""将货物交付其他单位或者个人代销""将自产、委托加工或购进的货物无偿赠送其他单位或者个人",都属于视同销售行为。

业务案例 2-1

瑞幸咖啡营销模式,是指用户通过下载 APP 即可获得一杯饮品、购买饮品券买一赠一,好友通过分享的链接下载 APP 后,分享者和被分享者都能获得一杯饮品。那么,用户新注册免费得到一杯咖啡、老用户分享后,得到"免费券"一张可免费领用一杯咖啡,这两项行为应视同销售吗?

解析 对新注册用户免费赠送一杯咖啡属于无偿赠送咖啡行为,应视同销售,且属于提供餐饮服务的纳税人销售的外卖食品,按照"餐饮服务"项目适用 6% 的税率计算缴纳增值税。

老用户分享后,得到"免费券"一张可免费领用一杯咖啡,属于无须捆绑的销售,也应做视同销售处理。

"税"眼看新闻

近日,小苏所在的税务检查组到生产化妆品的 A 公司检查,发现其账面上各月均有将产品赠送其他单位和个人的情形,但全年反映的累计金额仅 9 000 多元。小苏很疑惑,A 公司一盒化妆品 300 多元,每次领导都要送几盒礼,为何全年只有 9 000 多元的视同销售金额?

小苏首先抽查了该公司近 5 个月产品销售成本的结转情况,发现每月结转产品销售成本的品种和数量与月度销售明细汇总表上的完全一致,说明没有将对外赠送产品的成本混在对外销售的产品成本中一并结转。然后他又抽取了 3 个热销品种,并随机核对这 3 个品种 5 个月生产入库的产成品数量与车间的生产完工记录,也未发现异常。小苏在查看产成品明细账时,看到有报损记录。随后,他再次打开产成品明细和营业外支出账页,并请 A 公司财务人员调阅了 4 份相关会计凭证。他发现所有报损会计凭证后面应有的书面申请报告、报损明细表、批准手续及相关经办、证明、审批人员等的签字一应俱全。但是,他在仔细查看了资料后,发现产品报损有一定的规律:一是报损主要集中在三四个品种;二是春节和中秋节的两次报损金额最大,其余的报损约一月一次,但金额不大。

对此,A 公司财务经理做出了如下解释:一是报损的产品集中在三四个品种,是因为这几个品种的生产量大、销量大,自然报损额大;二是每个月的报损是平时正常对过期产品进行的处理,春节和中秋节报损额特别大是因为进行了两次全面盘点。这样的解释似乎很有道理,但职业习惯让小苏对财务经理的话仍存疑问。

小苏又故意追问了两个问题:一是既然是主要品种且销量很大为何还会大量过期报损?二是既然每个月都正常对过期产品进行了报损处理,但为何春节和中秋还有大量的过期产品?财务经理被问得愣住了,不知该如何回答。小苏请 A 公司提供一年来开发的新产品目录,从报损的产品明细中找出了 A 公司开发才几个月的新产品并请财务经理解释。

至此,财务经理只好说出事实真相。原来,A 公司经常要将新产品作为礼品对外赠送和发放给员工作为劳动保护或福利品,由于全部视同销售税负很高,就只将一小部分做了销售,而大多数则以报损的名义列入营业外支出,从而偷逃了大量的增值税和企业所得税。

——摘自中国税务报:"报损的化妆品去哪儿了"

【点评】 有相当多的生产日用生活品、食品、饮料等产品的企业,都存在将自产产品发放给员工、分配给股东和投资者,或赠送给其他单位(或个人)的情形。但是,不少企业未将这些自产产品按照视同销售处理,而是采取各种舞弊方法来逃避税收。上述案例中的A公司,以报损的方式处理就是较常见的舞弊方法。但是,检查人员抓住"报损的都是过期产品"这一线索,与"刚开发的产品根本没过保质期"相对质,从而揭穿了虚假报损。

2. 混合销售行为

当一项销售行为同时涉及销售货物和服务,使提供货物和服务具备内在联系和因果关系的时候,称其为混合销售。混合销售行为成立的标准有两点:一是销售行为必须是一项;二是该行为必须涉及货物销售又涉及应税服务。

按照纳税人主营项目不同,混合销售可分为按照销售货物征税和按照销售服务征税。从事货物生产、批发或者零售为主的单位和个体工商户的混合销售按照销售货物缴纳增值税;其他单位和个体工商户的混合销售按照销售服务缴纳增值税。例如,酒店对顾客收取住宿费,其中一揽子包含了住宿、房间内一次性洗漱用品的费用,就是典型的混合销售,应按照"生活服务"计算缴纳增值税;再如,纳税人销售林木的同时提供林木管护劳务也是混合销售。

按照现实政策,存在具备混合销售特点但不归入混合销售的特殊情况包括:纳税人销售活动板房、机器设备、钢结构件等自产货物的同时提供建筑、安装服务,不属于混合销售,应分别核算货物和建筑服务的销售额,分别适用不同的税率或者征收率。再如,电梯生产商销售电梯并负责安装,具备混合销售的特点,但税法规定,应分别核算电梯销售和安装服务的销售额,安装服务可按照甲供工程选择适用简易计税方法计税。纳税人对安装运行后的机器设备提供的维护保养服务,按照"其他现代服务"缴纳增值税。

3. 兼营行为

纳税人兼有销售货物、提供加工修理修配劳务,又销售服务、无形资产或者不动产的行为则为兼营行为。兼营行为的具体表现包括:兼有不同税率的销售货物、加工修理修配劳务、服务、无形资产或者不动产;兼有不同征收率的销售货物、加工修理修配劳务、服务、无形资产或者不动产;兼有不同税率和征收率的销售货物、加工修理修配劳务、服务、无形资产或者不动产。例如:某购物中心,既销售商品,又提供餐饮服务;某房地产中介公司,既做二手房买卖,又提供经纪代理服务等。

兼营行为应分别核算,适用不同税率或者征收率的销售额,未分别核算销售额的,从高适用税率或征收率。

思考与辨析2-4

企业下列业务中,哪些属于混合销售行为,哪些属于兼营行为?

① 活动板房生产企业销售自产板房并负责安装。
② 医院提供医疗服务并销售药品。
③ 饭店提供就餐服务并销售自制食品。
④ 纳税人销售林木的同时提供林木管护劳务的行为。
⑤ 医院提供医疗服务并销售药品。

⑥ 塑钢门窗销售商店在销售产品的同时又为其他客户提供安装服务。

解析 纳税人销售活动板房、机器设备、钢结构件等自产货物的同时提供建筑、安装服务业务,属于具备混合销售特点但不归入混合销售的特殊情况。因此业务①属于兼营行为;业务③中饭店提供就餐服务属于提供应税服务,按"餐饮服务"征收增值税,销售自制食品也按"餐饮服务"征收增值税,因此,这种行为既不属于混合销售也不属于兼营行为;业务②、④、⑤中的一项销售行为既涉及货物又涉及服务,属于混合销售;业务⑥销售商品和提供安装服务的对象不是同一主体,不能同时发生,属于兼营行为。

第三节 增值税纳税人、税率及征收率、计税方法

增值税纳税人是指税法规定负有缴纳增值税义务的单位和个人。

一、增值税纳税人

1. 纳税人的一般规定

在中华人民共和国境内销售或者进口货物、提供应税劳务和销售服务、无形资产或不动产的单位和个人,是增值税的纳税人。单位是指企业、行政单位、事业单位、军事单位、社会团体及其他单位;个人是指个体工商户和其他个人。

(1)"在境内"对"销售货物或提供加工、修理修配劳务"而言是指销售货物的起运地或所在地在境内、提供的应税劳务发生在境内。对"销售服务、无形资产或不动产"而言,具体是指以下几个方面。

① 服务(租赁不动产除外)或者无形资产(自然资源使用权除外)的销售方或者购买方在境内。

② 所销售或者租赁的不动产在境内。

③ 所销售自然资源使用权的自然资源在境内。

④ 财政部和国家税务总局规定的其他情形。

(2)下列情形不属于在境内销售服务或者无形资产。

① 境外单位或者个人向境内单位或者个人销售完全在境外发生的服务。

② 境外单位或者个人向境内单位或者个人销售完全在境外使用的无形资产。

③ 境外单位或者个人向境内单位或者个人出租完全在境外使用的有形动产。

④ 财政部和国家税务总局规定的其他情形:

a. 为出境的函件、包裹在境外提供的邮政服务、收派服务;

b. 向境内单位或者个人提供的工程施工地点在境外的建筑服务、工程监理服务;

c. 向境内单位或者个人提供的工程、矿产资源在境外的工程勘察勘探服务;

d. 向境内单位或者个人提供的会议展览地点在境外的会议展览服务。

(3)下列情形,境外单位或个人销售的服务(不含租赁不动产)、无形资产属于在我国境内销售服务,缴纳增值税。

① 境外单位或个人向境内单位或个人销售的完全在境内发生的服务、无形资产。如境外A公司向境内B公司转让其在境内的连锁经营权。

② 境外单位或个人向境内单位或个人销售的未完全发生在境外的服务、无形资产。

如某境外 A 咨询公司与境内 B 公司签订咨询合同,就境内 B 公司开拓境内、境外市场进行实地调研并提出合理化管理建议,A 公司提供的咨询服务同时在境内和境外发生,即未完全发生在境外,则属于境内服务。

思考与辨析2-5

下列境外企业发生的应税行为,有哪些需要在我国缴纳增值税?

① 境外某工程公司给境内甲单位提供工程勘察勘探服务。

② 境外某咨询公司与境内乙公司签订咨询合同,咨询服务同时在境内和境外发生。

③ 境外某公司向境内丙公司转让其在境内的连锁经营权。

④ 境外某公司向境内丁公司转让一项专利技术,该技术同时用于丁公司在境内外的生产线。

⑤ 境外单位为境内单位提供境外矿山勘探服务。

⑥ 境外单位向境内单位销售在境外的不动产。

解析 业务①属于"境外单位或个人向境内单位或个人销售的完全在境内发生的服务";业务③属于"境外单位或个人向境内单位或个人销售的完全在境内使用的无形资产";业务②、④属于"境外单位或个人向境内单位或个人销售的未完全发生在境外的服务"。因此,上述①、②、③、④四项业务均应在我国缴纳增值税;业务⑤、⑥完全发生在境外,不缴纳增值税。

2. 纳税人的特殊规定

(1) 在境内销售或进口货物、提供应税劳务的单位,租赁或承包给其他单位或个人经营的,承租人或者承包人为纳税人。

单位以承包、承租、挂靠方式经营的,承包人、承租人、挂靠人(以下统称承包人)以发包人、出租人、被挂靠人(以下统称发包人)名义对外经营并由发包人承担相关法律责任的,以该发包人为纳税人;否则以承包人为纳税人。

(2) 扣缴义务人。境外单位或个人在境内销售服务、无形资产或者不动产,在境内未设有经营机构的,以购买方为增值税扣缴义务人。财政部和国家税务总局另有规定的除外。

二、一般纳税人和小规模纳税人的认定及管理

按照经营规模的大小和会计核算健全与否等标准,增值税纳税人可分为一般纳税人和小规模纳税人。

1. 一般纳税人和小规模纳税人的认定

增值税纳税人年应税销售额超过 500 万元的企业,应当向其机构所在地主管税务机关办理一般纳税人登记。而年销售额低于 500 万元的企业,包括新成立的企业,就是小规模纳税人。年应税销售额超过规定标准但不经常发生应税行为的单位和个体工商户、非企业性单位、不经常发生应税行为的企业可选择按照小规模纳税人纳税。

年应税销售额是指纳税人在连续不超过 12 个月或四个季度的经营期内累计应征增值税销售额,包括纳税申报销售额、稽查查补销售额、纳税评估调整销售额。纳税人偶然发生的销售无形资产、转让不动产的销售额,不计入应税行为年应税销售额。

例如，某企业从去年4月到今年3月，这12个月的总销售额为400万元，那么企业可继续保持小规模纳税人；而从去年5月到今年4月，这12个月的总销售额为499万元，那么企业仍然是小规模纳税人；但如果企业今年5月的业绩不错，导致从去年6月到今年5月这12个月的总销售额超过了500万元，那么企业就应该立即登记成为一般纳税人。

年应税销售额不能达到规定标准但符合资格条件的，也可登记成为增值税一般纳税人。目前规定的资格条件是能够按照国家统一的会计制度规定设置账簿，根据合法、有效凭证核算，能够准确提供税务资料。

2. 一般纳税人和小规模纳税人的管理

一般纳税人和小规模纳税人在税款计算方法、适用税率（征收率）、发票管理等方面都有所不同。

(1) 计税方法。一般纳税人采用一般计税方法，也可采用简易计税方法；小规模纳税人只能采用简易计税方法。

(2) 适用税率（征收率）。一般纳税人采用税率或征收率，而小规模纳税人只能用征收率，以征收率全额计税。

(3) 发票管理。小规模纳税人销售货物或提供应税劳务，可以申请由主管税务机关代开发票。代开的增值税专用发票，可以作为一般纳税人抵扣进项税额的扣税凭证。

自2019年3月起，有以下8个行业的小规模纳税人试点自开增值税专用发票：

① 住宿服务、销售货物或发生其他应税行为；
② 鉴证咨询业（认证、鉴证、咨询、销售货物或发生其他应税行为）；
③ 建筑业（建筑服务、销售货物或发生其他应税行为）；
④ 工业及信息传输、软件和信息技术服务业；
⑤ 租赁和商务服务业；
⑥ 科学研究和技术服务业；
⑦ 居民服务、修理；
⑧ 其他服务业。

以上试点行业小规模纳税人销售其取得的不动产，需要开具增值税专用发票的，仍须向税务机关申请代开。当期开具专用发票的销售额，按3%或5%的征收率计算纳税。

三、增值税的税率及征收率

我国现行增值税的税率和征收率主要有一般纳税人实行的基本税率13%，低税率9%和6%，出口零税率；以及小规模纳税人适用的征收率3%和5%。

1. 基本税率13%

(1) 纳税人销售或者进口货物（适用低税率和零税率的除外）。
(2) 纳税人提供加工、修理修配劳务。
(3) 有形动产租赁服务。

2. 低税率9%

纳税人销售交通运输、邮政、基础电信、建筑、不动产租赁服务，销售不动产，转让土地使用权；销售或者进口下列货物，税率为9%。

(1) 粮食等农产品、食用植物油、食用盐、鲜奶(含按规定标准生产的巴氏杀菌乳、灭菌乳；不含调制乳)。

(2) 自来水、暖气、冷气、热水、煤气、石油液化气、天然气、沼气、居民用煤炭制品、二甲醚。

(3) 图书、报纸、杂志；音像制品；电子出版物。

(4) 饲料、化肥、农药、农机、农膜。

(5) 国务院规定的其他货物。

3. 低税率 6%

①现代服务(租赁服务除外)；②增值电信服务；③金融服务；④生活服务；⑤销售无形资产(转让土地使用权除外)。

4. 零税率

(1) 纳税人出口货物,税率为零；但是,国务院另有规定的除外。

(2) 境内单位和个人跨境销售国务院规定范围内的服务、无形资产,税率为零。主要包括：①国际运输服务,航天运输服务。②向境外单位提供的完全在境外消费的服务,如研发服务、合同能源管理服务、设计服务、广播影视节目(作品)制作和发行服务、软件服务、电路设计及测试服务、信息系统服务、业务流程管理服务、离岸服务外包业务、转让技术。

思考与辨析 2-6

某超市为增值税一般纳税人,2020 年 6 月销售粮食、食用油取得零售收入 13 200 元,销售其他商品取得零售收入 98 000 元,则该超市在计算当月销项税额时所适用的税率为多少？

解析 根据规定,销售粮食、食用油属于低税率货物,适用增值税 9% 的税率；销售其他商品属于一般货物,适用增值税 13% 的税率。

业务案例 2-2

山海公司(一般纳税人)是某知名电梯品牌生产企业,每部电梯平均不含税售价 100 万元(含安装费 10 万元,3 年维护保养费 20 万元)。公司在销售电梯时,签订电梯销售合同,合同价 100 万元(不含税),共 300 台,山海公司负责安装和 3 年免费保养。山海公司需确认增值税销项税额 3 900 万元(100×300×13%)。上述核算是否符合增值税相关规定？

解析 税法规定,存在具备混合销售特点但不归入混合销售的特殊情况包括：纳税人销售活动板房、机器设备、钢结构件等自产货物的同时提供建筑、安装服务,不属于混合销售,应分别核算货物和建筑服务的销售额,分别适用不同的税率或者征收率。因此,山海公司应分别核算电梯销售和安装服务的销售额,安装服务可以按照甲供工程选择适用简易计税方法计税,对安装运行后的机器设备提供的维护保养服务,按照"其他现代服务"计税。

山海公司增值税销项税=(70×13%+10×3%+20×6%)×300=3 180(万元)

5. 增值税征收率

由于小规模纳税人经营规模小,会计核算体系不健全,难以按基本税率和低税率计税以及使用增值税专用发票抵扣进项税,因此,我国对小规模纳税人不分行业和类别,统一按 3% 征收率计税；一般纳税人选择简易计税办法也适用 3% 征收率。另外,设置特殊征收率 5% 和某些特殊销售项目遵照特殊的"减按"规定：按照 3% 征收率减按 2% 征收和减按

1.5%征收增值税。

相关具体规定结合增值税的计算一并讲解。

四、增值税计税方法

增值税的计税方法包括一般计税方法和简易计税方法。一般纳税人销售货物、提供应税劳务和应税服务适用一般计税方法。对于一些特定情形,一般纳税人可以选择简易计税方法计税。但一经选择,36个月内不得变更。小规模纳税人销售货物、提供应税劳务和应税服务,适用简易计税方法计税。

(1) 一般纳税人适用的计税方法:当期购进扣税法。

当期应纳税额＝当期销项税额－当期进项税额

＝当期销售额(不含增值税)×税率－当期进项税额

(2) 小规模纳税人适用的计税方法:简易计税法。

当期应纳税额＝当期销售额(不含增值税)×征收率

一般纳税人也可以选择采用简易计税方法。

(3) 扣缴义务人适用的计税方法:代扣代缴额。

境外的单位或个人在境内提供应税劳务,在境内未设有经营机构的,以境内代理人为扣缴义务人;在境内没有代理人的,以购买者为扣缴义务人。境外单位或个人在境内销售服务、无形资产或者不动产,在境内未设有经营机构的,以购买方为增值税扣缴义务人。

其扣缴增值税计算公式如下。

应扣缴税额＝接受方支付的价款÷(1＋税率)×税率

【例2-1】 某科技公司为增值税一般纳税人,2020年5月购买境外A公司一项专利,向A公司支付特许权使用费212万元,A公司在中国境内未设机构。请问该科技公司应为境外A公司代扣代缴增值税吗?

解析 科技公司应代扣代缴增值税＝接受方支付的价款÷(1＋税率)×税率

＝212÷(1＋6%)×6%

＝12(万元)

第四节 增值税一般计税方法

由上节内容可知,增值税一般纳税人应纳税额的计算公式如下。

当期应纳税额＝当期销项税额－当期进项税额

＝当期销售额(不含增值税)×适用税率－当期进项税额

则一般计税方法下应纳税额的计算取决于当期销项税额和当期进项税额的计算,本节将从销项税额的计算和进项税额的计算两方面来阐述增值税一般计税方法的运用。

一、销项税额的计算

纳税人发生应税销售行为时,按照销售额与规定的税率计算向购买方收取的增值税税额,为销项税额。具体计算公式如下。

$$销项税额 = 销售额 \times 税率$$

由此可知,销项税额的确定,除选择业务所适用的税率外,销售额的确定极为重要。本小节针对销售额的确定按如图 2-2 所示展开,在分析各种情况的销售额如何确定的同时,一并讲解销项税的计算。

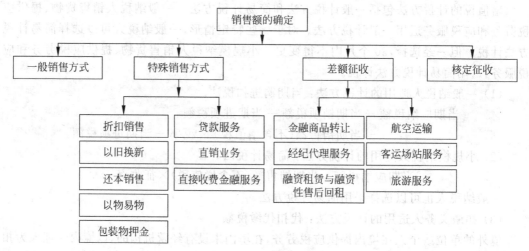

图 2-2 销售额的确定

(一)一般销售方式下销售额的确定

销售额是指纳税人销售货物或提供应税劳务向购买方收取的全部价款和价外费用。价外费用是指价外向购买方收取的手续费、补贴、基金、集资费、返还利润、奖励费、违约金、滞纳金、延期付款利息、赔偿金、代收款项、代垫款项、包装费、优质费以及其他各种性质的价外收费。但不包括下列项目:

(1)向购买方收取的销项税额;

(2)受托加工应征消费税的货物而由受托方所代收代缴的消费税;

(3)符合条件代为收取的政府性基金和行政事业性收费;

(4)销货的同时代办保险收取的保险费、向购买方收取的代购买方缴纳的车辆购置税、车辆牌照费;

(5)同时符合以下两个条件的代垫运费:承运部门的运费发票开具给购买方,并且由纳税人将该项发票转交给购买方。

价外费用一般为含税收入,在计税时要换算成不含税收入,再并入销售额。其换算公式为

$$不含税价外费用 = 含税价外费用 \div (1 + 适用税率)$$

当然,若纳税人取得的销售额是含税收入,即价税合计金额,也需换算成不含增值税的销售额。其换算公式为

$$不含税销售额 = 含增值税销售额 \div (1 + 适用税率)$$

【例 2-2】 某集团公司为一般纳税人,货物适用 13% 的税率。2020 年 5 月发生下列业务。

① 销售给甲公司食品 5 000 件,取得不含税价款 300 000 元,另收取合同违约金 32 770 元。

② 销售给乙公司货物 1 500 件,每件不含税售价 200 元,支付代垫运输费用 6 800 元,相

关运费发票已转交给乙公司。

③ 为丙公司提供货物运输服务取得含增值税价款 155 870 元,同时,收取保价款 2 180 元。

试分析该集团公司发生的上述业务计税销售额如何确定?

解析 ① 合同违约金为价外费用,应当并入销售额计征增值税,价外费用为含税销售额,需进行价税分离。

$$销售额=300\ 000+32\ 770÷(1+13\%)=329\ 000(元)$$

② 同时符合以下两个条件的代垫运费:承运部门的运费发票开具给购买方,并且由纳税人将该项发票转交给购买方,不属于价外费用。

$$销售额=1\ 500×200=300\ 000(元)$$

③ 保价费为价外费用,应当并入销售额计征增值税,价外费用为含税销售额,需进行价税分离,含税增值额也应换算为不含税金额,运输服务适用 9% 的税率。

$$销售额=(155\ 870+2\ 180)÷(1+9\%)=145\ 000(元)$$

(二) 特殊销售方式下销售额的确定

纳税人在销售活动中会采用多种不同的销售方式,税法对不同销售方式下的销售额的确定做了具体规定。

1. 采取折扣方式销售

折扣销售是指销售方在销售货物时,因购买方购货数量较大等原因而给予的价格优惠。纳税人采取折扣方式销售货物,如果销售额和折扣额在同一张发票上的"金额"栏分别注明的,可按折扣后的销售额征收增值税。未在同一张发票"金额"栏注明折扣额,仅在发票的"备注"栏注明折扣额或将折扣额另开发票,不论其在财务上如何处理,均不得从销售额中减除折扣额。

这里的折扣销售仅限于货物价格的折扣。如果货物销售者将自产、委托加工或购买的货物用于实物折扣的,该实物货款不能从货物销售额中减除,而应按增值税"视同销售货物"中的"无偿赠送"另行计算缴纳增值税销项税额。

如果纳税人采取折扣方式销售服务、无形资产或者不动产的,同上处理。

与折扣销售相关的概念还有销售折扣和销售折让。

(1) 销售折扣。销售折扣是指销货方在销售货物后,为了鼓励购货方及早偿还货款而许诺给予购货方的一种折扣优待。通常采用类似于 3/10,1/20,n/30 等形式表示。销售折扣发生在销售之后,是一种融资性质的理财费用,故其不得从销售额中减除。

(2) 销售折让。销售折让是指货物销售后,由于其品种、质量等原因购货方未予退货,提供给购货方的一种价格折让。销售折让如发生在确认销售收入之前,则应在确认销售收入时直接按扣除销售折让后的金额确认;已确认销售收入的售出商品发生销售折让,且不属于资产负债表日后事项的,应在发生时冲减当期销售商品收入,如按规定允许扣减增值税税额的,还应冲减已确认的销项税额。

【例 2-3】 甲企业为一般纳税人,销售给乙公司 10 000 件玩具,每件不含税价格为 20 元,由于乙公司购买数量多,甲企业按原价的 8 折优惠销售,折扣额在同一张发票的"金额"栏注明,并提 1/10,n/20 的销售折扣。销售给丙公司 10 000 件玩具,每件不含税价格为 21 元,给予丙公司 7 折的优惠,并按原价开具了增值税专用发票,折扣额在同一张发票的

"备注"栏注明。试计算甲企业上述业务的销售额和销项税额。

解析 折扣销售的折扣额可以从销售额中扣减,若在"备注"栏内注明,不得抵扣相应的销售额;现金折扣额不得从销售额中减除。

销售额 = 20×10 000×80% + 10 000×21 = 370 000(元)

销项税额 = 370 000×13% = 48 100(元)

2. 采取以旧换新方式销售

以旧换新是指纳税人在销售货物时有偿收回旧货物并冲减货物价款的一种销售方式。税法规定,纳税人采取以旧换新方式销售货物,应按新货物的同期销售价格确定销售额,不得扣减旧货物的收购价格。另外,考虑到金银首饰以旧换新业务的特殊情况,对金银首饰以旧换新业务,可以按销售方实际收取的不含增值税的全部价款征收增值税。

【例2-4】 某超市为增值税一般纳税人。2020年7月,销售电视机100台,不含税单价4 000元/台,若顾客交还同品牌旧电视作价200元/台;另采取"以旧换新"方式销售24K纯金项链100条,每条新项链的对外不含税价为3 000元,旧项链作价1 000元(假设为不含税金额)。试计算该超市本月计税销售额和销项税额。

解析 采取以旧换新方式销售货物,除金银首饰可以按实际收取的差价确认收入外,其他采取以旧换新方式销售货物均应按新货物的同期销售价格计税。

销售额 = 4 000×100 + (3 000 − 1 000)×100 = 600 000(元)

销项税额 = 600 000×13% = 78 000(元)

3. 采取还本销售方式销售

还本销售是指企业销售货物后,在一定期限内将全部或部分销货款一次或分次无条件退还给购货方的一种销售方式。还本销售的目的一般有两个:促销或筹资。促销是为了将大量的积压产品销售出去,以便回收资金转投优势产品,或者是通过扩大销售额提高产品知名度和市场占有率;筹资则是当企业急需大量资金用于扩大生产规模,引进新设备或进行新产品开发时,在运用必要的筹资渠道和方式仍不能满足所需资金的情况下,不得已采用还本销售来筹措资金。由于该种销售方式对消费者存在还本的吸引力,销售企业又能在短时间内实现较大的销售额,因此近年来不少企业从不同的目的出发采用该方式销售货物。税法规定,还本销售方式下销售额就是货物的销售价格,不能扣除还本支出。

4. 采取以物易物方式销售

以物易物是指购销双方不是以货币结算,而是以同等价款的货物相互结算,实现货物购销的一种销售方式。

税法规定,以物易物双方都应做购销处理,以各自发出的货物核算销售额并计算销项税额,以各自收到的货物按规定核算购货额计算进项税额。需要强调的是,在以物易物销售方式下,购销双方均应开具增值税专用发票计算销项税额,并据以抵扣进项税额,但若收到的货物不能取得相应的增值税专用发票或其他合法票据,则不得抵扣进项税额。

【例2-5】 海购贸易公司为增值税一般纳税人,2020年7月以不含税价格为15万元的玉米与甲公司不含税价格为8万元的罐头进行交换,差价款由甲公司以银行存款支付,双方均向对方开具增值税专用发票,假定当月取得的相关票据均符合税法规定,试计算海购贸易公司当月应确认的销售额和销项税额。

解析 以物易物双方都应做购销处理,以各自发出的货物核算销售额并计算销项税额,因此,海购贸易公司换出的玉米应做销售处理,确认销售额15万元。

若要据此计算销项税额,玉米属于农产品,适用9%的低税率。

$$销项税额=15×9\%=1.35(万元)$$

5. 包装物押金

纳税人销售货物时收取包装物押金,目的是促使购货方及早退回包装物以便周转使用。税法规定,纳税人为销售货物而出租、出借包装物收取的押金,单独记账核算,时间在1年以内又未过期的,一般不并入销售额征税。逾期未收回包装物,不再退还的包装物押金或者未逾期但时间超过1年的包装物押金,应按所包装货物的适用税率计算销项税额。

需要强调的是:上述"逾期"是指按合同约定实际期限逾期,或以1年为期限,对收取1年以上的押金,无论是否退还均应并入销售额征税。而包装物押金在并入销售额征税时,应换算为不含税价。

对销售啤酒、黄酒所收取的包装物押金,按上述包装物押金的一般规定处理。对销售啤酒、黄酒以外的其他酒类产品收取的包装物押金,无论是否返还以及会计上如何核算,均应在收取时并入当期销售额征税。

【例2-6】 某涂料厂为增值税一般纳税人。2020年7月向某建材公司销售A种涂料200桶,出厂价格80元/桶,同时收取包装物押金4 520元,已单独核算。同年2月,因上年销售涂料时出借的包装物100个无法收回,故没收上年收取的押金2 260元,试确认该项业务的销售额和销项税额。

解析 单独记账核算,时间在1年以内又未过期的包装物押金,一般不并入销售额征税。因此收取的包装物押金4 520元不并入当期销售额计税;逾期未收回包装物,不再退还的包装物押金,应按所包装货物的适用税率计算销项税额。

$$销售额=全部价款+逾期押金=200×80+2\ 260÷(1+13\%)=18\ 000(元)$$

$$销项税额=18\ 000×13\%=2\ 340(元)$$

【例2-7】 某啤酒厂为增值税一般纳税人,2020年6月销售啤酒,开具增值税专用发票上的销售额800万元,已收取包装物押金22.6万元;本月逾期未退还包装物押金56.5万元。试计算6月该啤酒厂应确认的销售额。

解析 对销售啤酒、黄酒所收取的包装物押金,单独记账核算,时间在1年以内又未过期的,一般不并入销售额征税。因此已收取的包装物押金22.6万元不并入当期销售额计税;逾期未收回包装物,不再退还的包装物押金或者未逾期但时间超过1年的包装物押金,应按所包装货物的适用税率计算销项税额。

$$销售额=800+56.5÷(1+13\%)=850(万元)$$

$$销项税额=850×13\%=110.5(万元)$$

6. 贷款服务

贷款是指将资金贷与他人使用而取得利息收入的业务活动。贷款服务是以提供贷款服务取得的全部利息及利息性质的收入为销售额。

7. 直销业务

直销企业先将货物销售给直销员,直销员再将货物销售给消费者的,直销企业的销售额为其向直销员收取的全部价款和价外费用。直销员将货物销售给消费者时,应按照现行规定缴纳增值税。

直销企业通过直销员向消费者销售货物,直接向消费者收取货款,直销企业的销售额为其向消费者收取的全部价款和价外费用。

8. 直接收费金融服务的销售额

直接收费金融服务,以提供直接收费金融服务收取的手续费、佣金、酬金、管理费、服务费、经手费、开户费、过户费、结算费、转托管费等各类费用为销售额。

【例2-8】 某金融机构为增值税一般纳税人,以1个季度为纳税期限,2019年第二季度提供贷款服务取得不含税贷款利息收入1 200万元,提供货币兑换服务取得不含税收入25万元,发生人员工资支出65万元。试计算该机构本季度的应税销售额和销项税额。

解析 贷款服务是以提供贷款服务取得的全部利息及利息性质的收入为销售额。直接收费金融服务,以提供直接收费金融服务收取的手续费、佣金、酬金、管理费、服务费、经手费、开户费、过户费、结算费、转托管费等各类费用为销售额。

该机构本季度的应税销售额=1 200+25=1 225(万元)

销项税额=1 225×6%=73.50(万元)

(三)差额征收方式下销售额的确定

差额征税原来是营业税的政策规定,即纳税人以取得的全部价款和价外费用扣除支付给其他纳税人的规定项目价款后的销售额来计算税款的计税方法。营改增后,原营业税的征税范围全部纳入了增值税的征税范围,但是,由于时间性、政策性等原因,目前仍然有无法通过抵扣机制避免重复征税的情况存在,因此引入了差额征税的办法,解决纳税人税收负担增加问题(本小节只讲述一般纳税人采用一般计税方法下的情形)。

1. 金融商品转让业务的销售额

金融商品转让是指转让外汇、有价证券、非货物期货和其他金融商品所有权的业务活动,其他金融商品转让包括基金、信托、理财产品等各类资产管理产品和各种金融衍生品的转让。

税法规定,金融商品转让按照卖出价扣除买入价后的余额为销售额。金融商品的买入价是购入金融商品支付的价格,可以选择按照加权平均法或者移动加权平均法进行核算,选择后36个月内不得变更。

转让金融商品出现的正负差,按盈亏相抵后的余额为销售额。若相抵后出现负差,可结转下一纳税期与下期转让金融商品销售额相抵,但年末时仍出现负差的,不得转入下一个会计年度。例如,纳税人2020年1—4月转让金融商品出现的负差,可结转至2020年5—12月与转让金融商品销售额相抵。

值得注意的是,购入基金、信托、理财产品等各类资产管理产品持有至到期的,不属于金融商品转让行为。金融商品转让,不得开具增值税专用发票。

【例2-9】 某金融公司为一般纳税人,2020年第四季度转让债券卖出价为100 000元(含增值税价格),该债券是2019年9月购入的,买入价为60 000元,2019年10月取得利息5 000元,缴纳了增值税。该公司2020年第四季度之前转让金融商品亏损10 161元。试计算转让债券的销售额及销项税额。

解析 金融商品转让按照卖出价扣除买入价后的余额为销售额。

销售额=100 000−60 000−10 161=29 839(元)

销项税额=29 839÷(1+6%)×6%=1 689(元)

2. 经纪代理服务业务的销售额

经纪代理服务以取得的全部价款和价外费用,扣除向委托方收取并代为支付的政府性基金或者行政事业性收费后的余额为销售额。向委托方收取的政府性基金或者行政事业性收费,不得开具增值税专用发票。

实务中,经纪代理服务业务有两种情况:①经纪代理业务中代收的政府性基金或者行政事业性收费,政府相关职能部门如果直接给客户开具行政事业性收费专用票据,经纪代理公司无须确认收入,无须自行就代收部分开具发票,只需要将政府票据转交即可。②政府将票据开给经纪代理公司,经纪代理公司必须确认全部收入,同时享受差额征税政策。

3. 融资租赁和融资性售后回租业务的销售额

(1) 融资租赁。经人民银行、银监会或者商务部批准从事融资租赁业务的试点纳税人,提供融资租赁服务,以取得的全部价款和价外费用,扣除支付的借款利息(包括外汇借款和人民币借款利息)、发行债券利息和车辆购置税后的余额为销售额。

(2) 融资性售后回租。经人民银行、银监会或者商务部批准从事融资租赁业务的试点纳税人,提供融资性售后回租服务,以取得的全部价款和价外费用(不含本金),扣除对外支付的借款利息(包括外汇借款和人民币借款利息)、发行债券利息后的余额作为销售额。

融资租赁对于下游企业而言是新设备启用,因此总价款中应包含设备本金;融资性售后回租业务由于是对企业已有的设备进行操作,因此总价款中不包含设备本金。

【例2-10】 大运发公司与鸿辉公司于2020年12月签订了一个融资性售后回租业务合同,合同约定大运发公司将价值1 200万元的标的物出售给鸿辉公司,鸿辉公司将该标的物回租给大运发公司,租期5年,每月固定收取租金25万元,其中本金20万元。鸿辉公司购买标的物支付给大运发公司的1 200万元是向银行借款取得的,借款期限为5年,每月需向银行支付借款利息2万元。鸿辉公司为增值税一般纳税人且符合差额征税条件,鸿辉公司的销售额如何确定?

解析 融资性售后回租以取得的全部价款和价外费用(不含本金),扣除对外支付的借款利息(包括外汇借款和人民币借款利息)、发行债券利息后的余额作为销售额。

不含税销售额 = $[(25-20)-2] \div (1+6\%) = 2.83$(万元)

4. 航空运输企业的销售额

航空运输企业的销售额不包括代收的机场建设费和代售其他航空运输企业客票而代收转付的价款。以上两种费用均属于代收性质,因此不包含在销售额内,不应该作为收入处理。从这一点来讲,也可以认为航空运输企业根本就不是差额征税。

5. 客运场站服务的销售额

一般纳税人提供客运场站服务以其取得的全部价款和价外费用,扣除支付给承运方运费后的余额为销售额,从承运方取得的增值税专用发票注明的增值税,不得抵扣。

6. 旅游服务的销售额

纳税人提供旅游服务,可以选择以取得的全部价款和价外费用,扣除向旅游服务购买方收取并支付给其他单位或者个人的住宿费、餐饮费、交通费、签证费、门票费和支付给其他接团旅游企业的旅游费用后的余额为销售额。

纳税人提供旅游服务,将火车票、飞机票等交通发票原件交付给旅游服务购买方而无法收回的,以交通费发票复印件作为差额扣除凭证,向旅游服务购买方收取并支付的上述费用不得开具增值税专用发票。

【例 2-11】 某旅游公司是增值税一般纳税人。2020 年 6 月提供境内旅游服务,取得旅游服务收入 106 万元。向其他接待单位支付游客相关的费用如下:支付住宿费 15.9 万元已取得增值税专用发票(价款 15 万元、税额 0.9 万元);支付餐饮费 22.18 万元已取得增值税普通发票;支付门票费 10.6 万元已取得增值税专用发票(价款 10 万元、税额 0.6 万元);支付交通费 19.16 万元,取得增值税普通发票、航空电子行程单、铁路车票;支付其他接团旅游企业的旅游费用 1.06 万元已取得增值税专用发票(价款 1 万元、税额 0.06 万元)。该公司采用差额征收方式计税,其当月销售额如何确定?

解析 销售额=(106-15.9-22.18-10.6-19.16-1.06)÷(1+6%)=35(万元)

值得注意的是,适用差额征税政策的纳税人,取得的增值税专用发票等增值税扣除凭证,在差额征税时作了扣除价款的凭证,就不能再作为增值税扣除凭证使用列入进项税抵扣范围。

(四) 核定销售额

纳税人销售货物价格明显偏低且无正当理由或视同销售行为而无销售额的;销售服务、无形资产或者不动产价格偏低且不具有合理商业目的,或者发生应税行为而无销售额的,主管税务机关有权按照下列顺序确定其销售额。

(1) 按照纳税人最近时期发生同类应税销售行为的平均销售价格确定。

(2) 按照其他纳税人最近时期发生同类应税销售行为的平均销售价格确定。

(3) 按照组成计税价格确定。

组成计税价公式一:

$$组成计税价格=成本×(1+成本利润率)$$

公式中的成本,销售自产货物的,为实际生产成本;销售外购货物的,为实际采购成本。成本利润率由国家税务总局确定。

如果货物属于应征消费税的货物,其组成计税价格中应包括消费税税额,这里的消费税税额包括从价计算、从量计算、复合计算的全部消费税税额。因此,组成计税价公式二:

$$组成计税价格=成本×(1+成本利润率)+消费税税额$$

【例 2-12】 利美服装厂(增值税一般纳税人)将外购布料用于对外投资,已知该布料的购进成本为 1 000 000 元,布料成本利润率为 10%。试计算利美服装厂该项业务的销售额及销项税额。

解析 将布料用于对外投资应视同销售,在计算销项税额时,按组成计税价格进行计算。

组成计税价格=成本×(1+成本利润率)=1 000 000×(1+10%)=1 100 000(元)

销项税额=1 100 000×13%=143 000(元)

二、进项税额的计算

进项税额是指纳税人购进货物、劳务、服务、无形资产或者不动产所支付或者负担的增值税税额。

为更好地讲解进项税相关内容,本小节按如图 2-3 所示结构展开。

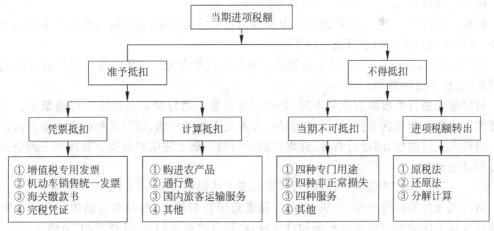

图 2-3 增值税当期进项税额的计算

（一）准予从销项税额中抵扣的进项税额

1. 凭票抵扣

目前可抵扣增值税进项税额的扣税凭证具体包括以下几项。

（1）从销售方或提供方取得的增值税专用发票（含税控机动车销售统一发票）。

（2）从海关取得的海关进口增值税专用缴款书。

（3）自境外单位或者个人购进劳务、服务、无形资产或者境内的不动产，从税务机关或者扣缴义务人取得的代扣代缴税款的完税凭证。纳税人凭完税凭证抵扣进项税额的，应当具备书面合同、付款证明和境外单位的对账单或者发票。资料不全的，其进项税额不得从销项税额中抵扣。

2. 计算抵扣

除以上凭票抵扣进项税额外，还有计算抵扣的情形。

（1）购进农产品，除取得增值税专用发票或者海关进口增值税专用缴款书外，按照农产品收购发票或者销售发票上注明的农产品买价和扣除率计算的进项税额。销售发票是指农业生产者销售自产农产品适用免征增值税政策而开具的普通发票。其计算公式如下。

$$进项税额 = 买价 \times 扣除率$$

收购农产品的买价，包括纳税人购进农产品在农产品收购发票或者销售发票上注明的价款和按规定缴纳的烟叶税。

【例2-13】 某农副产品公司为增值税一般纳税人，2020年5月从农民手中购进小麦，收购发票上注明买价5万元；从某果品公司（一般纳税人）购进水果，取得增值税专用发票上注明销售额30万元；支付相关运费，取得增值税专用发票，注明金额为0.6万元。假定当月取得的相关票据均符合税法规定，试计算该厂当月可抵扣的进项税额。

解析 可抵扣的增值税进项税额 $= 5 \times 9\% + 30 \times 9\% + 0.6 \times 9\% = 3.204$（万元）

值得注意的是，如果企业购进免税或已税农产品用于加工为非农产品（适用13%税率）后销售，则可以按照10%的扣除率计算进项税额。

【例2-14】 某生产企业为增值税一般纳税人，生产的产品均适用13%的增值税税率。2020年4月从农业生产者购进农产品作为生产用原材料，收购发票上注明买价为56万元，则该企业可以抵扣的进项税额如何计算？

解析 进项税额=56×10%=5.60(万元)

纳税人从批发、零售环节购进适用免征增值税政策的蔬菜、部分鲜活肉蛋而取得的普通发票,不得作为计算抵扣进项税额的凭证。

(2) 收费公路通行费的进项税额抵扣。通行费是指有关单位依法或者依规设立并收取的过路、过桥和过闸费用。

目前按照通行费收取方式的不同,企业在实际发生通行费后会取得不同的票据。企业取得的这些通行费票据有些是可以抵扣的,有些是不能抵扣的,可以抵扣的方式也不同。

纳税人支付的桥、闸通行费等,凭取得的通行费发票上注明的收费金额按照下列公式计算抵扣进项税额。

可抵扣进项税额=桥、闸通行费发票上注明的金额÷(1+5%)×5%

纳税人支付的高速公路、一级、二级公路道路通行费等,按照收费公路通行费增值税电子普通发票上注明的增值税税额抵扣进项税,此种方式也可归入"凭票抵扣"范畴。

通行费增值税电子普通发票依据票样分三种格式:一是发票左上角标识有"通行费"字样,且税率栏显示适用税率或征收率的通行费电子发票,简称"征税发票",这种发票适用于经营性收费公路,发票税率栏可能显示9%、5%和3%三种税率。二是左上角无"通行费"字样,且税率栏显示"不征税"的通行费增值税电子普通发票,简称"不征税发票",这种发票适用于非试点通行费财政电子票据地区的政府还贷公路,这种发票不可以抵扣进项税。三是收费公路通行费财政电子票据,这种票据也不可以抵扣。

对于取得纸质的通行费发票,只有过桥、过闸的纸质发票目前还可以计算抵扣进项税,其他的不管是高速公路、还是一级、二级公路的都不能再计算抵扣增值税,只能作为记账凭证。

【例2-15】某企业在2021年6月的经营中,支付桥、闸通行费6 825元;支付高速公路通行费8 446元,取得可抵扣的通行费电子发票上注明的进项税为246元。该企业上述业务的可抵扣进项税额是多少?

解析 可抵扣进项税额=6 825÷(1+5%)×5%+246=571(元)

(3) 自2019年4月1日起,纳税人购进国内旅客运输服务,其进项税额允许从销项税额中抵扣。纳税人未取得增值税专用发票,暂按以下规定确定进项税额。

① 纳税人取得增值税电子普通发票,按电子发票上注明的税额进行进项税额的抵扣。

② 取得旅客客运发票:注明旅客身份信息的航空运输电子客票行程单,航空旅客运输进项税额=(票价+燃油附加费)÷(1+9%)×9%;注明旅客身份信息的铁路车票,铁路旅客运输进项税额=票面金额÷(1+9%)×9%;注明旅客身份信息的公路、水路等其他客票,公路、水路等其他旅客运输进项税额=票面金额÷(1+3%)×3%。

业务案例2-3

辉煌置业公司聘请某院校王教授进行财税培训,签订了培训合同,合同约定:培训费用共计50 000元,王教授的机票5 000元由辉煌置业公司承担。该公司财务对此合同提出了修改建议:合同约定王教授的机票一并计入培训费用共计55 000元,王教授的机票等所有车旅费用由王教授所在院校自行承担。两份合同对辉煌置业公司来讲,支付的总金额是一样的,公司财务为什么要如此建议?

解析 根据增值税有关规定,企业为非雇员支付的旅客运输费用,不能纳入抵扣范围。因此,第一份合同约定的5 000元的机票不得作为辉煌置业公司的进项税额进行抵扣。如果将培训费用和车旅费用合并,则公司取得该院校培训费 55 000 元的增值税专用发票,就可以进行增值税进项税额的抵扣了。

本案例凸显了财务主动参与到业务中,为企业创造价值的业财融合思路。

(4) 其他有关可抵扣进项税额的规定。

① 按照规定不得抵扣进项税额的不动产,发生用途改变,用于允许抵扣进项税额项目的,按照下列公式在改变用途的次月计算可抵扣进项税额。

$$可抵扣进项税额 = 增值税扣税凭证注明或计算的进项税额 \times 不动产净值率$$

依照规定计算的可抵扣进项税额,应取得 2016 年 5 月 1 日后开具的合法有效的增值税扣税凭证。

自 2019 年 4 月 1 日起,纳税人取得不动产或者不动产在建工程的进项税额不再分 2 年抵扣。在此之前纳税人购进不动产进项税额分 2 年抵扣而尚未抵扣完毕的待抵扣进项税额,可自 2019 年 4 月税款所属期起从销项税额中抵扣。

【例 2-16】 2019 年 4 月,某企业将 2018 年 6 月购买的专用于职工福利不动产改变用途,改为企业经营用展厅。2018 年 6 月购买时,取得增值税专用发票,金额 500 万元,增值税 55 万元,改变用途时不动产净值率 95%,计算该企业可抵扣进项税额。

解析 该企业可抵扣进项税额 = 55 × 95% = 52.25(万元)

纳税人注销税务登记时,其尚未抵扣完毕的待抵扣进项税额于注销清算的当期从销项税额中抵扣。

② 增值税一般纳税人在资产重组过程中,将全部资产、负债和劳动力一并转让给其他增值税一般纳税人,并按程序办理注销税务登记的,其在办理注销登记前尚未抵扣的进项税额可结转至新纳税人处继续抵扣。

③ 自 2018 年 1 月 1 日起,纳税人租入固定资产、不动产,既用于一般计税方法计税项目,又用于简易计税方法计税项目、免征增值税项目、集体福利或者个人消费的,其进项税额准予从销项税额中全额抵扣。

④ 自 2019 年 4 月 1 日至 2021 年 12 月 31 日,允许生产、生活性服务业纳税人按照当期可抵扣进项税额加计 10%,抵减应纳税额。

(二) 不得从销项税额中抵扣的进项税额

(1) 用于简易计税方法计税项目、免征增值税项目、集体福利或者个人消费的购进货物、加工修理修配劳务、服务、固定资产、无形资产和不动产。

其中涉及的固定资产、无形资产、不动产,仅指专用于上述项目的固定资产、无形资产(不包括其他权益性无形资产)、不动产,若发生兼用于上述不允许抵扣项目情况的,该进项税额准予全部抵扣;纳税人购进其他权益性无形资产,无论是专用于简易计税方法计税项目、免征增值税项目、集体福利或者个人消费,还是兼用于上述不允许抵扣项目,均可以抵扣进项税额。

如某供热企业既有对居民收取的采暖费(免税收入),又有对居民以外的单位收取的采暖费(应税收入),则该企业提供热力构建的供热车间、机器设备的进项税全部都可以抵扣,但是为生产热力而购买燃气、煤炭的进项税只能按照应税收入和免税收入的比例分摊抵扣。

(2) 非正常损失所对应的进项税额具体包括以下几项。

① 非正常损失的购进货物,以及相关劳务和交通运输服务。

② 非正常损失的在产品、产成品所耗用的购进货物(不包括固定资产)、劳务和交通运输服务。

③ 非正常损失的不动产,以及该不动产所耗用的购进货物、设计服务和建筑服务。

④ 非正常损失的不动产在建工程所耗用的购进货物、设计服务和建筑服务。纳税人新建、改建、扩建、修缮、装饰不动产,均属于不动产在建工程。

上述 4 项所说的非正常损失,是指因管理不善造成货物被盗、丢失、霉烂变质,以及因违反法律法规造成货物或者不动产被依法没收、销毁、拆除的情形。

思考与辨析 2-7

企业发生以下情况的进项税额是否可以抵扣?

① 自然灾害。如刮台风、水灾、大暴雨等自然灾害,导致仓库存货被淹、房屋损坏漏雨等造成的存货毁损。

② 损耗。如企业在进行存货盘点、领用或生产时,发现存货质量短缺、某些原材料规格不标准无法使用、产出残次品等情况。

③ 提前报废。如企业为了适应市场变化而对产品进行更新换代,对老产品做报废处理,相应的原材料由于不能用于生产新产品,亦做报废处理。

④ 过期报废。如药品、食品生产企业,由于产品滞销、超过保质期等需报废的。

解析 自然灾害不属于非正常损失,其存货进项税额可以抵扣;在损耗标准范围内的视为合理损耗,进项税额可以抵扣,建议企业通过内部制定的存货损耗标准进行合理损耗的判断;提前报废如果仅仅是市场因素导致的进项税额可以抵扣,如果是存储不当、使用不当导致存货要提前报废的,进项税额需要做转出处理;过期报废只要不是人为处理不当导致的,都可以从进项税额中抵扣。

(3) 特殊政策规定不得抵扣的进项税额。购进的贷款服务、餐饮服务、居民日常服务和娱乐服务。纳税人接受贷款服务向贷款方支付的与该笔贷款直接相关的投融资顾问费、手续费、咨询费等费用,其进项税额不得从销项税额中抵扣。

(4) 财政部和国家税务总局规定的其他情形。

税法之所以对上述情形做出不得抵扣进项税额的规定主要基于以下原因。

一是购进货物、接受应税劳务及发生应税行为之后,增值税链条中断,不得抵扣进项税额。如用于免税项目的购进货物或应税劳务和应税行为、非正常损失的购进货物及相关的应税劳务和应税行为、用于个人消费的购进货物或者应税劳务和应税行为等,增值税链条中断,不可能再有销售环节的销项税额出现。

二是采用简易征税方法计算增值税,适用低于正常税率的征收率,该征收率是结合增值税多档税率的货物或应税劳务和应税行为的税收负担水平而设计的,其税收负担与一般纳税人基本一致,因此不能再抵扣进项税额。

三是增值税扣税凭证不符合规定的,不能抵扣进项税额。这是增值税以票管税要求的体现。

(三) 不得抵扣增值税进项税额的具体处理方法

(1) 购入时不予抵扣。主要应用于经济业务发生时,就确定不满足可抵扣标准。当然在现实中,纳税人一般先计入增值税进项税额,以体现发票记录的完整内容;再做进项税额转出,将税金计入采购成本,以体现严格遵守不得抵扣进项税额的规则。

(2) 已抵扣进项税额后改变用途、发生非正常损失等，需要做进项税额转出处理。

① 直接计算进项税额转出的方法。适用于外购材料、不动产在建工程的非正常损失、改变用途等。如某企业(增值税一般纳税人)2020年7月将上月外购的一批生产用材料改变用途，用于集体福利，账面成本10 000元，则需要做进项税额转出＝10 000×13%＝1 300(元)。

② 还原计算进项税额转出的方法。适用于计算抵扣进项税额的项目发生非正常损失、改变用途等。

【例2-17】 2020年7月，某企业(增值税一般纳税人)因管理不善，导致一批以前期间向农业生产者收购的大豆发生霉烂变质，账面成本10 920元。计算其应转出的进项税额。

解析 应转出进项税额＝10 920÷(1－9%)×9%＝1 080(元)

③ 分解计算不得抵扣进项税额。适用于一般计税方法的纳税人，兼营简易计税方法计税项目、免征增值税项目而无法划分不得抵扣的进项税额，按照下列公式计算不得抵扣的进项税额。

$$\text{不得抵扣的进项税额} = \text{当期无法划分的全部进项税额} \times \left[\left(\text{当期简易计税方法计税项目销售额} + \text{免征增值税项目销售额} \right) \div \text{当期全部销售额} \right]$$

【例2-18】 某工业企业为增值税一般纳税人，2020年3月同时生产免税甲产品和应税乙产品，本期外购燃料柴油50t，已知该批柴油外购时取得增值税专用发票上注明价款87 300元，税额为11 349元，当月实现产品不含税销售收入总额为250 000元，其中甲产品收入100 000元。计算该企业当月不得抵扣的进项税额。

解析 不得抵扣的进项税额＝11 349×100 000÷250 000＝4 539.6(元)

三、应纳税额的计算

对于一般纳税人而言，按照以上确定每笔经济业务的销项税额和进项税额后，应纳税额的计算参照以下公式计算。

应纳税额＝当期销项税额－当期进项税额

下面通过具体案例系统解析一般纳税人应纳税额的完整计算过程。

【例2-19】 某生产企业为增值税一般纳税人(不具有运输资质)，其生产的产品适用增值税税率13%，2020年5月的有关生产经营业务如下。

① 销售甲产品给某大商场，开具增值税专用发票，取得不含税销售额80万元，同时向该商场收取送货运输费收入5.65万元。

② 销售乙产品，开具普通发票，取得含税销售额28.25万元。

③ 将自产的一批新产品用于对外捐赠，成本价为20万元，该新产品无同类产品市场销售价格，国家税务总局规定成本利润率为10%。

④ 购进货物取得增值税专用发票，注明支付的货款30万元、进项税额3.9万元。另外支付购货的运输费用6万元，取得运输公司(一般纳税人)开具的增值税专用发票。

⑤ 向农业生产者购进免税农产品一批，支付收购价30万元，支付给运输公司的不含税运费5万元，均取得相关的合法扣税凭证。本月下旬将购进的农产品的20%用于本企业职工福利。

⑥ 当月租入商用楼房一层，取得对方开具增值税专用发票上注明的税额为5.8万元。

该楼房的1/3用于工会的集体福利项目,其余为企业管理部门使用。

计算该企业5月应缴纳的增值税税额。

解析 根据企业发生的上述业务,分析如下。

① 销售甲产品取得的运输收入是该笔销售业务的价外费用。

$$销项税额=80\times13\%+5.65\div(1+13\%)\times13\%=11.05(万元)$$

② 销售乙产品取得的是含税销售额,需要换算成不含税销售额计算销项税额。

$$销项税额=28.25\div(1+13\%)\times13\%=3.25(万元)$$

③ 将自产产品用于对外捐赠应视同销售,且该产品无同类产品市场价格,采用组成计税价格计算销项税额。

$$销项税额=20\times(1+10\%)\times13\%=2.86(万元)$$

④ 购进的货物取得增值税专用发票允许抵扣。

$$进项税额=3.9+6\times9\%=4.44(万元)$$

⑤ 购进的农产品用于职工福利则不得抵扣。

$$进项税额=(30\times9\%+5\times9\%)\times(1-20\%)=2.52(万元)$$

⑥ 纳税人租入固定资产、不动产,既用于一般计税方法计税项目,又用于简易计税方法计税项目、免征增值税项目、集体福利或者个人消费的,其进项税额准予从销项税额中全额抵扣,因此,允许抵扣的进项税额=5.8万元。

$$允许抵扣的进项税额合计=4.44+2.52+5.8=12.76(万元)$$

$$该企业5月应缴纳的增值税税额=当期销项税额-当期进项税额$$
$$=(11.05+3.25+2.86)-12.76$$
$$=4.4(万元)$$

一般纳税人采用一般计税方法计算增值税税额,可以归纳为如图2-4所示。

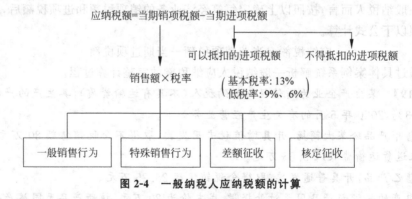

图2-4 一般纳税人应纳税额的计算

四、一般纳税人发生特定业务的应纳税额的计算

1. 转让不动产

一般纳税人转让2016年4月30日后取得的不动产适用一般计税方法,包括直接购买、接受捐赠、接受投资入股、自建以及抵债等各种形式取得的不动产。转让2016年4月30日前取得的不动产可选择一般计税方法。纳税人不动产所在地与机构所在地不在同一县(市、区)的,纳税人应按照5%的预征率向不动产所在地预缴税款,向机构所在地申报纳税。

(1) 转让非自建项目,向不动产所在地税务机关预缴增值税。

$$预缴增值税=转让差额÷(1+5\%)×5\%$$

向机构所在地税务机关申报应纳增值税。

$$应纳增值税=出售全额÷(1+9\%)×9\%-进项税额-预缴税款$$

(2) 转让自建项目,向不动产所在地税务机关预缴增值税。

$$预缴增值税=出售全额÷(1+5\%)×5\%$$

向机构所在地税务机关申报应纳增值税。

$$应纳增值税=出售全额÷(1+9\%)×9\%-进项税额-预缴税款$$

2. 出租不动产

一般纳税人出租2016年5月1日后取得的不动产,适用一般计税方法计税;出租2016年4月30日前取得的不动产,可选择适用一般计税方法计税。纳税人不动产所在地与机构所在地不在同一县(市、区)的,纳税人应按照3%的预征率向不动产所在地预缴税款,向机构所在地申报纳税。

向不动产所在地税务机关预缴税款,按下列公式计算。

$$预缴增值税=含税销售额÷(1+9\%)×3\%(预征率)$$

向机构所在地税务机关申报纳税,按下列公式计算。

$$增值税=含税销售额÷(1+9\%)×9\%-进项税额-预缴税款$$

3. 提供建筑服务

一般纳税人在其机构所在地以外的县(市、区)提供建筑服务,向建筑服务发生地税务机关按照2%预缴税款,向机构所在地税务机关申报纳税。

向建筑服务发生地税务机关预缴税款,按以下公式计算。

$$预缴增值税=计税差额÷(1+9\%)×2\%$$

$$计税差额=全部价款和价外收入-支付的分包款$$

向机构所在地申报税额,按下列公式计算。

$$应纳增值税=(销售额+价外收入)×9\%-进项税额-已预缴税款$$

【例2-20】 2020年5月,A市甲建筑公司(增值税一般纳税人)在B市提供建筑服务,取得全部价款(含税)1 090万元。甲建筑公司将部分建筑业务分包给乙建筑公司,支付分包款(含税)290万元。试计算甲公司当月在B市应预缴增值税和在A市申报的增值税销项税额。

解析 跨市提供建筑服务,应该在建筑服务发生地差额预缴增值税。

甲建筑公司应在B市预缴增值税=$(1\,090-290)÷(1+9\%)×2\%=14.68$(万元)

甲建筑公司应在A市申报增值税销项税额=$1\,090÷(1+9\%)×9\%=90$(万元)

4. 房地产开发企业销售自行开发的房地产项目

房地产开发企业一般纳税人销售自行开发的房地产项目适用一般计税方法,采用预收款方式销售房地产项目时,应在收到预收款时按照3%的预征率预缴增值税。

$$应预缴税款=预收款÷(1+9\%)×3\%$$

在规定的纳税义务发生时间,向主管税务机关申报纳税,按下列公式计算。

$$应纳增值税=(销售额+价外收入)×9\%-进项税额-已预缴税款$$

销售额中可以扣除支付的土地价款是指向政府、土地管理部门或受政府委托收取土地价款的单位直接支付的土地价款。

5. 劳务派遣服务

一般纳税人提供劳务派遣服务,选择一般计税方法的,以取得的全部价款和价外费用,按6%的税率计税;选择差额计税的,以取得的全部价款和价外费用扣除代用工单位支付给劳务派遣员工的工资、福利和为其办理社会保险及住房公积金后的余额为销售额,依5%的征收率计算缴纳增值税。

6. 销售固定资产

一般纳税人销售2009年1月1日后购进或自制的固定资产(购进当期已抵扣进项税额),按正常销售货物适用税率征收增值税。其计算公式为

$$应纳增值税 = 含税售价 \div (1 + 税率) \times 税率$$

一般纳税人销售自2013年8月1日起取得的应征消费税的汽车,并且按规定已抵扣进项税的,按照适用税率征收增值税。

第五节 简易计税方法

简易计税方法是指按照销售额和增值税征收率计算税额,且不得抵扣进项税额的计税方法。其计算公式为

$$应纳税额 = 销售额 \times 征收率 = 含税销售额 \div (1 + 征收率) \times 征收率$$

纳税人适用简易计税方法,无论购进货物、劳务及服务是否取得增值税专用发票,均不得抵扣进项税额。纳税人适用简易计税方法计税的,因销售折让、中止或者退回而退还给购买方的销售额,应当从当期销售额中扣减。扣减当期销售额后仍有余额造成多缴的税款,可以从以后的应纳税额中扣减。

一、小规模纳税人应纳税额的计算

(1) 小规模纳税人会计核算不健全,不能准确核算销项税额和进项税额,在计算应纳税额时,不实行税款抵扣制度,实行简易计税办法。小规模纳税人的销售额与一般纳税人销售额的规定一样,即销售货物或提供应税劳务和应税服务向购买方收取的全部价款和价外费用,不包括3%的征收率收取的增值税税额。

【例2-21】 某生产企业为增值税小规模纳税人,2020年2月销售边角废料,取得销售收入总额为4.635万元,开具普通发票。试计算该企业上述业务应缴纳增值税税额。

$$不含税销售额 = 4.635 \div (1 + 3\%) = 4.5(万元)$$
$$应纳增值税 = 4.5 \times 3\% = 0.135(万元)$$

【例2-22】 某便利店为增值税小规模纳税人,2020年2月销售货物取得含税收入40 000元,代收水、电、煤气等公共事业费共计50 000元,取得代收手续费收入1 509元,计算该便利店2月应纳的增值税。

解析 销售收入包含价款和价外费用。

$$应纳增值税 = (40\,000 + 1\,509) \div (1 + 3\%) \times 3\% = 1\,209(元)$$

(2) 小规模纳税人购进税控收款机,可凭购进税控收款机取得的增值税专用发票上注

明的增值税税额,抵免当期应纳增值税。若取得普通发票,根据普通发票上注明的价款,依下列公式计算可抵免的税额。

$$可抵免的税额 = 价款 \div (1+13\%) \times 13\%$$

当期应纳税额不足抵免的,未抵免部分可在下期继续抵免。

(3) 小规模纳税人(除其他个人外)销售自己使用过的货物。

小规模纳税人销售自己使用过的固定资产和旧货,减按2%征收率征收增值税。

$$增值税 = 售价 \div (1+3\%) \times 2\%$$

小规模纳税人销售自己使用过的除固定资产以外的物品,减按3%征收率征收增值税。

$$增值税 = 售价 \div (1+3\%) \times 3\%$$

(4) 小规模纳税人跨县(市)提供建筑服务,向建筑服务发生地税务机关预缴税款,应以取得的全部价款和价外费用扣除支付的分包款后的差额为销售额,依3%的征收率计算预缴税额。

$$预缴税款 = (全部价款和价外收入 - 分包款) \div (1+3\%) \times 3\%$$

并向机构所在地申报税款。

$$应纳税额 = 销售额 \div (1+3\%) \times 3\% - 预缴税款$$

(5) 小规模纳税人属于非房地产企业,销售取得的非自建的不动产时,其计税依据为全部价款和价外费用减去该项不动产购置原价的余额。

$$应纳增值税 = 转让差额 \div (1+5\%) \times 5\%$$

销售自建的不动产,其计税依据为全部价款和价外费用。

$$应纳增值税 = 出售全额 \div (1+5\%) \times 5\%$$

如果不动产所在地与机构所在地不一样,预缴增值税和申报增值税计算公式相同。

其他个人,销售其取得的不动产(不含购买住房),其计税依据为全部价款和价外费用减去该项不动产购置原价的余额,依5%的征收率征收。

(6) 小规模纳税人属于房地产企业,销售其开发的项目,以全部价款和价外费用作为计税依据,无论老项目还是新项目,均按照5%的征收率计算应纳税额。

如果采用预收款方式销售自行开发的房地产项目,应在收到预收款时按照3%的预征率预缴增值税。其计算式为

$$预缴增值税 = 预收款 \div (1+5\%) \times 3\%$$

在申报纳税时,应纳税额为

$$应纳税额 = 销售额 \div (1+5\%) \times 5\% - 预缴税款$$

(7) 小规模纳税人出租不动产和其他个人出租其取得的不动产(非住房),按5%的征收率计算税额,其应纳增值税税额 = 租金收入 $\div (1+5\%) \times 5\%$;个人出租住房,按5%的征收率减按1.5%计算税额,其应纳增值税税额 = 租金收入 $\div (1+5\%) \times 1.5\%$。

如果出租人出租不动产与机构所在地不在同一县市的,应向不动产所在地主管税务机关预缴税款,向机构所在地主管税务机关申报纳税。其预缴和申报计税计算公式同上。

二、一般纳税人选择简易计税方法应纳税额的计算

一般纳税人销售货物、提供或者发生财政部和国家税务总局规定的特定应税行为,可以选择适用简易计税方法计税,一经选择,36个月内不得变更。

(1) 一般纳税人销售下列货物、提供下列服务,适用3%的征收率。

① 县级及县级以下小型水力发电单位生产的电力。

② 自产建筑用和生产建筑材料所用的砂、土、石料。

③ 以自己采掘的砂、土、石料或其他矿物连续生产的砖、瓦、石灰(不含黏土实心砖、瓦)。

④ 自己用微生物、微生物代谢产物、动物毒素、人或动物的血液或组织制成的生物制品。

⑤ 自产的自来水。

⑥ 商品混凝土(仅限于以水泥为原料生产的水泥混凝土)。

⑦ 单采血浆站销售非临床用人体血液。

⑧ 寄售店代销寄售物品(包括居民个人寄售的物品在内)。

⑨ 典当业销售死当物品。

⑩ 药品经营企业销售生物制品、批准的免税商店零售免税品、兽用药品经营企业销售兽用生物制品;自2018年5月1日起,抗癌药品的生产销售和批发、零售;从2019年3月1日起,罕见病药品的批发和零售。

⑪ 公共交通运输服务,包括客渡、公交客运、轨道交通(含地铁、城市轻轨)、出租车、长途客运、班车。铁路客运服务不得选择简易办法。

⑫ 经认定的动漫企业为开发动漫产品提供的动漫脚本编撰、形象设计、背景设计、动画设计、分镜、动画制作、摄制、描线、上色、画面合成、配音、配乐、音效合成、剪辑、字幕制作、压缩转码(面向网络动漫、手机动漫格式适配)服务,以及在境内转让动漫版权(包括动漫品牌、形象或者内容的授权及再授权)。

⑬ 电影放映服务、仓储服务、装卸搬运服务、收派服务、非学历教育服务、教育辅助服务和文化体育服务。

⑭ 以纳入营改增试点之日前取得的有形动产为标的物提供的经营租赁服务。

⑮ 在纳入营改增试点之日前签订的尚未执行完毕的有形动产租赁合同。

⑯ 提供物业管理服务。

⑰ 非企业性单位中的一般纳税人提供的研发和技术服务、信息技术服务、鉴证咨询服务,以及销售技术、著作权等无形资产。

⑱ 部分农村金融服务。

⑲ 以清包工方式提供的建筑、为甲供工程提供的建筑服务、为建筑工程老项目提供的建筑服务。

⑳ 公路运营企业收取试点前开工的高速公路车辆通行费。

【例2-23】 2020年5月,某建筑安装公司(增值税一般纳税人)以清包工方式提供建筑服务,取得含税收入1 030万元,选择简易计税方法计税。试计算该公司当月应纳增值税税额。

解析 应纳增值税=1 030÷(1+3%)×3%=30(万元)

一般纳税人跨县(市、区)提供建筑服务,建筑工程承包合同注明的开工日期在2016年4月30日前的建筑工程项目(老项目)选择简易计税方法,向建筑服务发生地税务机关预缴税款。

预缴税款=(全部价款和价外收入-支付的分包款)÷(1+3%)×3%

机构所在地申报税额应纳税款=销售额÷(1+3%)×3%-已预缴税款

(2) 一般纳税人以下业务可选择5%征收率计税。

① 销售不动产。一般纳税人销售其2016年4月30日前取得(不含自建)的不动产,以取得的全部价款和价外费用减去该项不动产购置原价或者取得不动产时作价后的余额为销售额,按照简易计税方法计算应纳税额。

a. 非自建项目。

向不动产所在地税务机关预缴增值税 = 转让差额 $\div (1+5\%) \times 5\%$

b. 自建项目。

不动产所在地税务机关预缴增值税 = 出售全额(含价外收入) $\div (1+5\%) \times 5\%$

向机构所在地税务机关申报与预缴的计算相同。

② 不动产经营租赁服务。一般纳税人出租其2016年4月30日前取得的不动产,以经营租赁方式出租给他人使用,按照不动产经营租赁服务缴纳增值税。

向不动产所在地税务机关预缴增值税 = 含税销售额 $\div (1+5\%) \times 5\%$

向机构所在地税务机关申报与预缴相同。

【例2-24】 某公司为增值税一般纳税人,对出租商铺业务选择简易计税方法计税。该公司于2012年在上海购买了一套商铺用于出租,取得不动产销售统一发票注明价款为500万元。该公司每月收到的租金为10万元,假设2020年12月其他业务的增值税应纳税额为25万元。该公司增值税应纳税额如何计算?

解析 一般纳税人出租其2016年4月30日前取得的不动产,以经营租赁方式出租给他人使用,按照不动产经营租赁服务缴纳增值税。

该公司在不动产所在地(上海)预缴税款 = $10 \div (1+5\%) \times 5\% = 0.48$(万元)

本月增值税应纳税额 = $0.48 + 25 = 25.48$(万元)

纳税人在2021年1月15日前向主管税务机关申报12月应纳税额25.48万元,同时以完税凭证为合法有效凭证,扣减已经在上海预缴的0.48万元,即纳税人应缴纳增值税25万元。

③ 销售自行开发的房地产老项目。房地产开发企业中的一般纳税人,销售自行开发的房地产老项目,可选择采用简易计税办法,采用预收款方式销售自行开发的房地产项目时,应在收到预收款时按3%的预征率预缴增值税。

应预缴税款 = 预收款 $\div (1+5\%) \times 3\%$

申报纳税时,按以下公式计算。

应纳税款 = 销售额 $\div (1+5\%) \times 5\%$ - 已预缴税款

④ 劳务派遣服务。一般纳税人提供劳务派遣服务,以取得的全部价款和价外费用,扣除代用工单位支付给劳务派遣员工的工资、福利和为其办理社会保险及住房公积金后的余额为销售额,按照简易计税方法适用5%计算缴纳增值税。

⑤ 人力资源外包服务。一般纳税人提供人力资源外包服务,可以选择适用简易计税方法,按照5%的征收率计算缴纳增值税。

(3) 一般纳税人销售自己使用过的不得抵扣且未抵扣进项税额的固定资产,适用简易办法依照3%征收率减按2%征收。当然,也可放弃减税,依3%纳税,并开具专用发票。销售2019年1月1日后购进或自制的固定资产按正常销售货物税率征收。

【例2-25】 某生产企业为增值税一般纳税人,2020年6月把企业不需要的部分资产进行处理：销售2008年10月购入的机器设备，取得收入9 167元；销售使用3年的运输车1辆，取得收入61 020元；销售给小规模纳税人库存未使用的原材料取得收入50 850元（以上收入均为含税收入），试计算该企业上述业务应纳增值税税额。

解析 销售机器设备应纳税额＝9 167÷(1＋3%)×2%＝178(元)
销售运输车应纳税额＝61 020÷(1＋13%)×13%＝7 020(元)
销售原材料应纳税额＝50 850÷(1＋13%)×13%＝5 850(元)

（4）一般纳税人销售旧货，按照简易办法依照3%征收率减按2%征收增值税。所称旧货，是指进入二次流通的具有部分使用价值的货物(含旧汽车、旧摩托车和旧游艇)，但不包括自己使用过的物品。

【例2-26】 某旧机动车交易公司2020年3月销售旧机动车80辆，取得销售收入480万元，同时协助客户办理车辆过户手续，取得收入3万元。该旧机动车交易公司计算缴纳增值税所适用的税率如何确定？应纳增值税税额是多少？

解析 根据"纳税人(含一般纳税人和小规模纳税人)销售旧货，按照简易办法依照3%征收率减按2%征收增值税"，则该旧机动车交易公司适用3%的征收率减按2%征收。

应纳增值税税额＝(480＋3)÷(1＋3%)×2%＝9.38(万元)

（5）根据《财政部 税务总局关于二手车经销有关增值税政策的公告》(财政部 税务总局公告2020年第17号，以下简称17号公告)规定：自2020年5月1日至2023年12月31日，从事二手车经销的纳税人销售其收购的二手车，由原按照简易办法依3%征收率减按2%征收增值税，改为减按0.5%征收增值税。

三、进口货物应纳税额的计算

对进口货物征税是国际上大多数国家的通常做法，目的是平衡进口商品与国内商品的税负。根据《中华人民共和国增值税暂行条例》的规定，在中华人民共和国境内一切进口货物的单位和个人都应当依照规定缴纳增值税。不管是增值税一般纳税人还是增值税小规模纳税人进口货物，都按照组成计税价格和税法规定的税率计算应纳税额。其计算公式为

$$应纳税额＝组成计税价格×税率$$

组成计税价格中包括已纳关税，如果进口货物属于《中华人民共和国消费税暂行条例》规定的应税消费品，该进口货物的组成计税价格还要包括进口环节已纳消费税税额。组成计税价格公式为

$$组成计税价格＝关税完税价格＋关税$$

或

$$组成计税价格＝关税完税价格＋关税＋(消费税)$$

【例2-27】 某服装生产企业为增值税一般纳税人，2020年6月进口一批面料，买价85万元，境外运费及保险费共计5万元(假设关税税率为10%)，计算组成计税价格。

解析 关税完税价格＝85＋5＝90(万元)
组成计税价格＝90×(1＋10%)＝99(万元)
进口环节缴纳增值税＝99×13%＝12.87(万元)

第六节 增值税出口货物和服务的退(免)税政策

出口货物劳务退(免)税是指在国际贸易业务中,对报关出口的货物或者劳务、服务退还在国内各生产环节和流转环节按税法规定已缴纳的增值税,或免征应缴纳的增值税。

一、出口货物退(免)税的政策

为了提高出口货物在国际市场上的竞争力,鼓励和扩大本国产品出口,我国现行增值税法规定,实行出口货物退(免)税的政策。目前,我国的出口货物税收政策分为以下三种方式:出口免税并退税、出口免税不退税、出口不免税也不退税。

二、适用增值税退(免)税政策的出口货物劳务

1. 出口企业出口货物

出口货物是指向海关报关后实际离境并销售给境外单位或个人的货物,分为自营出口货物和委托出口货物。

出口企业是指依法办理工商登记、税务登记、对外贸易经营者备案登记,自营或委托出口货物的单位或个体工商户,以及依法办理工商登记、税务登记但未办理对外贸易经营者备案登记,委托出口货物的生产企业。

2. 出口企业或其他单位视同出口货物

(1) 出口企业对外援助、对外承包、境外投资的出口货物。

(2) 出口企业经海关报关进入国家批准的出口加工区、保税物流园区、保税港区、综合保税区等特殊区域并销售给特殊区域内单位或境外单位、个人的货物。

(3) 免税品经营企业销售的货物(国家规定不允许经营和限制出口的货物、卷烟和超出免税品经营企业经营范围的货物除外)。

(4) 出口企业或其他单位销售给用于国际金融组织或外国政府贷款国际招标建设项目的中标机电产品。

(5) 生产企业向海上石油天然气开采企业销售的自产的海洋工程结构物。

(6) 出口企业或其他单位销售给国际运输企业用于国际运输工具上的货物(例如:外轮供应公司、远洋运输供应公司销售给外轮、远洋国轮的货物;国内航空供应公司生产销售给国内和国外航空公司国际航班的航空食品)。

3. 出口企业对外提供加工修理修配劳务

出口企业对外提供加工修理修配劳务是指对进境复出口货物或从事国际运输的运输工具进行的加工修理修配。

4. 一般纳税人提供零税率的跨境应税服务

境内单位和个人提供的零税率的应税服务,如果属于适用增值税一般计税方法的,实行免、抵、退税办法,退税率为其适用的增值税税率;如果属于适用简易办法计税的,实行免征增值税办法。外贸企业兼营适用零税率应税服务的,统一实行免、退税办法。

三、增值税退(免)税办法

适用增值税退(免)税政策的出口货物、劳务及服务,按照下列规定实行增值税免、抵、退税或免、退税办法。

1. 免、抵、退税办法

生产企业出口自产货物和视同自产货物及对外提供加工、修理修配劳务,以及《财政部 国家税务局关于出口货物劳务增值税和消费税政策的通知》(财税〔2012〕39 号)附件 5 列明生产企业出口非自产货物,免征增值税(实际是零税率),相应的进项税额抵减应纳增值税税额(不包括适用增值税即征即退、先征后退政策的应纳增值税税额),未抵减完的部分按规定予以退还。

2. 免、退税办法

不具有生产能力的出口企业(以下统称"外贸企业")或其他单位出口货物、劳务免征增值税,相应的进项税额予以退还。

四、增值税出口退税率

除另有规定外,出口货物、应税服务退税率为其适用税率。自 2019 年 4 月 1 日起,原适用 16% 税率且出口退税率为 16% 的出口货物劳务,出口退税率调整为 13%;原适用 10% 税率且出口退税率为 10% 的出口货物、跨境应税行为,出口退税率调整为 9%。

退税率有调整的,除另有规定外,其执行时间以货物(包括被加工修理修配的货物)的出口货物报关单(出口退税专用)上注明的出口日期为准。

五、增值税退(免)税的计税依据

出口货物、劳务及应税服务的增值税退(免)税计税依据,按出口货物、劳务及应税服务的出口发票(外销发票)、其他普通发票或购进出口货物、劳务及应税服务专用发票、海关进口增值税专用缴款书确定。

(1) 生产企业出口货物劳务(进料加工复出口货物除外),其增值税计税依据为出口货物或者劳务的实际离岸价(FOB)。对进料加工复出口货物,其增值税计税依据为出口货物离岸价扣除出口货物所含的海关保税进口料件的金额。

(2) 外贸企业出口货物,其增值税计税依据为购进出口货物的增值税专用发票注明的金额或海关进口增值税专用缴款书注明的完税价格;出口委托加工修理修配货物,其增值税计税依据为加工修理修配费用增值税专用发票注明的金额。

六、增值税免抵退税和免退税的计算

生产企业自营或委托外贸企业代理出口的自产货物,除另有规定外,增值税一律实行"免抵退"办法。"免"是指生产企业出口的自产货物,免征本企业生产增值税环节增值税;"抵"是指生产企业出口自产货物所耗用的原材料、零部件、燃料、动力等所含应予退还的进项税额,先抵顶内销货物的应纳税额;"退"是指生产企业出口的自产货物,在当月内应抵顶的进项税额大于内销货物的应纳税额时,对未抵顶完的进项税额部分按规定予以退税。生产企业出口货物、劳务增值税免、抵、退税依下列公式计算。

(1) 当期应纳税额的计算如下。
当期应纳税额＝当期销项税额－(当期进项税额－当期不得免征和抵扣税额)
当期免抵退税不得免征和抵扣税额＝出口货物离岸价×外汇人民币牌价
　　　　　　　　　　　　　　　×(出口货物适用税率－出口货物退税率)
　　　　　　　　　　　　　　　－当期不得免征和抵扣税额抵减额
当期免抵退税不得免征和抵扣税额抵减额＝当期免税购进原材料价格
　　　　　　　　　　　　　　　　　　×(出口货物适用税率－出口货物退税率)

(2) 当期免、抵、退税额的计算如下。
当期免、抵、退税额＝当期出口货物离岸价×外汇人民币牌价×出口货物退税率
　　　　　　　　　－当期免抵退税额抵减额
当期免抵退税额抵减额＝当期免税购进原材料价格×出口货物退税率

(3) 当期应退税额和免抵税额的计算如下。
当期期末留抵税额≤当期免、抵、退税额，则
　　　　　　　当期应退税额＝当期期末留抵税额
　　　　　　　当期免、抵税额＝当期免、抵、退税额－当期应退税额
当期期末留抵税额＞当期免、抵、退税额，则
　　　　　　　当期应退税额＝当期免、抵、退税额
　　　　　　　免、抵、退税额＝0
当期期末留抵税额为当期增值税纳税申报表中的期末留抵税额。

【例 2-28】 A公司是自营出口生产企业，是增值税一般纳税人，出口货物的征税税率为13%，假设退税率为11%。2020年6月购进原材料一批，取得的增值税专用发票注明的价款200万元，外购货物准予抵扣进项税款26万元，货已入库。上期期末留抵税额3万元。当月内销货物销售额100万元，销项税额13万元。本月出口货物销售折合人民币200万元。计算该公司本期免抵退税额、应退税额、免抵税额。

解析　当期免抵退税不得免征和抵扣税额＝200×(13%－11%)＝4(万元)
　　　　应纳增值税税额＝100×13%－(26－4)－3＝－12(万元)
　　　　出口货物免抵退税额＝200×11%＝22(万元)
　　　　当期应退税额＝12万元
　　　　当期免抵税额＝22－12＝10(万元)

七、出口货物或者劳务增值税免退税的计算

以出口货物为例，"免退"即先征后退，是指出口货物在生产(购货)环节按规定缴纳增值税(指进项税额)，货物出口环节免征增值税(销项税额)，货物出口后由外贸企业(指收购货物后出口的外贸出口企业)向主管出口退税的税务机关申请办理出口货物的退税，该办法目前主要适用于外贸出口企业。

(1) 外贸企业在国内直接采购货物出口，增值税应退税额计算如下。
增值税应退税额＝购进出口货物的增值税专用发票注明的金额×出口货物退税率
(2) 外贸企业出口委托加工修理修配货物，增值税应退税额计算如下。
增值税应退税额＝加工修理费用增值税专用发票注明的金额×出口货物退税率

(3) 退税率低于适用税率的,相应计算出的差额部分的税款计入出口货物劳务成本。

【例2-29】 A外贸公司为增值税一般纳税人,具有进出口经营权,本年5月从某日用化妆品公司购进出口护发用品1 000箱,取得增值税专用发票注明的价款为200万元,进项税额为32万元,货款已用银行存款支付,该批产品已经全部出口,售价为每箱180美元(当月汇率为1美元=6.8元人民币),申请退税的单证齐全。该护发用品增值税退税率为9%。试计算A公司当期应退增值税税额及当期增值税进项税转出额。

解析 当期应退增值税税额=购进出口货物的增值税专用发票注明的金额
$$\times 出口货物退税率$$
$$=200\times 9\%=18(万元)$$
当期增值税进项税转出额=32-18=14(万元)

第七节 增值税税收优惠

增值税是发挥普遍调节作用的"中性"税种,加之链条抵扣的制度设计,使得增值税较少做出税收优惠的规定。现行增值税的主要免征规定如下。

一、法定减免

(1) 农业生产者销售的自产初级农产品。
(2) 避孕药品和用具。
(3) 古旧图书。
(4) 直接用于科学研究、科学试验和教学的进口仪器、设备。
(5) 外国政府、国际组织无偿援助的进口物资和设备。
(6) 由残疾人组织直接进口供残疾人专用的物品。
(7) 其他个人销售的自己使用过的物品(其他个人是指个体工商户以外的个人,即自然人)。
(8) 对承担粮食收储任务的国有粮食购销企业销售的粮食免征增值税。

除经营军队用粮、救灾救济粮、水库移民口粮之外,其他粮食企业经营粮食一律征收增值税。自2014年5月1日起,上述增值税免税政策适用范围由粮食扩大到粮食和大豆,并可对免税业务开具增值税专用发票。

二、财政部、国家税务总局规定的增值税优惠政策

1. 资源综合利用产品和劳务增值税优惠政策

增值税一般纳税人销售自产的资源综合利用产品和提供资源综合利用劳务,同时符合下列条件:不属于发改委规定的禁止类、限制类项目;纳税信用等级不属于税务机关评定的C级或D级,即可享受增值税即征即退政策。

2. 医疗卫生行业的增值税优惠政策

(1) 非营利性医疗机构自产自用的制剂免税。
(2) 营利性医疗机构自产自用的制剂,收入直接用于改善医疗卫生条件的,自取得执业

登记之日起,3年内免税。

(3) 疾病控制机构和妇幼保健机构等的服务收入,按国家规定价格取得的卫生服务收入免税。

(4) 血液。血站供应给医疗机构的临床用血免税;供应非临床用血,按简易办法3%计算应纳税额或正常交税。

3. 修理修配劳务的增值税优惠

飞机修理,增值税实际税负超过6%的部分即征即退;铁路系统内部单位为本系统修理货车免征增值税;从事国外航空公司飞机维修业务,又免又退。

4. 软件产品的增值税优惠

增值税一般纳税人销售其自行开发生产的软件产品,按13%税率征收增值税后,对其增值税实际税负超过3%的部分实行即征即退政策。

即征即退税额＝当期软件产品增值税应纳税额－当期软件产品销售额×3%

5. 供热企业的增值税优惠政策

对供热企业向居民个人供热而取得的采暖费收入继续免征增值税。

6. 蔬菜流通环节增值税免税政策

(1) 对从事蔬菜批发、零售的纳税人销售的蔬菜免征增值税。各种蔬菜罐头不属于免税范围。

(2) 纳税人既销售蔬菜又销售其他增值税应税货物的,应分别核算蔬菜和其他增值税应税货物的销售额;未分别核算的,不得享受蔬菜增值税免税政策。

7. 制种行业增值税政策

制种企业生产经营模式下生产种子,属于农业生产者销售自产农产品,免征增值税。

8. "十三五"期间进口种子种源增值税优惠政策

2016年1月1日至2020年12月31日,继续对进口种子(苗)、种畜(禽)、鱼种(苗)和种用野生动植物种源(种子种源)免征进口环节增值税。

9. 大型客机和新支线飞机增值税优惠政策

(1) 对纳税人从事大型客机、大型客机发动机研制项目而形成的增值税期末留抵税额,予以退还。

(2) 对纳税人生产销售新支线飞机暂减按5%征收增值税,并对其因生产销售新支线飞机而形成的增值税期末留抵税额予以退还。

(3) 纳税人收到退税款项的当月,应将退税额从增值税进项税额中转出。

10. 研发机构采购设备全额退还增值税政策

继续对内资研发机构和外资研发中心采购国产设备全额退还增值税。

三、营业税改征增值税试点过渡政策的规定

根据《财政部 国家税务总局关于全面推开营业税改征增值税试点的通知》(财税〔2016〕36号),下列项目属于营改增试点过渡政策。

1. 免征增值税的项目

(1) 托儿所、幼儿园提供的保育和教育服务。

(2) 养老机构提供的养老服务。

(3) 残疾人福利机构提供的育养服务。

(4) 婚姻介绍服务。

(5) 殡葬服务。

(6) 残疾人员本人为社会提供的服务。

(7) 医疗机构提供的医疗服务。

(8) 从事学历教育的学校提供的教育服务。

① 按照国家规定的收费标准向学生收取的高校学生公寓住宿费收入、高校学生食堂为高校师生提供餐饮服务取得的收入,在营改增试点期间免征增值税。

② 一般纳税人提供非学历教育服务,可选择适用简易计税方法按照3%征收率计算应纳税额。

(9) 学生勤工俭学提供的服务。

(10) 农业机耕、排灌、病虫害防治、植物保护、农牧保险以及相关技术培训业务,家禽、牲畜、水生动物的配种和疾病防治。

(11) 纪念馆、博物馆、文化馆、文物保护单位管理机构、美术馆、展览馆、书画院、图书馆在自己的场所提供文化体育服务取得的第一道门票收入。

(12) 寺院、宫观、清真寺和教堂举办文化、宗教活动的门票收入。

(13) 行政单位之外的其他单位收取的符合规定条件的政府性基金和行政事业性收费。

(14) 个人转让著作权。

(15) 个人销售自建自用住房。

(16) 公共租赁住房经营管理单位出租公租房。

(17) 台湾航运公司、航空公司从事海峡两岸海上直航、空中直航业务在大陆取得的运输收入。

(18) 纳税人提供的直接或间接国际货物运输代理服务。

(19) 下列利息收入:国家助学贷款;国债、地方政府债;人民银行对金融机构的贷款;住房公积金管理中心用住房公积金在指定的委托银行发放的个人住房贷款等。

(20) 被撤销金融机构以货物、不动产、无形资产、有价证券、票据等财产清偿债务。

(21) 保险公司开办的一年期以上人身保险产品取得的保费收入。

(22) 符合条件的金融商品转让收入。

(23) 金融同业往来利息收入。

(24) 符合条件的担保机构从事中小企业信用担保或者再担保业务取得的收入3年内免征增值税。

(25) 国家商品储备管理单位及其直属企业承担商品储备任务,从中央到地方财政取得的利息补贴收入和价差补贴收入。

(26) 纳税人提供技术转让、技术开发和与之相关的技术咨询、技术服务。

(27) 符合条件的合同能源管理服务。

(28) 科普单位的门票收入,以及县级及以上党政部门和科协开展科普活动的门票收入。

(29) 政府举办的从事学历教育的高等、中等和初等学校(不含下属单位),举办进修班、培训班取得的全部归该学校所有的收入。

（30）政府举办的职业学校设立的主要为在校学生提供实习场所，并由学校出资自办、由学校负责经营管理、经营收入归学校所有的企业，从事"现代服务"（不含融资租赁服务、广告服务和其他现代服务）"生活服务"（不含文化体育服务、其他生活服务和桑拿、氧吧）业务活动取得的收入。

（31）家政服务企业由员工制家政服务员提供家政服务取得的收入。

（32）福利彩票、体育彩票的发行收入。

（33）军队空余房产租赁收入。

（34）为了配合国家住房制度改革，企业、行政事业单位按房改成本价、标准价出售住房取得的收入。

（35）将土地使用权转让给农业生产者用于农业生产取得的收入。

（36）涉及家庭财产分割的个人无偿转让不动产、土地使用权。

（37）土地所有者出让土地使用权和土地使用者将土地使用权归还给土地所有者。

（38）县级以上地方人民政府或自然资源行政主管部门出让、转让或收回自然资源使用权（不含土地使用权）。

（39）随军家属就业和军队转业干部就业。

（40）2017—2023年，广播电视运营服务企业收取的有线数字电视基本收视维护费和农村有线电视基本收视费，免税。

（41）自2016年5月1日起，社会团体收取的会费免税，社会团体开展经营服务活动取得的其他收入纳税。

（42）2019年1月1日至2023年12月31日，对电影主管部门按照各自职能权限批准从事电影制片、发行、放映的电影集团公司（含成员企业）、电影制片厂及其他电影企业取得的销售电影拷贝（含数字拷贝）收入、转让电影版权（包括转让和许可使用）收入、电影发行收入以及在农村取得的电影放映收入，免税。

2. 增值税即征即退

（1）经批准从事融资租赁业务的一般纳税人，提供有形动产融资租赁服务和有形动产融资性售后回租服务，实际税负超过3%的部分实行增值税即征即退政策。

（2）安置残疾人的单位和个体工商户，按纳税人安置残疾人的人数，限额即征即退增值税——当地月最低工资标准的4倍确定。

3. 扣减增值税规定

（1）退役士兵自主创业就业。

（2）重点群体创业就业（社保机构登记失业半年以上的人员；零就业家庭、享受城市居民最低生活保障家庭劳动年龄内的登记失业人员；毕业年度内高校毕业生）。

① 从事个体经营的，在3年内按每户每年12 000元为限额，依次扣减其当年实际应缴纳的增值税、城建税、教育费附加、地方教育附加和个税。限额标准最高可上浮20%。

② 企业安置其就业的，在3年内按实际招用人数每年6 000元为限额，依次扣减增值税、城建税、教育费附加、地方教育附加和企业所得税。重点群体定额标准最高可上浮

30%；退役士兵定额标准最高可上浮50%。

4. 金融企业贷款利息的增值税优惠政策

金融企业发放贷款后,自结息日起90天内发生的应收未收利息按现行规定缴纳增值税,自结息日起90天后发生的应收未收利息暂不缴纳增值税,待实际收到利息时按规定缴纳增值税。

5. 动漫企业进口生产用品的增值税优惠政策

经国务院有关部门认定的动漫企业自主开发、生产动漫直接产品,确需进口的商品免征进口关税及进口环节增值税。

四、增值税起征点

增值税起征点由国务院财政、税务主管部门规定。增值税起征点适用范围限于个人,不适用登记为一般纳税人的个体工商户。

(1) 按期纳税的,起征点为月销售额5 000~20 000元(含本数)。

(2) 按次纳税的,起征点为每次(日)销售额300~500元(含本数)。

五、增值税小规模纳税人免征增值税相关政策规定

(1) 小规模纳税人发生增值税应税销售行为,合计月销售额未超过15万元(按季纳税,季度销售额未超过45万元)的,但扣除本期发生的销售不动产的销售额后未超过15万元的,其销售货物、劳务、服务、无形资产取得的销售额免征增值税。

(2) 适用增值税差额征税的小规模纳税人,以差额后的销售额确定是否上述免税。

(3) 按固定期限纳税的小规模纳税人可以选择以1个月或1个季度为纳税期限,一经选择一个会计年度内不得变更。

(4) 其他个人(除个体工商户以外的自然人),采取一次性收取租金形式出租不动产取得的租金收入,可在对应的租赁期内平均分摊,分摊后的月租金收入未超过15万元的,免征增值税。

(5) 按照现行规定应当预缴增值税的小规模纳税人,凡在预缴地实现的月销售额未超过15万元的,当期无须预缴税款。已预缴的,可申请退还。

(6) 小规模纳税人月销售额超过15万元的发票管理。

① 使用增值税发票管理系统开具增值税普通发票、机动车销售统一发票、增值税电子普通发票。

② 已经自行开具增值税专用发票的,可以继续自行开具增值税专用发票,并就开具增值税专用发票的销售额计算缴纳增值税。

【例2-30】 A生产企业为增值税小规模纳税人,2020年3月销售货物取得不含税销售额8万元,提供服务取得不含税销售额1万元,销售闲置的仓库取得不含税销售额120万元。计算A企业2020年3月应纳增值税。

解析 A企业销售额=8+1+120=129(万元),剔除销售不动产后的销售额9万元,可享受免税政策。

销售不动产应纳增值税=120×5%=6(万元)

第八节 增值税征收管理

一、增值税纳税义务发生时间

(1) 采取直接收款方式销售货物,不论货物是否发出,其纳税义务发生时间均为收到销售额或取得索取销售额凭据的当天。

(2) 采取托收承付和委托银行收款方式销售货物,其纳税义务发生时间为发出货物并办妥托收手续的当天。

(3) 采取赊销和分期收款方式销售货物,其纳税义务发生时间为书面合同约定的收款日期的当天。无书面合同的或者书面合同没有约定收款日期的,其纳税义务发生时间为货物发出的当天。

(4) 采取预收货款方式销售货物,其纳税义务发生时间为货物发出的当天。生产销售生产工期超过12个月的大型机械设备、船舶、飞机等货物,其纳税义务发生时间为收到预收款或者书面合同约定的收款日期的当天。纳税人提供租赁服务,采用预收款方式,其纳税义务发生时间为收到预收款当天。

(5) 委托其他纳税人代销货物,其纳税义务发生时间为收到代销单位销售的代销清单或者收到全部或者部分货款的当天;未收到代销清单及货款的,其纳税义务发生时间为发出代销货物满180天的当天。

(6) 提供应税劳务、应税服务,其纳税义务发生时间为提供劳务同时收讫销售款或取得索取销售款凭据的当天。

(7) 发生视同销售货物行为,其纳税义务发生时间为货物移送的当天。

(8) 纳税人提供租赁服务采取预收款方式的,其纳税义务发生时间为收到预收款的当天。

(9) 纳税人从事金融商品转让的,其纳税义务发生时间为金融商品所有权转移的当天。

(10) 纳税人发生视同销售服务、无形资产或不动产情形,其纳税义务发生时间为服务、无形资产转让完成的当天或不动产权属变更的当天。

思考与辨析2-8

下列业务的增值税纳税义务和扣缴义务发生时间,哪些是正确的?

① 从事金融商品转让的,其纳税义务发生时间为收到销售额的当天。

② 赠送不动产的,其纳税义务发生时间为不动产权属变更的当天。

③ 以预收款方式提供租赁服务的,其纳税义务发生时间为服务完成的当天。

④ 以预收款方式销售货物(除特殊情况外)的,其纳税义务发生时间为货物发出的当天。

⑤ 扣缴义务发生时间为纳税人增值税纳税义务发生的当天。

解析 业务①,纳税人从事金融商品转让的,其纳税义务发生时间为金融商品所有权转移的当天;业务③,纳税人提供租赁服务采取预收款方式的,其纳税义务发生时间为收到预收款的当天;业务②、④、⑤均为正确的增值税纳税义务和扣缴义务发生时间。

【例 2-31】 某企业采用分期收款方式,2020 年 6 月销售 200 辆商务客车,合同规定不含税销售额共计 3 600 万元,本月收回 50% 货款,其余款项下月收回;由于购货方资金紧张,实际收到货款 1 500 万元。试计算该企业 6 月的销项税额。

解析 采取赊销和分期收款方式销售货物,增值税纳税义务发生时间为书面合同约定的收款日期的当天。该业务合同规定本月收回 50% 的货款。

本月应确认销售额 = 3 600 × 50% = 1 800(万元)

销项税额 = 1 800 × 13% = 234(万元)

二、纳税期限

增值税纳税期限分为 1 日、3 日、5 日、10 日、15 日、1 个月或者 1 季度。纳税人的具体纳税期限,由主管税务机关根据纳税人应纳税额的大小分别核定。以 1 个季度为纳税期限的规定适用于小规模纳税人、银行、财务公司、信托投资公司、信用社,以及财政部和国家税务总局规定的其他纳税人。不能按照固定期限纳税的,可以按次纳税。

纳税人以 1 个月或 1 个季度为一个纳税期限的,自期满之日起 15 天内申报纳税,以 1 日、3 日、5 日、10 日、15 日为一个纳税期的,自期满之日起 5 天内预缴税款,于次月 1 日起至 15 日内申报纳税并结清上月应纳税款。

三、纳税地点

(1) 固定业户一般为机构所在地。总、分机构不在同一县(市)的,应当分别向各自所在地主管税务机关申报纳税;经批准可由总机构汇总纳税的,向总机构所在地主管税务机关申报纳税。

(2) 固定业户到外县(市)销售货物或者提供应税劳务,向机构所在地的主管税务机关申请开具"外管证",并向其机构所在地的主管税务机关申报纳税。

(3) 非固定业户销售货物或者应税劳务,应当向其销售地或应税行为发生地的主管税务机关申报纳税;未向销售地或应税行为发生地的主管税务机关申报纳税的,由其机构所在地或者居住地主管税务机关补征税款。

(4) 纳税人跨县(市)提供建筑服务,在建筑服务发生地预缴税款后,向机构所在地主管税务机关进行纳税申报。

(5) 其他个人提供建筑服务,销售或者租赁不动产,转让自然资源使用权,应向建筑服务发生地、不动产所在地、自然资源所在地主管税务机关申报纳税。

(6) 纳税人销售不动产、租赁不动产,在不动产所在地预缴税款后,向机构所在地主管税务机关进行纳税申报。

(7) 进口货物,向报关地海关申报纳税。

(8) 扣缴义务人向其机构所在地或者居住地的主管税务机关申报缴纳其扣缴的税款。

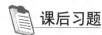
课后习题

一、判断题

1. 水路运输的光租业务、航空运输的干租业务,属于"交通运输服务"项目。( )

2. 无运输工具承运业务,按照"有形动产租赁服务"缴纳增值税。（ ）
3. 存款利息,按照"贷款服务"缴纳增值税。（ ）
4. 美国 A 公司向我国企业转让其在我国的连锁经营权,需要在我国缴纳增值税。
（ ）
5. 某运输企业为武汉疫区无偿提供医药物资运输服务,应视同销售缴纳增值税。
（ ）
6. 房地产评估咨询公司提供的房地产评估业务属于增值税的征税范围。（ ）
7. 某法国公司向我国境内 W 公司销售位于我国境内的办公楼,应在我国缴纳增值税。
（ ）
8. 某单位聘用的员工为本单位负责人提供专车驾驶服务,属于视同销售服务缴纳增值税。（ ）
9. 某运动品牌制造商五一劳动节给职工免费提供自产运动服 1 套,应视同销售计征增值税。（ ）
10. 某商场销售货物并建立餐饮中心为顾客提供餐饮服务属于增值税兼营行为。
（ ）

二、单项选择题

1. 根据增值税的相关规定,下列说法不正确的是（ ）。
   A. 物业服务企业为业主提供的装修服务,按照"建筑服务"缴纳增值税
   B. 纳税人提供武装守护押运服务,按照"安全保护服务"缴纳增值税
   C. 提供餐饮服务的纳税人销售的外卖食品,按照"餐饮服务"缴纳增值税
   D. 纳税人在游览场所经营索道、摆渡车、电瓶车、游船等取得的收入,按照"交通运输服务"缴纳增值税

2. 下列行为应按"提供加工和修理修配劳务"征收增值税的是（ ）。
   A. 电梯安装公司为客户安装电梯   B. 服装企业受托为某单位加工服装
   C. 修理公路桥梁   D. 修配厂工作人员为本厂修理汽车

3. 企业发生的下列行为中,需要计算缴纳增值税的是（ ）。
   A. 取得存款利息   B. 获得保险赔偿
   C. 取得中央财政补贴   D. 收取包装物租金

4. 下列不属于混合销售行为的是（ ）。
   A. 某计算机制造公司在销售计算机的同时又为该客户提供运输劳务
   B. 某建材商店在销售建材的同时为其他客户提供装饰劳务
   C. 某邮政企业销售集邮商品的同时为该客户提供邮政服务
   D. 某塑钢门窗销售商店在销售外购塑钢门窗的同时又为该客户提供安装服务

5. 下列行为中,应当缴纳增值税的是（ ）。
   A. 某超市为本公司员工提供班车服务
   B. 建筑公司员工为本公司设计建筑图纸
   C. 母公司向子公司无偿转让商标权
   D. 运输公司为灾区提供免费运输救灾物资的服务

6. 下列各项中属于视同销售行为应当计算销项税额的是（ ）。

A. 将自己的货车无偿提供给灾区使用 B. 将购买的货物投入生产
C. 将购买的货物无偿赠送他人 D. 将购买的货物用于集体福利

7. 某珠宝首饰店为增值税一般纳税人,2020年6月采取以旧换新方式销售银手镯8 000g,每克新银手镯零售价9.28元,每克旧银手镯作价2.26元,共取得差价款56 160元。该珠宝首饰店该业务增值税销项税额为( )元。
 A. 7 280 B. 6 460.88 C. 7 746.21 D. 8 614.51

8. 某酒厂为增值税一般纳税人,2020年6月销售啤酒取得不含税销售额200万元,另收取期限为3个月的包装物押金11.3万元,销售白酒取得不含税销售额500万元,另收取期限同样为3个月的包装物押金33.9万元;2019年4月销售啤酒和白酒收取的包装物押金均在本月逾期,因购买方未退还包装物而没收其押金各22.6万元。2020年6月该酒厂增值税销项税额为( )万元。
 A. 101.4 B. 100.1 C. 97.5 D. 98.8

9. 某葡萄酒厂为一般纳税人,本月向一小规模纳税人销售葡萄酒,并开具普通发票上注明金额113 000元;同时收取单独核算的包装物押金5 650元(尚未逾期),此业务酒厂应计算的销项税额为( )元。
 A. 16 800 B. 13 650 C. 15 011.32 D. 17 301.92

10. 某企业为增值税一般纳税人,2020年5月买入A上市公司股票,买入价280万元,支付手续费0.084万元。当月卖出其中的50%,发生买卖负差10万元。2020年6月,卖出剩余的50%,卖出价200万元,支付手续费0.06万元,印花税0.2万元。该企业2020年6月应缴纳增值税的销项税额( )万元。(以上价格均为含税价格)
 A. 3.00 B. 3.38 C. 2.81 D. 2.83

11. 某金融机构为增值税一般纳税人,2020年第二季度提供贷款服务取得不含税贷款利息收入1 000万元,提供货币兑换服务取得不含税收入25万元。发生人员工资支出65万元,则销项税额是( )万元。
 A. 61.5 B. 72.00 C. 34.20 D. 73.50

12. A企业为增值税一般纳税人,2020年4月向B企业销售货物,由于B企业购买量大,A企业给予其8折优惠,开具的增值税专用发票上的金额栏分别注明价款40 000元、折扣额8 000元。本月购进原材料取得的增值税专用发票上注明进项税额2 000元。A企业当期应缴纳增值税税额( )元。
 A. 5 200 B. 3 200 C. 2 160 D. 3 980

13. 关于增值税的销售额,下列说法正确的是( )。
 A. 旅游服务,一律以取得的全部价款和价外费用为销售额
 B. 经纪代理服务,以取得全部价款和价外费用为销售额
 C. 劳务派遣服务,一律以取得全部价款和价外费用为销售额
 D. 航空运输企业的销售额,不包括收取的机场建设费

14. 某金融机构为增值税一般纳税人,2020年第一季度提供贷款服务取得含税利息收入5 300万元,提供直接收费服务取得含税收入106万元,开展贴现业务取得含税利息收入500万元,该银行上述业务的销项税额( )万元。
 A. 157.46 B. 306.06 C. 334.30 D. 173.03

15. 某房地产企业为增值税一般纳税人,2018年8月1日购买一块地开发房地产项目,支付地价款800万元,2020年8月项目完工,当月销售其中的90%,取得含税销售收入2 028万元,当期应纳增值税税额为(　　)万元。
    A. 108   B. 171.74   C. 110.52   D. 174.65

16. 某旅游公司为增值税一般纳税人,2020年9月取得旅游费收入共计973万元,其中向境外旅游公司支付境外旅游费60万元,向境内其他单位支付交通费28万元,住宿费14.2万元,门票费21万元,签证费1.8万元。支付本单位导游餐饮住宿费共计2.2万元,旅游公司选择按照扣除支付给其他单位相关费用后的余额为计税销售额,并开具普通发票(金额均含税)。该企业2020年9月增值税销项税额为(　　)万元。
    A. 50.75   B. 48   C. 18.92   D. 47.88

17. 某增值税一般纳税人服装厂,2020年7月在订货会上签订了一批服装销售合同,预收货款120万元,合同约定发货时间为当年9月。7月另对外出租一处年初新购置的厂房,合同为3年期,一次性预收1年含税租金共计109万元,则该企业2020年7月增值税销项税额为(　　)万元。
    A. 3.96   B. 24.6   C. 14.32   D. 9

18. 某货物运输企业为增值税纳税人,2020年4月提供货物运输服务,取得不含税收入480 000元;出租闲置车辆取得含税收入76 840元;提供车辆停放服务,取得含税收入21 800元,以上业务均选择一般计税方法。该企业当月销项税额是(　　)元。
    A. 13 197.6   B. 53 840   C. 51 344.59   D. 64 152.04

19. 下列项目所包含的进项税额,不得从销项税额中抵扣的是(　　)。
    A. 生产过程中出现的报废产品   B. 用于返修产品修理的易损零配件
    C. 生产企业用于经营管理的办公用品   D. 生产企业由于管理不善丢失的货物

20. 下列行为中,涉及的进项税额不得从销项税额中抵扣的是(　　)。
    A. 将外购的货物用于本单位集体福利
    B. 将外购的货物分配给股东和投资者
    C. 将外购的货物无偿赠送给其他个人
    D. 将外购的货物作为投资提供给其他单位

21. 某果品公司为增值税一般纳税人,2020年9月从农民手中收购水蜜桃一批,开具的收购发票上注明收购价款为20 000元,另支付运费,收到了运输公司的增值税专用发票注明价款为500元。则此业务可以抵扣的进项税额为(　　)元。
    A. 1 800   B. 200   C. 1 845   D. 2 000

22. 2020年8月,某商贸公司(一般纳税人)上月外购的10 000m棉布因管理不善被盗,每米成本为30元,上月外购的免税农产品账面成本38 235元,因保管不善导致发霉。上述产品均已抵扣进项税额,则本期应转出的进项税额是(　　)元。
    A. 52 248.33   B. 42 781.48   C. 55 531.35   D. 56 767.95

23. 甲企业为增值税一般纳税人,2020年12月发现上月从农民手中收购的已抵扣过进项税额的一批大米发生损失。该批大米的成本为15万元,其中因自然灾害使该批大米损失25%,其余是因管理不善造成的损失。甲企业进项税额转出为(　　)万元。
    A. 1.50   B. 1.46   C. 1.25   D. 1.126

24. 某工业企业(增值税一般纳税人)2020年12月外购材料10 000kg,每公斤不含税价格25元,取得了增值税专用发票。在运输途中因管理不善被盗1 000kg。运回后以每3kg材料生产成1盒工艺品,共3 000盒,其中2 200盒用于直接销售,500盒用于发放企业职工福利,300盒因管理不善被盗;那么,该纳税人当月允许抵扣的进项税额应为(　　)元。

  A. 36 000   B. 26 325   C. 34 800   D. 40 375

25. 2018年5月,某公司(增值税一般纳税人)购入不动产用于办公,取得增值税专用发票上注明金额2 700万元,税额200万元,进项税额已按规定申报抵扣。2020年1月该办公楼改用于职工宿舍,当期净值2 430万元。该办公楼应转出进项税额(　　)万元。

  A. 218.7   B. 100   C. 90   D. 180

三、多项选择题

1. 下列属于增值税征税范围的有(　　)。

  A. 单位聘用的员工为本单位提供的运输服务

  B. 日本某公司转让商标权供我国A公司在日本和我国使用

  C. 德国某酒店向来自我国境内的科研团队提供住宿服务

  D. 出租车公司向使用本公司自有出租车的出租车司机收取的管理费用

2. 下列项目属于现代服务的租赁服务项目的有(　　)。

  A. 将飞机广告位出租   B. 融资性售后回租业务

  C. 道路通行服务   D. 车辆停放服务

3. 下列表述正确的是(　　)。

  A. 物业公司提供写字楼物业管理服务,属于提供生活服务

  B. 建筑公司修缮房屋,属于提供加工、修理修配劳务

  C. 汽修公司修理汽车,属于提供加工、修理修配劳务

  D. 邮政公司发行报纸,属于提供邮政服务

4. 下列业务中,应当按照交通运输服务征收增值税的有(　　)。

  A. 期租业务   B. 程租业务

  C. 航空运输的干租业务   D. 航空运输的湿租业务

5. 下列属于销售应税服务项目的是(　　)。

  A. 铁路运输 B. 家政服务 C. 房屋销售 D. 房屋租赁

6. 根据我国现行增值税的规定,下列属于加工修理修配劳务应当缴纳增值税的有(　　)。

  A. 设备维修 B. 房屋修缮 C. 服装加工 D. 管道安装

7. 纳税人的下列应税行为中,应该征收增值税的有(　　)。

  A. 税务咨询服务   B. 员工为本单位提供设计服务

  C. 为灾区赠送货物   D. 为灾区无偿提供运输服务

8. 一般纳税人的下列购进项目中,其进项税额不得从销项税额中抵扣的有(　　)。

  A. 因洪涝灾害毁损的外购商品 B. 外购的自用小轿车

  C. 公司招待客户购买的餐饮服务(餐费) D. 生产免税产品接受的加工劳务

9. 某生产企业(增值税一般纳税人)的下列进项税额,不得从销项税额中抵扣的有(　　)。

A. 购买涂料装修职工浴室发生的进项税额
B. 支付产成品仓库电费发生的进项税额
C. 购买一项同时用于应税项目和免税项目的专利权的进项税额
D. 购买原材料用于生产免税产品所发生的进项税额

10. 下列项目所包含的进项税额,不可以从销项税额中抵扣的有(　　)。
    A. 生产过程中出现的报废产品
    B. 非正常损失在产品耗用的货物和交通运输服务
    C. 购进的贷款服务
    D. 非正常损失的不动产在建工程所耗用的购进货物、设计服务和建筑服务

11. 增值税一般纳税人可以选择简易计税额的有(　　)。
    A. 提供文化体育服务　　　　　　B. 提供装卸搬运服务
    C. 公共交通运输服务　　　　　　D. 提供税务咨询服务

12. 某生产企业下列项目中,可以抵扣进项税额的有(　　)。
    A. 外购大型生产机器设备　　　　B. 购进生产设备修理用零备件
    C. 购进职工食堂改造用建筑材料　D. 外购生产用水、电、气

13. 增值税纳税人中,下列以差额为销售额的有(　　)。
    A. 贷款服务　　　　　　　　　　B. 经纪代理服务
    C. 客运场站服务　　　　　　　　D. 金融商品转让

14. 一般纳税人发生的下列经济业务均取得了增值税专用发票,其注明的增值税税额允许从当期销项税额中抵扣的情形是(　　)。
    A. 用于交际应酬的外购礼品
    B. 购买的办公用品
    C. 购买制造车间中央空调系统
    D. 从小规模纳税人处购买的用于集体福利的物品

四、计算题

1. 某百货超市企业(增值税一般纳税人)2020年4月发生如下业务。

(1) 取得日用品不含税销售收入400万元,采取以旧换新方式销售5G电视机100台,新电视机的零售价格为1.13万元/台,旧电视机的含税作价为0.2万元/台,收取的含税差价款为0.93万元/台。

(2) 采取预收货款方式销售高档自选车一批,当月取得预收款150万元,合同约定自行车于5月15日发出;将闲置办公设备出租,租赁期为2020年4月到2021年5月,每月不含税租金15万元,当月预收2个月的租金。

(3) 购入一批货物,取得的增值税专用发票上注明价款150万元,增值税税额19.5万元;委托甲运输企业(增值税一般纳税人)运输货物,取得的增值税专用发票上注明运费5万元;接受乙广告公司(增值税一般纳税人)提供的广告服务,取得的增值税专用发票上注明金额20万元。

(4) 月末进行盘点时发现,当月因管理不善造成上月从某增值税一般纳税人企业购入的服装被盗,该批服装(已抵扣进项税额)账面价值为24万元,其中运费成本4万元。

假定相关票据在本月均通过认证并允许抵扣。

要求：根据上述资料，计算该企业4月应纳增值税税额。

2. 恒鑫地产是增值税一般纳税人，2020年4月发生如下业务。

（1）销售2016年3月开工建设的住宅项目，取得含税收入165 900万元，从政府部门取得土地时支付土地价款76 000万元。该项目选择简易计税方法计税。

（2）支付甲建筑公司工程价款，取得甲公司上月开具的增值税专用发票，注明金额12 000万元，税额1 200万元。

（3）出租一栋写字楼，合同约定租期为3年，每年不含税租金4 800万元，每半年支付一次租金，本月收到2020年4—9月租金，开具增值税专用发票，注明金额2 400万元；另收办公家具押金160万元，开具收据。该业务适用一般计税方法。

（4）4月购进小轿车一辆，支付含税合计价款22.6万元，取得机动车销售统一发票。

（5）支付高速公路通行费，取得高速公路电子普通发票，注明金额1.03万元，适用3%的征收率。

本月取得的相关凭证均在本月申报抵扣进项税额。试计算恒鑫地产当月应纳增值税。

五、案例分析

A公司是一家美术培训机构，采取自主经营与品牌加盟相结合的经营模式。2020年，该公司除自主培训班收取培训费外，还将其教育品牌、课件资源等使用权授予加盟方收取使用费。该公司将所有收入入账后，均按3%征收率缴纳增值税。另外，该公司还销售其自编的各种讲义资料。根据《财政部 国家税务总局关于延续宣传文化增值税优惠政策的通知》中"自2018年1月1日起至2020年12月31日，免征图书批发、零售环节增值税"条款规定，该公司将这部分资料讲义费用列入免税收入范畴。A公司上述行为有何税收风险？

第三章

消 费 税

【案例导入】 A公司从事防水涂料生产与销售，属于增值税一般纳税人。2018年9月，主管税务机关在对A公司2017年各税种纳税申报比对中发现如下疑点。

(1) 增值税纳税申报表中应税货物销售额4 000万元，其他应税消费品消费税纳税申报表中反映年度涂料销售额3 940万元，两者相差60万元。

(2) 2017年企业所得税年度纳税申报表附表一般企业收入明细表(A101010)中反映营业收入3 940万元。视同销售及房地产开发企业特定业务纳税调整明细表(A105010)中反映视同销售收入60万元，视同销售（营业）成本45万元，上述净调增所得额15万元。

对上述问题，风险评估审计人员与企业相关负责人约谈。

据财务经理介绍，A公司2017年兴建厂房和办公楼，当年9月基建工程部门领用本厂生产的聚氨酯防水涂料用于外墙与屋面，计60 000kg，同类产品对外销售不含税单位价格10元，单位生产成本7.5元。依据税收政策，在建工程领用自产涂料视同销售，申报增值税。因涂料未对外实际销售，无须申报消费税。

思考： 上述案例中A公司是否应申报消费税？运用前面章节的内容，分析A公司对增值税的处理是否正确。

第一节 消费税概述

一、消费税的概念

消费税是对我国境内从事生产、委托加工和进口应税消费品的单位和个人，就其销售数量或销售额在特定环节征收的一种税。简单来说，就是对特定消费品和消费行为征收一种税。

消费税是世界上最古老的税种之一，堪称现代税制的鼻祖。古埃及时期就已经对食用油征收消费税；古罗马对奴隶的销售及其他特定货物征税也具有消费税的性质；17世纪的荷兰人把对啤酒、糖、盐、酒精及其他货物所征之税称为消费税。

在我国，消费税更是历史悠久，西周时期的"山泽之赋"中对金、玉、锡、丹青等奢侈品所征收的财产税已具备消费税的雏形；秦朝的杂税制度针对人们日常生产、生活中的特殊商品实行征税，如盐、铁；汉承秦制，征收盐税、铁税、酒税；隋、唐、宋、元、明、清各时期皆有征收茶税、盐税、酒税；北洋政府时期消费税主要包括盐税和烟酒税两种；国民政府时期先是裁撤厘金，用特种消费税代替，后又引入统税代替了特种消费税。新中国成立之初，我国便对电影、戏剧及娱乐、舞场、筵席、冷食、旅馆等特殊消费行为征税。1982年开征特别烧油税,调节能源消费结构;1988年开征筵席税,引导合理消费,提倡勤俭节约社会风尚;1989年针对彩色电视机和小轿车等商品供不应求的情况开征了特别消费税,调节高消费,调整收入结构。

1994年我国正式实行分税制财政管理体制,消费税也成为这次税制改革流转税中新设置的一个税种。现行的消费税规范是2008年11月5日国务院第三十四次常务会议修订通过的《中华人民共和国消费税暂行条例》以及2008年12月15日财政部、国家税务总局第51号令颁布的自2009年1月1日起施行的《中华人民共和国消费税暂行条例实施细则》。

二、消费税的特点

1. 征收项目具有选择性

我国消费税的应税消费品是根据我国的产业政策和消费结构、消费水平及节能环保等方面的要求,选择了包括高档消费品、奢侈品、高能耗消费品、不可再生的资源消费品和限制性消费品等。对这些消费品征税,既不会影响人们的生活水平,又可以发挥限制有害消费品的使用、抑制不良消费行为、促进资源有效利用和缓解社会分配不公的作用。

2. 征税环节单一性

消费税选择在生产(进口)、流通和消费的某一环节一次征收(卷烟和高档汽车除外),而不是在消费品生产、流通或消费的每个环节多次征收。这样使得消费税的税源比较集中,另一方面可以节约征收成本、提高征管效率。

3. 征收方法多样性

为适应不同消费品的应税情况,消费税既采用对消费品制定单位税额,以消费品的数量实行从量定额的征收方法,也采用对消费品制定比例税率,以消费品的价格实行从价定率的征收方法和复合计税的方法。

4. 税收调节特殊性

消费税属于国家运用税收杠杆对某些消费品或消费行为进行特殊调节的税种。这一特殊性表现在两个方面:一是不同的征税项目税负差异较大,对需要限制或控制消费的消费品规定较高的税率,体现特殊的调节目的;二是消费税通常采取增值税与消费税双重调节的办法,对某些需要特殊调节的消费品或消费行为在征收增值税的同时,再征收一道消费税,形成一种特殊的对消费品双层次调节的税收调节体系。

5. 消费税转嫁性

凡列入消费税征税范围的消费品,一般都是高价高税产品。因此,消费税无论采取价内税形式还是价外税形式,也无论在哪个环节征收,消费品中所含的消费税税款最终都转嫁到消费者身上,由消费者负担,税负具有转嫁性。

第二节 消费税纳税义务人、征税范围、税率及纳税环节

一、纳税义务人

凡在中华人民共和国境内生产、委托加工和进口应税消费品的单位和个人,以及国务院

确定的销售《中华人民共和国消费税暂行条例》规定的消费品的其他单位和个人,均为消费税的纳税义务人。

所谓"在中华人民共和国境内",是指生产、委托加工和进口属于应当缴纳消费税的消费品的起运地或者所在地在境内。

单位是指企业、行政单位、事业单位、军事单位、社会团体及其他单位。

个人是指个体工商户及其他个人。

其他单位和个人是指金银首饰、钻石及钻石饰品、超豪华小汽车的零售企业和个人、卷烟的批发企业和个人。

二、征税范围

我国现行消费税的征收范围是在中华人民共和国境内生产、委托加工和进口的应税消费品。大体上可归为四类。

第一类:过度消费会对身心健康、社会秩序、生态环境等方面造成危害的特殊消费品,如烟、酒、鞭炮、焰火等。

第二类:非生活必需品,如化妆品、贵重首饰、珠宝玉石等。

第三类:高能耗及高档消费品,如摩托车、小汽车等。

第四类:不可再生和替代的稀缺资源消费品,如汽油、柴油等油品。

具体税目如下。

1. 烟

凡是以烟叶为原料加工生产的产品,不论使用何种辅料,均属于本税目的征收范围。包括卷烟(进口卷烟、白包卷烟、手工卷烟和未经国务院批准纳入计划的企业及个人生产的卷烟)、雪茄烟和烟丝。

2. 酒

酒是酒精度在1度以上的各种酒类饮料。酒类包括白酒黄酒、啤酒和其他酒。酒类税目不含调味料酒、酒精。

无醇啤酒、啤酒源、菠萝啤酒和果啤比照"啤酒"税目征税;葡萄酒按"其他酒"税目征收;以蒸馏酒或食用酒精为酒基,同时符合一定条件的配制酒和以发酵酒为酒基,酒精度低于20度(含)的配制酒,按"其他酒"税目征税。其他配制酒,按"白酒"税目征税。

饮食业、商业、娱乐业利用啤酒生产设备生产的啤酒,应当征消费税。

3. 高档化妆品

高档美容、修饰类化妆品是指生产(进口)环节销售(完税)价格(不含增值税)在10元/mL(g)或15元/片及以上的美容、修饰类化妆品、高档护肤类化妆品。其中美容、修饰类化妆品是指香水、香水精、香粉、口红、指甲油、胭脂、眉笔、唇笔、蓝眼油、眼睫毛以及成套化妆品。

本税目不包括普通护肤护发品、一般化妆品、舞台戏剧影视演员化妆用的上妆油、卸妆油、油彩。

4. 贵重首饰及珠宝玉石

金银首饰和珠宝玉石首饰,如翡翠、珍珠、宝石坯、钻石等。

本税目包括以金、银、白金、宝石、珍珠、钻石、翡翠、珊瑚、玛瑙等高贵稀有物质以及其他金属、人造宝石等制作的各种纯金银首饰及镶嵌首饰和经采掘、打磨、加工的各种珠宝玉石。

5. 鞭炮、焰火

本税目包括各种鞭炮、焰火。体育上用的发令纸、鞭炮药引线，不按本税目征收。

6. 成品油

本税目包括汽油、柴油、石脑油、溶剂油、航空煤油、润滑油、燃料油等7个子目。对符合一定条件的纯生物柴油免征消费税；航空煤油暂缓征收。

7. 摩托车

本税目包括轻便摩托车、摩托车（两轮、三轮）。气缸容量250mL（不含）以下的小排量摩托车不征消费税。

8. 小汽车

汽车是指由动力驱动，具有4个或4个以上车轮的非轨道承载的车辆，包括小汽车、中轻型商用客车、超豪华小汽车。超豪华小汽车是指每辆零售价格130万元（不含增值税）及以上的乘用车和中轻型商用客车。

电动车、沙滩车、雪地车、卡丁车、高尔夫车、大客车（超过标准）不征消费税；购进货车或厢式货车改装生产的商务车、卫星通讯车不征消费税；购进乘用车或中轻型商用客车整车改装生产的汽车，征收消费税。

9. 高尔夫球及球具

高尔夫球及球具是指从事高尔夫球运动所需的各种专用装备，包括高尔夫球、高尔夫球杆及高尔夫球包（袋）等。

高尔夫球杆的杆头、杆身和握把属于本税目的征收范围。

10. 高档手表

高档手表是指销售价格（不含增值税）每只在10 000元（含）以上的各类手表。

11. 游艇

游艇是指长度大于8m且小于90m，船体由玻璃钢、钢、铝合金、塑料等多种材料制作，可以在水上移动的水上浮载体。

12. 木制一次性筷子

木制一次性筷子，又称卫生筷子，是指以木材为原料经过锯段、浸泡、旋切、刨切、烘干、筛选、打磨、倒角、包装等环节加工而成的各类供一次性使用的筷子。不包括竹制筷子、木质工艺筷子。

13. 实木地板

实木地板是指以木材为原料，经锯割、干燥、刨光、截断、开榫、涂漆等工序加工而成的块状或条状的地面装饰材料。未经涂饰的素板也属于本税目征税范围。

14. 电池

电池是一种将化学能、光能等直接转换为电能的装置，一般由电极、电解质、容器、极端，通常还有隔离层组成的基本功能单元，以及用一个或多个基本功能单元装配成的电池组。范围包括原电池、蓄电池、燃料电池、太阳能电池和其他电池。

15. 涂料

涂料是指涂于物体表面能形成具有保护、装饰或特殊性能的固态涂膜的一类液体或固体材料的总称。

业务案例 3-1

某汽车 4S 店属于一般纳税人,2020 年 6 月该店代理销售一款零售单价为 145.9 万元(含增值税)的小汽车,主管税务机关认为 4S 店销售该款小汽车时需要计缴消费税,请问税务机关的认定是否正确?

解析 超豪华小汽车是指每辆零售价格 130 万元(不含增值税)及以上的乘用车和中轻型商用客车。本案例中的 4S 店代理的小汽车的零售价(含增值税)145 万元,换算成不含税销售价格为 145.9÷1.13＝129.12(万元),未达到文件规定的销售价格 130 万元,故不应缴纳消费税。

三、消费税税率

(一)适用税率的一般规定

消费税采用比例税率和定额税率两种形式,以适应不同应税消费品的实际情况。消费税根据不同的税目或子目确定相应的税率或单位税额。

消费税税率形式包括三种:从价定率的比例税率、从量定额的定额税率和复合计税。其中啤酒、黄酒、成品油适用从量定额计税;卷烟、白酒适用复合计税;除此以外,其他税目适用从价定率计税。具体税目、税率如表 3-1 所示。

表 3-1　消费税税目、税率表

税　　目	税　　率
一、烟	
1. 卷烟	
(1) 甲类卷烟	56%加 0.003 元/支
(2) 乙类卷烟	36%加 0.003 元/支
(3) 批发环节	11%加 0.005 元/支
2. 雪茄烟	36%
3. 烟丝	30%
二、酒	
1. 白酒	20%加 0.5 元/500g
2. 黄酒	240 元/t
3. 啤酒	
(1) 甲类啤酒	250 元/t
(2) 乙类啤酒	220 元/t
4. 其他酒	10%
三、高档化妆品	15%
四、贵重首饰及珠宝玉石	
1. 金银首饰、铂金首饰和钻石及钻石饰品	5%
2. 其他贵重首饰和珠宝玉石	10%
五、鞭炮、焰火	15%
六、成品油	
1. 汽油、石脑油、溶剂油、润滑油	1.52 元/L
2. 柴油、航空煤油、燃料油	1.2 元/L

续表

税　目	税　率
七、摩托车	
1. 气缸容量为 250mL（含 250mL）的	3%
2. 气缸容量为 250mL 以上的	10%
八、小汽车	
1. 乘用车	
① 气缸容量（排气量，下同）在 1.0L（含 1.0L）以下的	1%
② 气缸容量在 1.0L 以上至 1.5L（含 1.5L）的	3%
③ 气缸容量在 1.5L 以上至 2.0L（含 2.0L）的	5%
④ 气缸容量在 2.0L 以上至 2.5L（含 2.5L）的	9%
⑤ 气缸容量在 2.5L 以上至 3.0L（含 3.0L）的	12%
⑥ 气缸容量在 3.0L 以上至 4.0L（含 4.0L）的	25%
⑦ 气缸容量在 4.0L 以上的	40%
2. 中轻型商用客车	5%
3. 超豪华小汽车（零售环节）	10%
九、高尔夫球及球具	10%
十、高档手表	20%
十一、游艇	10%
十二、木制一次性筷子	5%
十三、实木地板	5%
十四、电池	4%
十五、涂料	4%

（二）适用税率的特殊规定

1. 卷烟的适用税率

卷烟分为甲类卷烟和乙类卷烟，每标准条（200 支，下同）调拨价格大于或等于 70 元（不含增值税）的为甲类卷烟；每标准条调拨价格小于 70 元（不含增值税）的为乙类卷烟。

2. 酒的适用税率

啤酒分为甲类啤酒和乙类啤酒，其中出厂价（含包装物及包装物押金）大于或等于每吨 3 000 元的则为甲类啤酒，出厂价（含包装物及包装物押金）小于每吨 3 000 元的则为乙类啤酒，甲类啤酒的单位税额为每吨 250 元，乙类啤酒的单位税额为每吨 220 元。包装物押金不包括重复使用的塑料周转箱的押金。

业务案例 3-2

某啤酒厂 2020 年 6 月销售 A 型啤酒 20t 给超市，开具增值税专用发票注明价款 58 000 元，收取包装物押金 3 390 元；销售 B 型啤酒 10t 给商场，开具普通发票取得价款 22 600 元，收取包装物押金 169.5 元。请问如何确定 A 型啤酒和 B 型啤酒各自适用的单位税额标准？

解析　啤酒单位税额按出厂价划分档次，包装物押金要并入出厂价中，作为判断适用税率的依据。

A 型啤酒：$(58\,000 + 3\,390 \div 1.13) \div 20 = 3\,050$（元）$> 3\,000$ 元，适用单位税额为

250 元/t。

B 型啤酒：(22 600＋169.5)÷1.13÷10＝2 015(元)＜3 000 元，适用单位税额为 220 元/t。

3. 贵重首饰和珠宝玉石的适用税率

金银首饰(包括铂金首饰)的消费税按 5％的税率征收，按 5％的税率征收消费税的范围仅限于金、银和金基、银基合金首饰，以及金、银和金基、银基合金的镶嵌首饰和钻石、钻石饰品及铂金首饰。不在上述范围的应税首饰及珠宝玉石仍按 10％的税率征收消费税。

4. 其他特殊规定

纳税人兼营不同税率应税消费品的，应分别核算，分别计算缴纳消费税，未分别核算的，从高适用税率征收消费税；纳税人将不同税率应税消费品或应税消费品与非应税消费品组成成套消费品销售的，即使分别核算销售额，也要从高适用税率征收消费税。

业务案例 3-3

某酒厂 2020 年 6 月销售礼品盒 6 000 套，售价为 300 元/套，每套包括白酒 2 斤、单价 80 元，干红酒 2 斤、单价 70 元。试确定该酒厂销售礼盒套装中的干红酒适用的消费税税率。

解析 纳税人将不同税率应税消费品与非应税消费品组成成套消费品销售的，即使分别核算销售额，也要从高适用税率征收消费税。本例中白酒采用复合计税方式缴纳消费税，适用的比例税率为 20％，同时按 0.5 元/500g 的单位税额复合计税，因此，干红酒要比照白酒适用 20％的比例税率复合计征消费税。

四、纳税环节

消费税的纳税环节主要有生产环节、委托加工环节、进口环节、零售环节(仅适用于超豪华小汽车、金银首饰等)、批发环节(仅适用卷烟)。

1. 生产环节

(1) 纳税人生产的应税消费品，于纳税人销售时纳税。这里的销售主要是指出厂环节的销售。

(2) 纳税人自产自用的应税消费品，用于连续生产应税消费品的，不纳税；用于其他方面的(用于生产非应税消费品、在建工程、管理部门、馈赠、赞助、集资、广告、样品、职工福利、奖励等)，视同销售，在移送使用时纳税。

如甲化妆品公司将自产的高档香水移送生产高档口红，就属于连续生产，不纳税，在将来生产的高档口红销售时再缴纳消费税。如果甲化妆品公司将自产的高档香水移送生产沐浴液，因沐浴液不属于消费税的征税范围，因此在领用高档香水时就缴纳消费税。

2. 委托加工环节

委托加工应税消费品，除受托方为个人外，由受托方在向委托方交货时代收代缴税款；委托个人加工的应税消费品，由委托方收回后缴纳消费税。

3. 进口环节

进口应税消费品，于报送进口时由海关代征消费税。

4. 零售环节

经国务院批准,自 1995 年 1 月 1 日起,金银首饰消费税由生产销售环节征收改为零售环节征收。改在零售环节征收消费税的金银首饰仅限于金基、银基合金首饰以及金、银和金基、银基合金的镶嵌首饰,钻石及钻石饰品,铂金首饰。其他贵重首饰(如珍珠)和珠宝玉石,仍在生产、进口和委托加工环节征收消费税。

从 2016 年 12 月 1 日起,对超豪华小汽车,在生产(进口)环节按现行税率征收消费税基础上,在零售环节加征一道消费税。

思考与辨析 3-1

某商场既销售金银首饰又销售珠宝玉石首饰,该商场如何计征消费税?

解析 珠宝玉石只在生产、委托加工、进口环节纳消费税,金银首饰改在零售环节征收,商场销售属于零售环节,因此,商场对珠宝玉石不计征消费税,应对金银首饰计征消费税。若商场对两者的销售额无法分开核算,只能全部按照金银首饰征税。

5. 批发环节

自 2015 年 5 月 10 日起,在中华人民共和国境内从事卷烟批发业务的单位和个人,批发销售的所有牌号规格的卷烟,按其销售额(不含增值税)征收 11% 的从价税,并按 0.005 元/支加征从量税。这一规定只适用于卷烟,不包括烟丝和雪茄烟。

(1)纳税人销售给纳税以外的单位和个人的卷烟于销售时纳税,纳税人之间销售的卷烟不缴纳消费税,即烟草批发企业将卷烟销售给其他烟草批发企业,不缴纳消费税。

如甲烟草批发公司将卷烟销售给乙烟草零售商店,在销售时需要缴纳消费税(从价税率 11%,从量税率为 0.005 元/支),而若将烟草批发销售给丙烟草批发公司,则不缴纳消费税。

(2)纳税人兼营卷烟批发和零售业务的,应当分别核算批发和零售环节的销售额、销售数量;未分别核算批发和零售环节销售额、销售数量的,按照全部销售额、销售数量计征批发环节消费税。

(3)卷烟消费税在生产和批发两个环节征收后,批发企业在计算应纳税额时不得扣除已含的生产环节的消费税税款。

思考与辨析 3-2

下列消费品的纳税环节哪些正确?

① 金店销售金银饰品在销售环节纳税;
② 啤酒屋自制的啤酒在销售时纳税;
③ 白酒在生产环节和批发环节纳税;
④ 销售珍珠饰品在零售环节纳税;
⑤ 成品油在零售环节纳税。

解析 业务③,白酒在批发环节不征收消费税;业务④,珍珠饰品在零售环节不征收消费税;业务⑤,成品油在生产环节(包括委托加工和进口环节)征收消费税。只有业务①和②是正确的。

第三节 消费税计税依据

按照现行消费税法的基本规定,消费税应纳税额的计算主要分为从价计征、从量计征和复合计征三种方法。其计税依据的确定也分为实行从价定率计征的计税依据、实行从量定额的计税依据和实行复合计征的计税依据。

一、实行从价定率计征的计税依据

实行从价定率计征的计税依据为销售额。由于增值税和消费税交叉征收,计征消费税的消费品还要征收增值税,故实行从价定率征收消费税的应税消费品,其消费税的计税销售额与增值税的计税销售额是一致的,即含消费税但不含增值税的销售额。

(一)销售额的一般规定

销售额为纳税人销售应税消费品向购买方收取的全部价款和价外费用。销售是指有偿转让应税消费品的所有权;有偿是指从购买方取得货币、货物或者其他经济利益。

价外费用是指价外向购买方收取的手续费、补贴、基金、集资费、返还利润、奖励费、违约金、品牌使用费、延期付款利息、赔偿金、代收款项、代垫款项、包装费、包装物租金、储备费、优质费、运输装卸费以及其他各种性质的价外收费。但不包括下列项目。

1. 同时符合以下条件的代垫运输费用

(1)承运部门的运输费用发票开具给购买方的;

(2)纳税人将该发票转交给购买方的。

2. 同时符合以下条件代为收取的政府性基金或者行政事业性收费

(1)由国务院或者财政部批准设立的政府性基金,由国务院或者省级人民政府及其财政、价格主管部门批准设立的行政事业性收费;

(2)收取时开具省级以上财政部门印制的财政票据;

(3)所收款项全额上缴财政。

其他价外费用,无论是否属于纳税人的收入,均应并入销售额计算征税。

(二)销售额的特殊规定

1. 包装物的规定

(1)应税消费品连同包装物销售的,无论包装物是否单独计价,也不论在财务上如何核算,均应并入应税消费品的销售额中征收消费税。

(2)包装物押金不并入销售额中征税。但对逾期未收回的包装物不再退还的和已收取一年以上的押金,应并入应税消费品的销售额,按照应税消费品的适用税率征收消费税。

(3)既作价随同应税消费品销售的,又另外收取包装物押金的,凡纳税人在规定的期限内不予退还的,均应并入应税消费品的销售额,按照应税消费品的适用税率征收消费税。

(4)酒类产品生产企业销售酒类产品(不包括啤酒、黄酒)收取的包装物押金,无论押金是否返还及会计上如何核算,均应并入酒类产品销售额中征收消费税。啤酒的包装物押金不计算消费税,但是它影响啤酒适用税率的判断。

【例3-1】 某筷子生产企业为增值税一般纳税人。2020年5月取得不含税销售额如下：销售烫花木制筷子20万元；销售竹制筷子15万元；销售木制一次性筷子10万元。另外没收于2019年4月收取现已逾期未退还的木制一次性筷子包装物押金2.26万元。该企业当月应纳消费税的计税依据如何确定？

解析 木制一次性筷子属于消费税征税范围，对应的逾期包装物押金也要计算消费税。烫花木制筷子和竹制筷子不属于消费税征税范围。

应税消费品的计税依据＝应税消费品销售额＋逾期未退的包装物押金
$$=10+2.26\div1.13=12(万元)$$

【例3-2】 某酒厂为增值税一般纳税人，2020年6月销售白酒10t，取得不含税收入400 000元，包装物押金22 600元（单独记账核算），货物由该酒厂负责运输，收取运费46 330元。请问该酒厂6月如何确定消费税的计税依据？

解析 啤酒、黄酒以外的酒类包装物押金应于收取时并入销售额征税，销售货物同时负责运输收取的运费应作为价外费用并入销售额征税；且白酒属于复合计税，其计税依据包括销售额和销售量。

应税消费品的计税依据＝应税消费品销售额＋包装物押金
$$=[400\ 000+(22\ 600+46\ 330)\div(1+13\%)]+10\times2\ 000$$
$$=481\ 000(元)$$

2. 酒类产品其他规定

白酒生产企业向商业销售单位收取的"品牌使用费"，按价外收入处理。

白酒生产企业销售给销售单位的白酒，其消费税计税价格低于销售单位对外销售价格（不含增值税）70%以下的，税务机关应核定消费税最低计税价格。

啤酒生产企业销售的啤酒，不得以向其关联企业的啤酒销售公司销售的价格作为确定消费税税额的标准，而应当以其关联企业的啤酒销售公司对外的销售价格（含包装物及包装物押金）作为确定消费税税额的标准，并依此确定该啤酒消费税单位税额。

3. 自设非独立核算门市部计税的规定

纳税人通过自设非独立核算门市部销售的自产应税消费品，应按门市部对外销售额或者销售数量征收消费税。

【例3-3】 某酒厂7月移送一批白酒给自设的非独立核算门市部，同批次白酒不含税出厂价格260元/斤，门市部销售150斤、每斤不含税价格为360元。请问移送给非独立核算门市部白酒计税依据如何确定？

解析 纳税人通过自设非独立核算门市部销售的自产应税消费品，应按门市部对外销售额或者销售数量征收消费税。计税销售额按每斤不含税价格360元计算，计税销售数量按150斤计算，采用复合计征缴纳消费税。

4. 纳税人用于换取生产资料和消费资料，投资入股和抵偿债务等方面的应税消费品的规定

纳税人用于换取生产资料和消费资料，投资入股和抵偿债务等方面的应税消费品的，应当以纳税人同类应税消费品的最高销售价格作为计税依据计算消费税。

【例3-4】 某化妆品厂为增值税一般纳税人，2020年6月发生以下业务：8日销售高档化妆品400箱,每箱不含税价6 000元;15日销售同类化妆品500箱,每箱不含税价6 500元;当月以200箱同类化妆品与某公司换取高档精油。请问该厂当月计税依据如何确定?

解析 纳税人用于换取生产资料和消费资料,投资入股和抵偿债务等方面的应税消费品,应当以纳税人同类应税消费品的最高销售价格作为计税依据计算消费税。

计税销售额＝400×6 000＋500×6 500＋200×6 500＝6 950 000(元)

业务案例3-4

华光公司准备以自产的150辆摩托车向前进橡胶厂换取其生产的橡胶材料,华光公司当月销售同种型号摩托车有两种价格,分别为以4 500元的单价销售200辆,以6 000元的单价销售300辆,摩托车消费税税率为10%。

根据"纳税人用于换取生产资料和消费资料,投资入股和抵偿债务等方面的应税消费品,应当以纳税人同类应税消费品的最高销售价格作为计税依据计算消费税"这一规定,华光公司换取橡胶材料,应按摩托车当月最高销售价格6 000元/辆计算应纳消费税税额＝150×6 000×10%＝90 000(元)。

企业财务人员了解这一业务后,提出将摩托车先销售,再用销售款购买橡胶材料的方式来替换前述模式。请问财务人员的建议是否合理?

解析 采用"将摩托车先销售,再用销售款购买橡胶材料"的方式,华光公司销售150辆摩托车可按摩托车的月加权平均单价计算应纳消费税,摩托车的月加权平均单价＝(4 500×200＋6 000×300)÷(200＋300)＝5 400(元/辆),销售摩托车应纳消费税税额＝150×5 400×10%＝81 000(元)。

从税收的角度看,只需要转换一下业务模式,即可为企业带来税收优化。因此,财务人员的建议是合理的。

5. 金银首饰的计税依据

(1) 纳税人销售金银首饰,其计税依据为不含增值税的销售额。

(2) 金银首饰连同包装物销售的,无论包装物是否单独计价,也无论会计上如何核算,均应并入金银首饰的销售额,计征消费税。

(3) 带料加工的金银首饰按受托方销售同类金银首饰的销售价格确定计税依据征收消费税;无同类售价,按组成计税价格计税。

(4) 以旧换新(含翻新改制)销售金银首饰,按实际收取的不含增值税的全部价款确定计税依据征收消费税。

(5) 金银首饰消费税改变纳税环节后,用已税珠宝玉石生产的金银镶嵌首饰,不得扣除已纳的消费税税款。

(6) 对既销售金银首饰,又销售非金银首饰的生产、经营单位,应将两类商品划分清楚,分别核算销售额。凡划分不清楚或不能分开核算的,在生产环节销售的,一律从高适用税率征收消费税;在零售环节销售的,一律按金银首饰征收消费税;金银首饰与其他产品组成成套消费品销售,应按销售额全额征收消费税。

【例3-5】 某商场2020年6月首饰部销售业务如下:采用以旧换新方式销售金银首饰,该批首饰市场零售价14.69万元,旧首饰作价5.65万元,商场实际收到9.04万元;修理金银首饰取得含税收入2.26万元;零售镀金首饰取得收入7.02万元。该商场当月销售首饰的计税依据如何确定?

解析 纳税人采用以旧换新方式销售的金银首饰,应按实际收取的不含增值税的全部价款确定计税依据征收消费税;修理、清洗金银首饰不征收消费税;镀金首饰不属于零售环节征收消费税的金银首饰范围,不在零售环节计征消费税。

该商场当月销售首饰计税依据=9.04÷(1+13%)=8(万元)

6. 卷烟最低计税价格的核定

自2012年1月1日起,卷烟消费税最低计税价格核定范围为卷烟生产企业在生产环节销售的所有牌号、规格的卷烟。计税依据由国家税务总局按照卷烟批发环节销售价格,扣除卷烟批发环节批发毛利核定并发布。计税价格的核定公式为

某牌号、规格卷烟计税价格=批发环节销售价格×(1-适用批发毛利率)

卷烟批发环节销售价格,按照税务机关采集的所有卷烟批发企业在价格采集期内销售的该牌号、规格卷烟的数量、销售额进行加权平均计算,计算公式为

$$批发环节销售价格 = \sum 该牌号规格卷烟各采集点的销售额 \div \sum 该牌号规格卷烟各采集点的销售数量$$

已经国家税务总局核定计税价格的卷烟,生产企业实际销售价格高于计税价格的,按实际销售价格确定适用税率,计算应纳税款并申报纳税;实际销售价格低于计税价格的,按计税价格确定适用税率,计算应纳税款并申报纳税。

业务案例3-5

某卷烟生产企业的A牌卷烟出厂价格为每标准条60元(不含增值税),税务机关采集其批发环节销售价格为每标准条110元,国家税务总局核定的该类烟的批发毛利率为30%。该企业当期出厂销售A牌卷烟300标准箱(每标准箱5万支),请问该企业A牌卷烟的计税价格如何确定?

解析 已经国家税务总局核定计税价格的卷烟,生产企业实际销售价格高于计税价格的,按实际销售价格确定适用税率,计算应纳税款并申报纳税;实际销售价格低于计税价格的,按计税价格确定适用税率,计算应纳税款并申报纳税。A牌卷烟计税价格=110×(1-30%)=77(元/条),77元>60元,按77元计算缴纳消费税,属于甲类卷烟。

二、实行从量定额的计税依据

消费税对黄酒、啤酒和成品油实行定额税率,在从量定额计税方法下,计税依据是应税消费品的销售数量。

(一)销售数量的确定

(1)销售应税消费品,以应税消费品的实际销售数量为计税依据。

(2)自产自用的应税消费品,以移送使用应税消费品的数量为计税依据。

(3)委托加工应税消费品,以纳税人收回应税消费品的数量为计税依据。

(4)进口的应税消费品,以海关核定的应税消费品的进口征税数量为计税依据。

(二)计量单位的换算标准

《中华人民共和国消费税暂行条例》规定,黄酒、啤酒是以吨为税额单位;汽油、柴油是

以升为税额单位的。考虑到在实际销售过程中一些纳税人会把吨和升这两个计量单位混用,故规范了不同产品的计量单位,吨与升两个计量单位的换算标准如表3-2所示。

表3-2 吨、升换算表

序 号	名 称	计量单位的换算标准
1	黄酒	1t＝962L
2	啤酒	1t＝988L
3	汽油	1t＝1 388L
4	柴油	1t＝1 176L
5	航空煤油	1t＝1 246L
6	石脑油	1t＝1 385L
7	溶剂油	1t＝1 282L
8	润滑油	1t＝1 126L
9	燃料油	1t＝1 015L

三、实行复合计征的计税依据

在现行消费税征收范围中,采用复合计征方法的只有卷烟和白酒两种应税消费品。其计税依据包含销售额和销售数量两个方面,销售数量和销售额的确定方法与前面从量定额和从价定率中介绍的方法一致。

第四节 消费税应纳税额的计算

一、应纳税额的一般计算方法

按照现行消费税法的基本规定,应税消费品应纳税额的计算分为从价定率、从量定额和复合计税三种计算方法,具体计算方式如下。

1. 从价定率计算方法

在从价定率计算方法下,应纳消费税额等于销售额乘以适用税率。基本计算公式为

$$应纳税额＝应税消费品的销售额\times 比例税率$$

【例3-6】 某化妆品生产企业为增值税一般纳税人。2020年9月15日向某大型商场销售高档化妆品一批,开具增值税专用发票,取得不含增值税销售额30万元,9月20日向某单位销售普通化妆品一批,开具普通发票,取得含增值税销售额4.68万元。计算该化妆品生产企业上述业务应缴纳的消费税税额。

解析 高档化妆品适用消费税税率15%,普通化妆品不缴纳消费税。

$$应缴纳的消费税税额＝30\times 15\%＝4.5(万元)$$

超豪华小汽车零售环节加征消费税应纳税额的计算如下。

(1) 生产超豪华小汽车的企业在出厂销售环节缴纳生产环节消费税,销售给消费者的汽车销售中心缴纳零售环节的消费税。零售业纳税人销售超豪华小汽车计算式为

$$应纳税额＝零售环节不含增值税销售额\times 10\%$$

(2) 国内汽车生产企业直接销售给消费者的超豪华小汽车,消费税税率按照生产环节

税率和零售环节税率加总计算。

$$应纳税额＝不含增值税销售额×(生产环节税率＋10\%)$$

【例3-7】 国内某汽车制造厂将一辆高档小轿车以140万元(不含增值税)的价格直接销售给国内某歌星,该小轿车生产环节消费税税率40%。计算该厂销售小轿车应该缴纳的消费税税额。

解析 国内汽车生产企业直接销售给消费者的超豪华小汽车,消费税税率按照生产环节税率和零售环节税率加总计算。

该厂销售小轿车应该缴纳的消费税税额＝140×(40%＋10%)＝70(万元)

2. 从量定额计算方法

在从量定额计算方法下,应纳税额等于应税消费品的销售数量乘以单位税额。其计算公式为

$$应纳税额＝应税消费品的销售数量×定额税率$$

【例3-8】 某啤酒厂2020年7月销售啤酒400t,每吨出厂价格2 800元。试计算7月该啤酒厂应纳消费税税额。

解析 每吨售价在3 000元以下的,适用单位税额220元。

应纳税额＝销售数量×定额税率＝400×220＝88 000(元)

3. 复合计税计算方法

在现行消费税的征税范围中,只有卷烟、白酒采用复合计税计算方法。其计算公式为

$$应纳税额＝应税消费品的销售数量×定额税率＋应税销售额×比例税率$$

【例3-9】 某酒厂为增值税一般纳税人,2020年8月销售白酒5t,取得不含税收入500 000元,包装物押金22 600元(单独记账核算)。计算该酒厂上述业务应纳的消费税。

解析 啤酒、黄酒以外的酒类包装物押金应于收取时并入销售额征税。

酒厂应纳消费税＝[500 000＋22 600÷(1＋13%)]×20%＋5×2 000×0.5
＝109 000(元)

【例3-10】 某卷烟批发公司,2020年8月发生如下业务。

① 批发给零售商:A牌卷烟5 000条(200支/条),开具的增值税专用发票上注明销售额250万元;B牌卷烟2 000条,开具普通发票上注明销售额90.4万元。

② 直接零售B牌卷烟300条,开具普通发票,取得含税收入20.34万元。

试计算该批发公司当月应缴纳消费税。

解析 批发销售的所有牌号规格的卷烟,按其销售额(不含增值税)征收11%的从价税,并按0.005元/支加征从量税。

该卷烟批发公司应纳消费税＝[250＋(90.4＋20.34)÷1.13]×11%
＋(5 000＋2 000＋300)×200×0.005÷10 000
＝39.01(万元)

二、应纳税额的特殊计算方法

(一)自产自用应税消费品应纳税额的计算

1. 自产自用应税消费品的规定

纳税人自产自用的应税消费品,用于连续生产应税消费品的,不纳税;用于其他方面

的,于移送使用时纳税。

纳税人自产自用的应税消费品,用于连续生产应税消费品的,是指作为生产最终应税消费品的直接材料并构成最终产品实体的应税消费品。例如,卷烟厂生产出烟丝,烟丝已是应税消费品,卷烟在领用烟丝时就不缴纳消费税。税法对自产自用应税消费品用于连续生产应税消费品的不征税的规定,体现了不重复课税且计税简便的原则。

纳税人自产自用的应税消费品,用于其他方面的,是指纳税人用于生产非应税消费品、在建工程、管理部门、非生产机构、提供劳务,以及用于馈赠、赞助、集资、广告、样品、职工福利、奖励等方面。例如,原油加工厂将生产出的应税消费品汽油调和制成非应税消费品溶剂汽油,就属于自产自用的应税消费品用于连续生产非应税消费品。再如,石化工厂把自己生产的柴油用于本厂基建工程的车辆和设备使用,汽车制造厂把生产出来的小汽车提供给上级主管部门使用,属于自产自用于在建工程、管理部门等。

【课前导入案例解析】 A公司生产的涂料产品属于消费税的征收范围,该公司将自产防水涂料用于不动产在建工程,属于"纳税人将自产自用应税消费品用于其他方面,应于移送时纳税"。因此,需要按当月销售的同类消费品的销售价格计算消费税。

而将自产防水涂料用于不动产在建工程对于增值税来说,不应视同销售,A企业多申报了增值税销项税额,应以负数冲回。

2. 自产自用应税消费品应纳税额的计算

自产自用应税消费品应当纳税的,按照纳税人生产的同类消费品的销售价格计算纳税;如果当月同类消费品各期销售价格高低不同,应按销售数量加权平均计算;没有同类消费品销售价格的,按照组成计税价格计算。

$$组成计税价格 = 成本 \times (1 + 成本利润率) \div (1 - 消费税比例税率)$$

【例3-11】 广骏汽车厂为增值税一般纳税人,主要生产小汽车和商用小客车,小汽车不含税出厂价为12.5万元/辆,小客车不含税出厂价为6.8万元/辆。2020年5月发生如下业务:本月销售小汽车8 600辆,将4辆小汽车移送本厂研究所做破坏性碰撞实验,3辆作为广告样品;销售小客车576辆,将本厂生产的10辆小客车移送改装分厂,将其改装为救护车。该企业上述业务应纳消费税如何确定?小汽车消费税税率为3%,小客车消费税税率为5%,小客车为中轻型商务客车。

解析 将小汽车用作破坏性碰撞实验,本质上并没有销售,不需要缴纳消费税;改装成救护车是将自产应税消费品连续加工成非应税产品,需要缴纳消费税;用作广告样品,是将自产产品用于其他方面,需要缴纳消费税,且按照纳税人生产的同类消费品的销售价格计税。

应纳消费税 = (8 600 + 3) × 12.5 × 3% + (576 + 10) × 6.8 × 5% = 3 425.365(万元)

【例3-12】 某化妆品厂2021年1月将一批自产高档护肤类化妆品用于集体福利,生产成本35 000元;将新研制的高档香水用于广告样品,生产成本20 000元,上述货物已全部发出,均无同类产品售价。试计算该化妆品厂上述业务应纳消费税。高档化妆品消费税成本利润率为5%。

解析 没有同类消费品销售价格的,按照组成计税价格计税。

应纳消费税 = (35 000 + 20 000) × (1 + 5%) ÷ (1 − 15%) × 15%
　　　　　= 10 191.18(元)

实行复合计税办法计算应纳税额的组成计税价格计算公式如下。

组成计税价格＝（成本＋利润＋自产自用数量×定额税率）÷（1－比例税率）

＝［成本×（1＋成本利润率）＋自产自用数量×定额税率］÷（1－比例税率）

式中，成本是指应税消费品的产品生产成本；利润是指根据应税消费品的全国平均成本利润率计算的利润。

应税消费品全国平均成本利润率如表3-3所示。

表3-3 平均成本利润率表　　　　　　　　　　　　　　单位：%

序号	货物名称	利润率	序号	货物名称	利润率
1	甲类卷烟	10	11	摩托车	6
2	乙类卷烟	5	12	高尔夫球及球具	10
3	雪茄烟	5	13	高档手表	20
4	烟丝	5	14	游艇	10
5	粮食白酒	10	15	木制一次性筷子	5
6	薯类白酒	5	16	实木地板	5
7	其他酒	5	17	乘用车	8
8	化妆品	5	18	中轻型商用客车	5
9	鞭炮、焰火	5	19	电池	4
10	贵重首饰及珠宝玉石	6	20	涂料	7

【例3-13】 海天白酒厂为增值税一般纳税人，2020年5月将自产的1t新型白酒用于职工食堂，已知白酒生产成本为20 000元/t，成本利润率为10%；无同类白酒的销售价格；白酒的消费税税率为20%加0.5元/斤。计算上述业务应纳多少消费税。

解析 组成计税价格＝（成本＋利润＋自产自用数量×定额税率）÷（1－比例税率）

＝（20 000＋20 000×10%＋1×2 000×0.5）÷（1－20%）

＝28 750（元）

应纳消费税＝组成计税价格×比例税率＋消费税定额税

＝28 750×20%＋1×2 000×0.5

＝6 750（元）

"税"眼看新闻

2015年8月5日，襄阳经济技术开发区国家税务局接到匿名电话举报该局辖区一从事葡萄酒加工厂未办理税务登记、未申报纳税。

在调查核实过程中，该局调查人员对相关人员进行了约谈，并对该厂2015年7月底的产品库存情况进行了实地盘存。据调查，在2014年葡萄成熟期，该公司职工陈某等人将公司没有销售出去的残次葡萄收集起来，自购酒缸及白糖，酿制葡萄酒约1 500斤，其中自饮约400斤、送人约600斤，库存约500斤存放在公司生产经营所在地，葡萄酒的市场价约5元/斤，从而造成当期销售收入5 000元未申报纳税，应补消费税500元。

"我们做的葡萄酒都是用于内部饮用或者送人，为什么还要交税？"面对补税的要求，陈某情绪激动。针对纳税人疑问，税务人员依据《中华人民共和国消费税暂行条例》第四条、第十三条相关规定给陈某认真做了解释，使陈某打消了疑虑。最终，补缴的税款于8月15日按期入库。"虽然补缴的税额不多,但对我们是一次很好的税法教育,今后我们一定诚实纳税,合法经营。"2015年8月15日,该葡萄酒加工厂在补缴税款后郑重地向税务人员表示。

【点评】 正确理解税法相关规定才能避免一定的税收风险。

(二)委托加工应税消费品应纳税额的计算

企业、单位或个人由于设备、技术、人力等方面的局限或其他方面的原因,常常要委托其他单位代为加工应税消费品,然后,将加工完的应税消费品收回,直接销售或自己使用。这是生产应税消费品的另一种形式,即委托加工应税消费品,需要纳入征收消费税的范围。例如,某企业将购来的小客车底盘和零部件提供给某汽车改装厂,加工组装成小客车供自己使用,则加工、组装成的小客车就需要缴纳消费税。

1. 委托加工应税消费品业务的相关规定

委托加工的应税消费品是指由委托方提供原料和主要材料,受托方只收取加工费和代垫部分辅助材料加工的应税消费品。对于由受托方提供原材料生产的应税消费品,或者受托方先将原材料卖给委托方,然后再接受加工的应税消费品,以及由受托方以委托方名义购进原材料生产的应税消费品,不论纳税人在财务上是否做销售处理,都不得作为委托加工应税消费品,而应当按照销售自制应税消费品缴纳消费税。

委托加工收回的应税消费品,委托方用于连续加工应税消费品,所纳税款准予按规定扣除。委托加工收回的应税消费品为直接出售的,不再缴纳消费税。

委托方以不高于受托方的计税价格出售的,属于直接出售,不再缴纳消费税;委托方以高于受托方的计税价格出售的,不属于直接出售,需按照规定申报缴纳消费税,在计税时准予扣除受托方已代收代缴的消费税。

2. 委托加工应税消费品应纳税额的计算

委托加工的应税消费品,按照受托方的同类消费品的销售价格计算纳税,如果当月同类消费品各期销售价格高低不同,应按销售数量加权平均计算。没有同类消费品销售价格的,按照组成计税价格计算纳税。

(1) 实行从价定率办法计算纳税的组成计税价格计算公式。

$$组成计税价格 = (材料成本 + 加工费) \div (1 - 比例税率)$$

式中,材料成本是指委托方所提供加工材料的实际成本。委托加工应税消费品的纳税人,必须在委托加工合同上如实注明(或以其他方式提供)材料成本,凡未提供材料成本的,受托方所在地主管税务机关有权核定其材料成本。加工费是指受托方加工应税消费品向委托方所收取的全部费用(包括代垫辅助材料的实际成本,不包括增值税税额)。

(2) 实行从量计税办法计算纳税的委托加工应税消费品计税依据的确定。实行从量计税办法计算纳税的委托加工应税消费品计税依据为委托加工收回的应税消费品数量(委托加工数量)。

(3) 实行复合计税办法计算纳税的组成计税价格计算公式。

$$组成计税价格 = (材料成本 + 加工费 + 委托加工数量 \times 定额税率) \div (1 - 比例税率)$$

【例3-14】 绿地高尔夫球具厂为增值税一般纳税人,2020年8月有关生产经营情况如下:

① 委托乙企业加工高尔夫球包1 000个,绿地高尔夫球具厂提供的材料成本为60万元,乙企业收取不含税加工费20万元,乙企业同类高尔夫球包的不含税销售价格为0.12万元/个。

② 委托丙企业加工一批高尔夫球杆的杆头,绿地高尔夫球具厂提供的材料成本为

60万元,丙企业收取不含税加工费30万元,丙企业没有同类高尔夫球杆杆头的销售价格(高尔夫球及球具的消费税税率为10%)。

试计算乙企业和丙企业分别应代收代缴的消费税。

解析 ① 委托加工的应税消费品,按照受托方同类应税消费品的销售价格计算消费税。乙企业应代收代缴的消费税=0.12×1 000×10%=12(万元)

② 由于丙企业没有同类高尔夫球杆杆头的销售价格,按照组成计税价格计算消费税。

丙企业应代收代缴的消费税=(60+30)÷(1−10%)×10%=10(万元)

【例3-15】 某市烟草集团公司属增值税一般纳税人,持有烟草批发许可证。2021年3月委托甲企业加工甲类卷烟500箱(250条/箱,200支/条),烟草公司提供烟丝成本为800万元,甲企业每箱0.1万元收取加工费(不含税)。当月甲企业按正常进度投料加工生产卷烟200箱交由集团公司收回。试计算甲企业当月代收代缴的消费税。甲类卷烟生产环节消费税税率为56%加0.003元/支。

解析 委托加工的应税消费品,没有同类消费品销售价格的,按照组成计税价格计算纳税。

组成计税价格=(材料成本+加工费+委托加工数量×定额税率)÷(1−比例税率)
 =[800÷500×200+0.1×200+(200×250×200×0.003)÷10 000]÷(1−56%)
 =779.55(万元)

代收代缴消费税=(200×250×200×0.003)÷10 000+779.55×56%
 =439.55(万元)

3. 委托加工收回的应税消费品已纳税款的扣除

委托加工的应税消费品因为已由受托方代收代缴消费税,因此,委托方收回货物后用于连续生产税消费品的,其已纳税款准予按照规定从连续生产的应税消费品应纳消费税税额中抵扣。

按照国家税务总局的规定,下列连续生产的应税消费品准予从应纳消费税税额中按当期生产领用数量计算扣除委托加工收回的应税消费品已纳消费税税款。

(1) 以委托加工收回的已税烟丝为原料生产的卷烟。
(2) 以委托加工收回的已税高档化妆品为原料生产的高档化妆品。
(3) 以委托加工收回的已税珠宝玉石为原料生产的贵重首饰及珠宝玉石。
(4) 以委托加工收回的已税鞭炮、焰火为原料生产的鞭炮、焰火。
(5) 以委托加工收回的已税杆头、杆身和握把为原料生产的高尔夫球杆。
(6) 以委托加工收回的已税木制一次性筷子为原料生产的木制一次性筷子。
(7) 以委托加工收回的已税实木地板为原料生产的实木地板。
(8) 以委托加工收回的已税汽油、柴油、石脑油、燃料油、润滑油用于连续生产应税成品油。

上述当期准予扣除委托加工收回的应税消费品已纳消费税税款的计算公式为

当期准予扣除的委托加工应税消费品已纳税款 = 期初库存的委托加工应税消费品已纳税款 + 当期收回的委托加工应税消费品已纳税款 − 期末库存的委托加工应税消费品已纳税款

【例3-16】 清美日化厂本年1月委托甲厂加工高档化妆品,收回时被代收代缴消费税400元;委托乙厂加工另一高档化妆品,收回时被代收代缴消费税500元;清美日化厂将两种化妆品收回后连续生产S高档化妆品出售,当月销售额为10 000元。清美日化厂期初委托加工应税消费品已纳税款为300元,期末库存委托加工应税消费品已纳税款330元。试计算当期销售S高档化妆品应纳消费税。

解析 当期准予扣除的委托加工应税消费品已纳税款＝300＋(400＋500)－330＝870(元)
应纳消费税＝10 000×15％－870＝630(元)

(三) 外购应税消费品已纳消费税的扣除

为了避免重复征税,现行消费税规定,将外购应税消费品连续生产应税消费品销售的,可以将外购应税消费品已缴纳的消费税给予扣除。税法规定用外购已税消费品连续生产应税消费品销售时,按当期生产领用数量计算准予扣除外购应税消费品已纳的消费税税款。扣除范围包括:

(1) 外购已税烟丝生产的卷烟;
(2) 外购已税高档化妆品生产的高档化妆品;
(3) 外购已税珠宝玉石生产的贵重首饰及珠宝玉石;
(4) 外购已税鞭炮焰火生产的鞭炮焰火;
(5) 外购已税杆头、杆身和握把生产的高尔夫球杆;
(6) 外购已税木制一次性筷子生产的木制一次性筷子;
(7) 外购已税实木地板生产的实木地板;
(8) 对外购已税汽油、柴油、石脑油、燃料油、润滑油用于连续生产应税成品油;
(9) 纳税人从葡萄酒生产企业购进、进口葡萄酒连续生产应税葡萄酒的,准予从葡萄酒消费税应纳税额中扣除所耗用应税葡萄酒已纳消费税税款。

上述可扣除的项目都是同一税目,同一纳税环节,允许抵扣税额的税目从大类上不包括酒类(葡萄酒除外)、小汽车、摩托车、高档手表、游艇、电池、涂料,从子目上看不包括雪茄烟、溶剂油、航空煤油。且要求所购入消费品与连续生产消费品的纳税环节相同,如在零售环节纳税的金银、铂金首饰、钻石、钻石饰品不得抵扣外购珠宝玉石的已纳税款,批发环节销售的卷烟也不得抵扣外购卷烟的已纳税款。

单位和个人外购润滑油大包装经简单加工改成小包装或者外购润滑油不经加工只贴商标的行为,视同应税消费品的生产行为,准予扣除外购润滑油已纳的消费税税款。

对自己不生产应税消费品,而只是购进后再销售应税消费品的工业企业,其销售的高档化妆品、鞭炮焰火和珠宝玉石,凡不能构成最终消费品直接进入消费品市场,而需进一步生产加工规定消费品的,应当征收消费税,同时允许扣除上述外购应税消费品的已纳税款。

自2018年3月1日起,施行外购、进口和委托加工收回的汽油、柴油、石脑油、燃料油、润滑油用于连续生产应税成品油的,应根据通过增值税发票选择确认平台确认的成品油专用发票、海关进口消费税专用缴款书以及税收缴款书(代扣代收专用),按规定计算扣除已纳消费税税款,其他凭证不得作为消费税扣除凭证。

外购石脑油、燃料油用于生产乙烯、芳烃类化工产品的,应根据取得的成品油专用发票所载明的石脑油、燃料油的数量,按规定计算退还消费税,其他发票或凭证不得作为计算退还消费税的凭证。

上述当期准予扣除外购的应税消费品已纳税款的计算公式如下。

当期准予扣除的外购应税消费品已纳税款
＝当期准予扣除的外购应税消费品买价（或数量）
×外购应税消费品的适用税率（或定额税率）

当期准予扣除的外购应税消费品买价（或数量）
＝期初库存的买价（或数量）＋当期购进的买价（或数量）
－期末库存的买价（或数量）

式中，外购已税消费品买价是指外购已税消费品增值税专用发票上注明的销售额（不包括增值税税额）；如果是取得普通发票，不可以抵扣消费税（增值税也不可以抵扣）。

【例 3-17】 某卷烟生产企业，某月初库存外购应税烟丝金额 50 万元，当月外购应税烟丝金额 500 万元（不含增值税），月末库存烟丝金额 30 万元，其余被当月生产卷烟领用（烟丝适用的消费税税率为 30%）。试计算卷烟厂当月准许扣除的外购烟丝已缴纳的消费税税额。

解析 当期准许扣除的外购烟丝买价＝50＋500－30＝520（万元）

当月准许扣除的外购烟丝已缴纳的消费税税额＝520×30%＝156（万元）

（四）进口应税消费品的税收政策及管理

（1）纳税义务人。进口或代理进口应税消费品的单位和个人为进口应税消费品消费税的纳税义务人。

（2）征税对象。进口应税消费品以进口应税消费品总值为课税对象。进口商品总值具体包括到岸价格、关税和消费税三个部分。

（3）税率。进口应税消费品消费税的税目、税率（税额），依照《中华人民共和国消费税暂行条例》所附的消费税税目税率（税额）表执行。

（4）进口应税消费品组成计税价格的计算。

① 从价定率办法计税。

应纳税额＝组成计税价格×消费税税率

组成计税价格＝（关税完税价格＋关税）÷（1－消费税税率）

【例 3-18】 某外贸公司为增值税一般纳税人，2020 年 8 月发生以下业务。

进口一批小轿车，关税完税价格折合人民币 499.408 万元，关税税率 25%，消费税税率 9%。

以邮运方式从国外进口一批高档化妆品，经海关审定的货物价格为 30 万元、邮费 1 万元。该批高档化妆品关税税率为 15%、消费税税率为 15%。

试计算该外贸公司本月应纳消费税。

解析 进口小轿车和化妆品均采用从价定率的方法计算缴纳消费税。

小轿车组成计税价格＝（关税完税价格＋关税）÷（1－消费税税率）
＝499.408×（1＋25%）÷（1－9%）
＝686（万元）

高档化妆品组成计税价格＝（关税完税价格＋关税）÷（1－消费税税率）
＝（30＋1）×（1＋15%）÷（1－15%）
＝41.94（万元）

应纳消费税税额＝686×9％＋41.94×15％＝68.031(万元)

② 从量定额办法计税,适用于啤酒、黄酒、成品油。

$$应纳税额＝进口应税消费品数量×定额税率$$

式中,进口应税消费品数量是指海关核定的应税消费品进口征税数量。

③ 复合计税办法,只适用于进口卷烟、白酒。

$$组成计税价格＝(关税完税价格＋关税＋进口数量×定额税率)$$
$$\div(1-消费税比例税率)$$

$$应纳税额＝从价消费税＋从量消费税$$
$$＝进口应税消费品组成计税价格×消费税比例税率$$
$$＋进口数量×定额税率$$

【例3-19】 2020年某公司进口10箱卷烟,经海关审定,关税完税价格22万元/箱,关税税率50％,消费税税率56％,定额税率150元/箱。计算2020年该公司进口环节应纳消费税。

解析 进口环节应纳消费税＝进口应税消费品组成计税价格×消费税比例税率
$$＋进口数量×定额税率$$
$$=[10×22×(1＋50％)＋10×150\div10\ 000]$$
$$\div(1-56％)×56％＋10×150\div10\ 000$$
$$=420.34(万元)$$

第五节 消费税征收管理

一、纳税义务发生时间

消费税纳税义务发生的时间,以货款结算方式或行为发生时间分别确定。

(1) 纳税人销售的应税消费品,其纳税义务的发生时间如下。

① 纳税人采取赊销和分期收款结算方式的,其纳税义务发生时间为书面合同约定的收款日期的当天;书面合同没有约定收款日期或者无书面合同的,其纳税义务发生时间为发出应税消费品的当天。

② 纳税人采取预收货款结算方式的,其纳税义务发生时间为发出应税消费品的当天。

③ 纳税人采取托收承付和委托银行收款方式销售应税消费品的,其纳税义务发生时间为发出应税消费品并办妥托收手续的当天。

④ 纳税人采取其他结算方式的,其纳税义务发生时间为收讫销售款或者取得索取销售款凭据的当天。

(2) 纳税人自产自用应税消费品的,其纳税义务发生时间为移送使用的当天。

(3) 纳税人委托加工应税消费品的,其纳税义务发生时间为纳税人提货的当天。

(4) 纳税人进口应税消费品的,其纳税义务发生时间为报关进口的当天。

【例3-20】 某市高尔夫球具生产企业2020年9月1日以分期收款方式销售一批球杆,价税合计为139.2万元,合同约定于9月5日、11月5日各支付50％价款,9月5日按照约定收到50％的价款,但并未给客户开具发票,已知高尔夫球具的消费税税率为10％。该企业9月该项业务应缴纳的消费税如何确定?

解析 分期收款方式销售货物,以合同约定的收款日期为纳税义务发生时间,合同约定9月5日收取50%价款,所以9月产生纳税义务。

$$应纳税额 = 139.2 \div (1+13\%) \times 50\% \times 10\% = 6.16(万元)$$

二、纳税期限

按照《中华人民共和国消费税暂行条例》规定,消费税的纳税期限分别为1日、3日、5日、10日、15日、1个月或者1个季度。纳税人的具体纳税期限,由主管税务机关根据纳税人应纳税额的大小分别核定;不能按照固定期限纳税的,可以按次纳税。

纳税人以1个月或以1个季度为1个纳税期的,自期满之日起15日内申报纳税;以1日、3日、5日、10日或者15日为一期纳税的,自期满之日起5日内预缴税款,于次月1日起至15日内申报纳税并结清上月应纳税款。

纳税人进口应税消费品,应当自海关填发海关进口消费税专用缴款书之日起15日内缴纳税款。如果纳税人不能按照规定的纳税期限依法纳税,将按《税收征管法》的有关规定处理。

三、纳税地点

(1)纳税人销售应税消费品,以及自产自用应税消费品的,除国务院财政、税务主管部门另有规定外,应当向纳税人机构所在地或者居住地的主管税务机关申报纳税。

(2)委托加工应税消费品的,除受托方为个人外,由受托方向机构所在地或者居住地的主管税务机关解缴消费税税款。

(3)进口应税消费品的,由进口人或者其代理人向报关地海关申报纳税。

(4)纳税人到外县(市)销售或者委托外县(市)代销自产应税消费品的,于应税消费品销售后,向机构所在地或者居住地主管税务机关申报纳税。

纳税人的总机构与分支机构不在同一县(市),但在同一省(自治区、直辖市)范围内,经省(自治区、直辖市)财政厅(局)、国家税务总局审批同意,可以由总机构汇总向总机构所在地的主管税务机关申报缴纳消费税。省(自治区、直辖市)财政厅(局)、国家税务总局应将审批同意的结果,上报财政部、国家税务总局备案。

(5)纳税人销售的应税消费品,如因质量等原因由购买者退回时,经所在地主管税务机关审核批准后,可退还已征收的消费税税款。但不能自行直接抵减应纳税款。

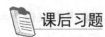

一、单项选择题

1. 下列企业中,不属于消费税纳税义务人的是( )。
   A. 零售金银首饰的首饰店　　B. 从事白酒批发业务的商贸企业
   C. 进口小汽车的外贸企业　　D. 委托加工烟丝的卷烟厂

2. 根据消费税法律制度的规定,下列各项中,属于消费税纳税人的是( )。
   A. 白酒批发商　　B. 卷烟生产商

C. 钻石进口商　　　　　　　　　　D. 高档化妆品零售商
3. 企业生产销售的下列产品中,属于消费税征税范围的是(　　)。
　　A. 电动汽车　　　　　　　　　B. 体育用鞭炮药引线
　　C. 销售价格为9 000元的手表　　D. 铅蓄电池
4. 下列消费品,属于消费税征税范围的是(　　)。
　　A. 大客车　　　B. 洗发水　　　C. 宝石首饰　　　D. 轮胎
5. 下列消费品中,属于消费税小汽车税目征税范围的是(　　)。
　　A. 大客车　　　B. 中轻型商务客车　　C. 卡丁车　　　D. 电动汽车
6. 下列消费品中,应在零售环节征收消费税的是(　　)。
　　A. 卷烟　　　B. 钻石　　　C. 高档手表　　　D. 镀金首饰
7. 下列应税消费品中,除在生产销售环节征收消费税外,还应在批发环节征收的是(　　)。
　　A. 卷烟　　　B. 超豪华小汽车　　C. 高档手表　　　D. 高档化妆品
8. 根据消费税的有关规定,下列应税消费品中,实行从价定率计税方法缴纳消费税的是(　　)。
　　A. 黄酒　　　B. 啤酒　　　C. 其他酒　　　D. 卷烟
9. 某白酒厂用自产白酒投资某企业,消费税的计税依据为(　　)。
　　A. 同类消费品中间价　　　　　B. 同类消费品加权平均价
　　C. 同类消费品最高价格　　　　D. 组成计税价格
10. 根据消费税法律制度的规定,企业将自产应税消费品用于下列情形中,不缴纳消费税的是(　　)。
　　A. 地板厂将自产的实木地板用于装修办公室
　　B. 摩托车厂将自产的摩托车用于赞助
　　C. 化妆品厂将自产的高档化妆品用于广告
　　D. 卷烟厂将自产的烟丝用于连续生产卷烟
11. 关于企业单独收取的包装物押金,下列消费税税务处理正确的是(　　)。
　　A. 销售黄酒收取的包装物押金应并入当期销售额计征消费税
　　B. 销售啤酒收取的包装物押金应并入当期销售额计征消费税
　　C. 销售葡萄酒收取的包装物押金不并入当期销售额计征消费税
　　D. 销售白酒收取的包装物押金并入当期销售额计征消费税
12. 下列各项中,不按最高售价为计税依据计算消费税的是(　　)。
　　A. 将自产应税消费品用于换取消费资料　　B. 将自产应税消费品用于抵偿债务
　　C. 将自产应税消费品用于投资入股　　　　D. 将自产应税消费品赠送给其他单位
13. 青岛某啤酒生产企业既生产甲类啤酒又生产乙类啤酒。2020年8月销售甲类啤酒100t,取得不含税收入55万元;销售乙类啤酒200t,取得不含税收入45万元;销售甲类啤酒和乙类啤酒组成的礼盒取得含税收入8万元(包含甲类啤酒和乙类啤酒各12t)。已知甲类啤酒适用的消费税税率为250元/t,乙类啤酒适用的消费税税率是220元/t。该啤酒厂8月应纳消费税为(　　)元。
　　A. 69 000　　　B. 74 280　　　C. 75 000　　　D. 82 500

14. 某高档化妆品生产企业为增值税一般纳税人。2020年8月15日向某大型商场销售高档化妆品一批,开具增值税专用发票,取得不含增值税销售额30万元,增值税3.9万元;8月20日向某单位销售高档化妆品一批,开具普通发票,取得含增值税销售额4.52万元。已知高档化妆品适用消费税税率15%,该企业上述业务应缴纳消费税额(　　)万元。

  A. 4.5   B. 5.1   C. 5.718   D. 5

15. 某白酒生产企业为增值税一般纳税人,2021年1月销售白酒2t,取得含税销售额226万元,另收取单独记账核算的包装物押金5.65万元。当月没收逾期未退还包装物的押金4.52万元。则该白酒生产企业当月应缴纳消费税为(　　)万元。

  A. 41.2   B. 98.1   C. 73.94   D. 56.68

16. 2021年3月某酒厂将自产的1t药酒用于抵偿债务,该批药酒生产成本25 000元/t,酒厂同类药酒不含增值税最高销售价格62 000元/t,不含增值税平均销售价格61 800元/t,不含增值税最低销售价格60 800元/t,已知消费税税率10%,该酒厂当月该笔业务应缴纳的消费税税额为(　　)元。

  A. 5 900   B. 6 000   C. 6 200   D. 3 500

17. 依据消费税的有关规定,下列消费品中,准予扣除已纳消费税的是(　　)。

  A. 以委托加工的已税烟丝为原料生产的卷烟
  B. 以委托加工的已税高档化妆品为原料生产的高档护肤品
  C. 以委托加工的已税石脑油为原料生产的应税消费品
  D. 以委托加工的已税酒为原料生产的粮食白酒

18. A公司为增值税一般纳税人,2021年1月外购一批木材,取得增值税专用发票注明价款80万元、税额10.4万元,将该批木材运往B企业委托其加工木制一次性筷子,支付不含税委托加工费15万元。假定B企业无同类产品对外销售,木制一次性筷子消费税税率为5%。B企业当月应代收代缴的消费税为(　　)万元。

  A. 4.75   B. 4.52   C. 2.79   D. 5

19. 甲化妆品企业2021年3月受托为某单位加工一批高档化妆品,收取委托单位不含增值税的加工费10万元,委托单位提供的原材料金额为75万元。已知甲化妆品企业无同类产品销售价格,消费税税率为15%。甲化妆品企业应代收代缴的消费税(　　)万元。

  A. 15   B. 11.08   C. 12.75   D. 12

20. 某石化公司2020年8月销售汽油1 000t,柴油500t。已知汽油1t=1 388L,柴油1t=1 176L;汽油的定额税率为1.52元/L,柴油的定额税率为1.2元/L。该公司当月应纳消费税税额(　　)元。

  A. 210.976   B. 70.56   C. 281.536   D. 221

二、多项选择题

1. 目前属于消费税征税范围的有(　　)。

  A. 调味料酒   B. 高尔夫车   C. 燃料油   D. 翡翠首饰

2. 下列属于复合计征消费税的货物有(　　)。

  A. 烟丝   B. 卷烟   C. 粮食白酒   D. 啤酒

3. 下列属于消费税纳税人的有(　　)。

  A. 超豪华小汽车的生产销售商   B. 销售卷烟的批发商

C. 委托加工应税消费品的委托方   D. 零售金银首饰的超市
4. 下列关于消费税税目的政策,正确的有(　　)。
   A. 电动汽车属于小汽车税目的征收范围
   B. 高尔夫球及球具税目的征收范围包括高尔夫球、高尔夫球杆、高尔夫车
   C. 未经涂饰的素板属于实木地板税目的征收范围
   D. 未经打磨的木制一次性筷子属于木制一次性筷子税目的征收范围
5. 下列消费品的生产经营环节中,既征收增值税又征收消费税的有(　　)。
   A. 超豪华小汽车的零售环节   B. 高档手表的生产销售环节
   C. 珍珠饰品的零售环节   D. 卷烟的零售环节
6. 以下环节既征消费税又征增值税的有(　　)。
   A. 卷烟的批发环节   B. 金银首饰的生产销售环节
   C. 金银首饰的进口环节   D. 高档化妆品的生产销售环节
7. 下列关于消费税纳税环节的说法,正确的有(　　)。
   A. 成品油在零售环节纳税   B. 啤酒屋自制的啤酒在销售时纳税
   C. 白酒在生产环节和批发环节纳税   D. 销售珍珠饰品在生产环节纳税
8. 下列关于消费税税率的表述中,错误的有(　　)。
   A. 卷烟在批发环节加征一道从价消费税
   B. 消费税一律采用比例税率形式
   C. 高档化妆品在零售环节加征 10% 的消费税
   D. 超豪华小汽车在零售环节计征 10% 的消费税
9. 纳税人销售应税消费品收取的下列款项,应计入消费税计税依据的有(　　)。
   A. 白酒品牌使用费   B. 增值税销项税额
   C. 未逾期的啤酒包装物押金   D. 装卸费
10. 下列关于消费税从量定额的计税依据,表述正确的有(　　)。
    A. 进口的应税消费品,计税依据为纳税人报关进口的数量
    B. 销售应税消费品的,计税依据为应税消费品的销售数量
    C. 委托加工应税消费品的,计税依据为纳税人收回的应税消费品数量
    D. 自产自用应税消费品的,计税依据为应税消费品的移送使用数量
11. 某高档化妆品生产企业,将自产化妆品用于下列(　　)用途时应征收消费税。
    A. 促销活动中赠送品   B. 本企业职工运动会奖品
    C. 加工生产其他系列高档化妆品   D. 电视广告的样品
12. 某汽车制造厂生产的小汽车应按自产自用缴纳消费税的有(　　)。
    A. 为检测性能留作自用   B. 用于本厂安全技术部做功能测试试验
    C. 移送改装分场改装加长型豪华小轿车   D. 供上级主管部门单位长期使用
13. 下列情形中,可以扣除外购应税消费品已纳消费税的有(　　)。
    A. 以已税烟丝生产的卷烟
    B. 以已税实木地板为原料生产的实木地板
    C. 以已税杆头为原料生产的高尔夫球杆
    D. 以已税珠宝玉石生产贵重珠宝首饰

14. 甲企业以自产的5t粮食白酒用于抵偿债务。已知同期白酒的最高售价是8万元/t,平均售价是7.8万元/t,(以上售价均为不含税价),则下列说法正确的有( )。
   A. 甲企业应缴纳消费税
   B. 甲企业不需要缴纳消费税
   C. 甲企业应缴纳消费税80 000元
   D. 甲企业应缴纳消费税85 000元

15. 某涂料公司将一批自产涂料用于粉刷本企业仓库外墙,其成本为8万元,消费税税率和成本利润率均为5%,则其计税销售额为( )。
   A. 消费税组价为8.84万元
   B. 消费税组价为9.26万元
   C. 增值税组价为7.18万元
   D. 增值税组价为8.84万元

三、计算题

1. 某卷烟生产企业为增值税一般纳税人,2020年8月销售卷烟1 500标准条(200支/条),取得含增值税销售额84 750元。已知该类卷烟消费税比例税率为56%,定额税率为0.003元/支。试计算该企业当月应纳消费税税额。

2. 甲企业是一般纳税人,2020年8月从农户收购了小麦140 000kg,3元/kg,总价42万元;所收购的小麦当月全部委托乙公司生产糕点35 000kg,收到乙公司开具增值税专用发票金额5万元,税额0.65万元。当月收回的糕点全部销售,收取了不含税价款100万元。试计算乙公司代收代缴消费税和甲企业当月应纳消费税。

3. 某鞭炮厂是一般纳税人,2020年6月发生如下业务。
   (1) 委托甲厂加工一批鞭炮,鞭炮厂提供原料成本37.5万元,当月甲厂将加工完毕的鞭炮交付鞭炮厂,开具增值税专用发票,注明收取加工费5万元。
   (2) 将委托加工收回的鞭炮60%用于销售,取得不含税销售额38万元,将其余的40%用于连续生产A型组合鞭炮。
   (3) 将生产的A型组合鞭炮80%以分期收款方式对外销售,合同约定不含税销售额36万元,6月28日收取货款的70%,7月28日收取货款的30%,当月货款尚未收到,另将剩余的20%赠送给客户(鞭炮消费税税率为15%)。
   根据上述资料,计算:
   业务(1)中甲厂代收代缴的消费税。
   业务(2)中用于销售鞭炮应缴纳消费税。
   业务(3)中赠送客户鞭炮计征消费税计税依据的金额。
   业务(3)中准予扣除的已纳消费税税款。
   业务(3)中6月应缴纳的消费税。

4. 某酒类股份有限公司为增值税一般纳税人,2020年8月发生以下业务。
   (1) 为某企业特制一批白酒,用自产原浆白酒500斤勾兑A类白酒980斤,无同类白酒的销售价格,A类白酒生产成本为240元/斤。
   (2) 用外购已税原浆白酒勾兑B类白酒3 000斤,销售1 000斤,不含税出厂价250元/斤。
   (3) 销售给下属销售公司C类白酒500斤,不含税出厂价100元/斤,税务机关认为销售价格明显偏低,上月销售公司对外销售同类白酒的平均价格为220元/斤。
   (4) 移送一批D类白酒给自设的非独立核算门市部,同批次白酒不含税出厂价格260元/斤,门市部销售360斤,不含税价350元/斤。
   已知:白酒的成本利润率为10%,白酒消费税税率为20%,定额税率0.5元/斤。白酒消费税计税价格核定比例为60%。请分别计算每一笔业务应缴纳的消费税。

第四章

企业所得税

【案例导入】 A公司正常生产经营情况下,2020年年度财务报表显示会计利润为1 000万元,B公司2020年因虚假广告宣传被工商局罚款100万元,导致其2020年年度财务报表显示会计利润为1 000万元。A、B公司均适用25%的企业所得税税率。

思考:
(1) A公司和B公司2020年分别应缴纳多少企业所得税?
(2) 会计利润与企业所得额有什么区别。

第一节 企业所得税概述

一、企业所得税简介

企业所得税是对我国境内的企业和其他取得收入的组织的生产经营所得及其他所得征收的一种税。

企业所得税是国家参与利润分配的重要手段。改革开放以来,我国企业得税进行了多次改革。1991年4月9日,第七届全国人民代表大会第四次会议通过了《中华人民共和国外商投资企业和外国企业所得税法》,并从1991年7月1日起正式施行。1993年12月13日,国务院发布了《中华人民共和国企业所得税暂行条例》,统一了内资企业所得税,并从1994年1月1日起施行。

为顺应经济发展和公平税负的需要,2007年3月16日第十届全国人民代表大会第五次全体会议通过了《中华人民共和国企业所得税法》(以下简称《企业所得税法》),合并了内、外资企业所得税法,实行并行管理,并自2008年1月1日起施行。

二、企业所得税的特点

企业所得税是规范和处理国家与企业分配关系的重要形式,具有与商品劳务税不同的性质,其具有以下特点。

(1) 征税范围广。从范围上看,包含中国境内和境外的所得;从内容上看包含生产经营所得和其他所得。因此,企业所得税具有征收范围上的广泛性。

(2) 税负公平。企业所得税对企业,不分所有制,不分地区、行业和层次,实行统一的比例税率。因此,企业所得税能够较好地体现公平税负和税收中性。

(3) 税基约束力强。企业所得税的税基是应纳税所得额,即以纳税人每一纳税年度的收入总额减去准予扣除项目金额后的余额。为了保护税基,企业所得税法明确了收入总额、扣除项目金额的确定以及资产的税务处理等内容,使得应税所得额的计算相对独立于企业的会计核算,体现了税法的强制性与统一性。

(4) 纳税人与赋税人一致。纳税人缴纳的企业所得税一般不易转嫁,而由纳税人自己负担。

三、企业所得税的作用

(1) 广泛筹集财政资金。企业所得税的征收面比较广,只要是取得所得的企业,无论是内资企业还是外资企业,都要缴纳企业所得税,因此,它组织收入的作用比较强,特别是随着我国国民经济的快速发展以及企业经济效益的不断提高,企业所得税组织收入的作用将更加突出。

(2) 有效实施税收调控。企业所得税作为国家宏观调控的重要手段之一,在组织收入的同时,可以有效地贯彻国家的产业政策和社会政策。例如,可以通过实施一系列税收优惠政策来促进我国产业结构的调整等。

第二节 企业所得税纳税人、征税对象及税率

一、企业所得税纳税人

在中华人民共和国境内,企业和其他取得收入的组织(以下统称"企业")为企业所得税的纳税人。为更好地保障我国税收管辖权的有效行使,根据国际上的通行做法,我国选择了地域管辖权和居民管辖权的双重管辖标准,将缴纳企业所得税的企业分为居民企业和非居民企业,分别承担不同的纳税责任。

1. 居民企业

居民企业是指依法在中国境内成立,或者依照外国(地区)法律成立但实际管理机构在中国境内的企业。这里的企业包括企业、事业单位、社会团体、非企事业单位和从事经营活动的其他组织。

2. 非居民企业

非居民企业是指依照外国(地区)法律成立且实际管理机构不在中国境内,但在中国境内设立机构、场所的,或者在中国境内未设立机构、场所但有来源于中国境内所得的企业。

实际管理机构是指对企业的生产经营、人员、账务、财产等实施实质性全面管理和控制的机构。机构、场所是指在中国境内从事生产经营活动的机构、场所,包括:

(1) 管理机构、营业机构、办事机构;
(2) 工厂、农场、开采自然资源的场所;
(3) 提供劳务的场所;
(4) 从事建筑、安装、装配、修理、勘探等工程作业的场所;
(5) 其他从事生产经营活动的机构、场所。

非居民企业委托营业代理人在中国境内从事生产经营活动的,包括委托单位或者个人

经常代其签订合同,或者储存、交付货物等,该营业代理人视为非居民企业在中国境内设立的机构、场所。

业务案例 4-1

在美国注册成立的一家通信设备制造公司,在中国境内设立了一条配件生产线的生产机构,为该品牌的通信设备提供配件。该生产机构是否符合中国企业所得税的居民企业标准?

解析 实际管理机构的标准是对企业整体或主要的生产经营活动有实际管理控制、对企业的生产经营活动负有整体责任的管理控制机构。该通信设备制造公司在美国注册成立,其在中国境内设立的生产机构只是对该企业的一部分生产经营活动进行影响,因而不能认定为实际管理机构,不构成中国居民企业。

业务案例 4-2

2020年3月,北京宏图伟业文化传媒公司购买了英国皮尔乐公司某音乐剧的版权,在中国上演该音乐剧,支付版权费300万元,英国皮尔乐公司未在中国境内设立机构,英国皮尔乐公司是不是中国企业所得税的非居民企业?

解析 非居民企业是指依照外国(地区)法律成立且实际管理机构不在中国境内,但在中国境内设立机构、场所的,或者在中国境内未设立机构、场所但有来源于中国境内所得的企业。英国皮尔乐公司是按照英国法律设立的,未在我国境内设立机构、场所但有来源于我国的所得,故英国皮尔乐公司是非居民企业。

需要特别提出的是,个人独资企业和合伙企业(非法人)因不具有法人资格,不缴纳企业所得税,由其自然人缴纳个人所得税。所说个人独资企业、合伙企业是指依据中国法律、行政法规的规定成立在中国境内的个人独资企业和合伙企业,不包括境外依据外国法律成立的个人独资企业和合伙企业。

二、企业所得税征税对象

企业所得税征税对象是指企业的生产经营所得、其他所得和清算所得。具体分为居民企业征税对象和非居民企业征税对象。

1. 居民企业征税对象

居民企业应以来源于中国境内、境外的所得作为征税对象。所得包括销售货物所得、提供劳务所得、转让财产所得、股息红利等权益性投资所得,以及利息所得、租金所得、特许权使用费所得、接受捐赠所得和其他所得。

2. 非居民企业征税对象

非居民企业在中国境内设立机构、场所的,应当就其所设机构、场所取得的来源于中国境内的所得,以及发生在中国境外但与其所设机构、场所有实际联系的所得,缴纳企业所得税。非居民企业在中国境内未设立机构、场所的,或者虽设立机构、场所但取得与其所设机构没有实际联系的,应当就其来源于中国境内的所得缴纳企业所得税。

业务案例 4-3

A公司是依照法国的法律在法国注册成立的,A公司的主要业务均在中国以及环中国周边地区,2020年1月,该公司将其实际管理机构移至广州,A公司2020年度来源于中国境内所得为1 000万元,来源于韩国的所得为200万元,来源于日本的所得为700万元,来源于老挝的所得为100万元。计算A公司2020年度的应纳税所得额。

解析 A公司虽然是在法国注册成立,但其实际管理机构在中国广州,则A公司属于居民企业,居民企业应以来源于中国境内、境外的所得作为征税对象。

A公司的应纳税所得额＝1 000＋200＋700＋100＝2 000(万元)

业务案例4-4

山西兴瑞篮球俱乐部曾引进玛雅·摩尔,创造了山西女篮赛季最长的九连胜,球队也荣获赛季总冠军。赛季一结束,摩尔及其经纪公司未缴纳任何税款离开中国。请问玛雅·摩尔的经纪公司在中国取得的所得是否应缴纳企业所得税?

解析 非居民企业在中国境内未设立机构、场所的,或者虽设立机构、场所但取得与其所设机构、场所没有直接联系的,应当就其来源于中国境内的所得缴纳企业所得税。玛雅·摩尔经纪公司在中国没有设立机构、场所,但有来源于中国境内的所得,因此,玛雅·摩尔经纪公司在中国负有非居民企业纳税义务。

来源于中国境内、境外所得,按照以下原则确定。

(1) 销售货物所得,按照交易活动发生地确定。

(2) 提供劳务所得,按照劳务发生地确定。

(3) 转让财产所得、不动产所得按不动产所在地确定,动产转让所得按转让方机构、场所所在地确定,权益性投资转让所得按被投资企业所在地确定。

(4) 股息、红利等权益性投资所得,按照分配所得的企业所在地确定。

(5) 利息所得、租金所得、特许权使用费所得,按照负担、支付所得的企业或者机构、场所所在地确定,或者按照负担、支付所得的个人的住所地确定。

(6) 其他所得,由国务院财政、税务主管部门确定。

业务案例4-5

注册地与实际管理机构所在地均在法国的某银行,转让位于我国上海的一处不动产取得的财产转让所得,是否应按规定在我国缴纳企业所得税?

解析 根据不动产转让所得按不动产所在地确定的原则,该法国银行转让位于我国的不动产,属于来源于我国的所得。法国银行的注册地和实际管理机构均在法国,属于非居民企业,非居民企业应当就其来源于中国境内的所得缴纳企业所得税,因此法国银行需要在我国缴纳企业所得税。

三、企业所得税税率

企业所得税实行比例税率,基本规定如下。

(1) 基本税率25%。其适用于居民企业和在中国境内设有机构、场所且取得的所得与机构、场所有实际联系的非居民企业。

(2) 低税率20%。其适用于在中国境内未设立机构、场所或虽设立机构、场所但取得的所得与其所设机构、场所没有实际联系的非居民企业。在实际征收时,对符合以上两项条件的非居民企业适用10%的税率。

（3）优惠税率。除以上基本税率和低税率外,国家还对某些特定的企业实行优惠政策。例如,居民企业中符合条件的小型微利企业减按20%的税率征收企业所得税;国家重点扶持的高新技术企业减按15%的税率征收企业所得税。对经认定的技术先进型服务企业减按15%的税率征收企业所得税等。

为更好地理解企业所得税纳税人、征税对象及其对应的税率,总结三者关系如图4-1所示。

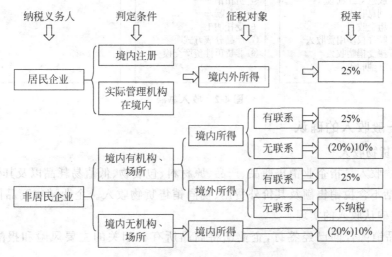

图4-1 纳税义务人、征税对象与税率

第三节 企业所得税应纳税所得额的确定

应纳税所得额是企业所得税的计税依据,确定应税所得额是企业所得税法的重要内容。应纳税所得额为企业每一个纳税年度的收入总额,减除不征税收入、免税收入、各项扣除以及允许弥补的以前年度亏损后的余额。其基本计算公式为

应纳税所得额=（收入总额－不征税收入－免税收入）－各项扣除金额－以前年度亏损

由上述计算公式可知,按照企业所得税法确定收入和各项扣除项目的时间和金额是计算应纳税所得额的关键。本小节将详细解释应纳税所得额涉及的收入和各扣除项目的确认时间及确认标准。

一、收入总额的确定

企业的收入总额包括以货币形式和非货币形式从各种渠道取得的收入,具体包括销售货物收入、提供劳务收入、转让财产收入、股息、红利等权益性投资收益、利息收入、租金收入、特许权使用费收入、接受捐赠收入、其他收入等。其中货币形式包括现金、银行存款、应收账款、应收票据、准备持有至到期的债券投资、债务的豁免等。非货币形式包括固定资产、生物资产、无形资产、股权投资、存货、不准备持有至到期的债券投资、劳务以及有关权益等。企业以非货币形式取得的收入,应当按照公允价值确定收入额,即按照市场价格确定的价值。

收入总额形式很多,本小节将按图 4-2 所示展开讲述。

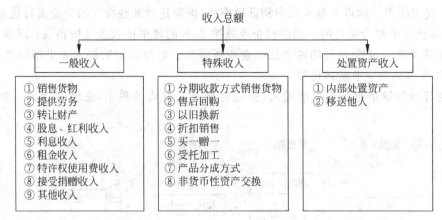

图 4-2 收入总额

(一) 一般收入的确认

1. 销售货物收入

销售货物收入是指企业销售商品、产品、原材料、包装物、低值易耗品以及其他存货取得的收入。包括不含税销售额及其价外费用、视同销售货物收入。企业销售商品同时满足下列条件的,应确认收入的实现。

(1) 商品销售合同已经签订,企业已将商品所有权相关的主要风险和报酬转移给购货方。

(2) 企业对已售出的商品既没有保留通常与所有权相联系的继续管理权,也没有实施有效控制。

(3) 收入的金额能够可靠地计量。

(4) 已发生或将发生的销售方的成本能够可靠地核算。

符合以上条件,采取下列商品销售方式的,应按以下规定确认收入的实现时间。

(1) 销售商品采用托收承付方式的,在办妥托收手续时确认收入。

(2) 销售商品采取预收款方式的,在发出商品时确认收入。

(3) 销售商品需要安装和检验的,在购买方接受商品以及安装和检验完毕时确认收入。如果安装程序比较简单,可在发出商品时确认收入。

(4) 销售商品采用支付手续费方式委托代销的,在收到代销清单时确认收入。

 业务案例 4-6

A 公司于 2020 年 9 月 5 日,销售一批商品给 B 公司,不含税金额 100 万元,成本 70 万元,增值税税率为 13%,货物已经发出,发票已经开具。合同约定,货物收到后一个月之内付款。

9 月 8 日 B 公司已确认收货,9 月 15 日 B 公司发生特大火灾,造成了严重的财务损失,货款预计很难支付。截止到 2020 年 12 月 31 日,该笔货款仍未收到,A 公司的会计与税法在收入处理上有何差异?

解析 案例中资料显示,由于"企业因向客户转让商品所有权取得的对价很可能收回"

这一条件不具备，根据会计准则收入确认原则，A 公司无法确认收入，而按企业所得税法规定，该项业务应确认收入 100 万元，同时结转成本 70 万元。

当然，如果最终确认无法收回该货款，则根据税法关于资产损失的认定条件，确认坏账损失税前扣除。

2. 提供劳务收入

提供劳务收入是指企业从事建筑安装、修理修配、交通运输、仓储租赁、金融保险、邮电通信、咨询经纪、文化体育、科学研究、技术服务、教育培训、餐饮住宿、中介代理、卫生保健、社区服务、旅游、娱乐、加工以及其他劳务服务活动取得的收入。

对于短期劳务（非跨年度劳务）的收入、成本费用的结转均在一个年度内完成，税法按照会计准则的规定进行确认。对于跨年度劳务，应在不同年度间划分劳务收入和劳务成本、费用，采用完工进度法（完工百分比法）确认提供劳务收入。

在应用完工百分比法确认劳务收入时，要求提供劳务交易的结果能够可靠估计，是指：①收入的金额能够可靠地计量；②交易的完工进度能够可靠地确定；③交易中已发生和将发生的成本能够可靠地计量。企业采用完工百分比法测量完工进度时，可选用下列方法：①已完成工作的测量；②已提供劳务占劳务总量的比例；③发生成本占总成本的比例。

企业应按照从接受劳务方已收或应收的合同或协议价款确定劳务收入总额，根据纳税期末提供劳务收入总额乘以完工进度扣除以前纳税年度累计已确认提供劳务收入后的金额，确认为当期劳务收入。同时，按照提供劳务估计总成本乘以完工进度扣除以前纳税期间累计已确认劳务成本后的金额，结转为当期劳务成本。

下列提供劳务满足收入确认条件的，应按规定确认收入。

（1）安装费。应根据安装完工进度确认收入。安装工作是商品销售附带条件的，安装费在确认商品销售实现时确认收入。

（2）宣传媒介的收费在相关的广告或商业行为出现于公众面前时确认收入。广告的制作费根据制作广告的完工进度确认收入。

（3）软件费。为特定客户开发软件的收费，应根据开发的完工进度确认收入。

（4）服务费。包含在商品售价内可区分的服务费，在提供服务的期间分期确认收入。

（5）艺术表演、招待宴会和其他特殊活动的收费。在相关活动发生时确认收入。收费涉及几项活动的，预收的款项应合理分配给每项活动，分别确认收入。

（6）会员费。入会会员只允许取得会籍，所有其他服务或商品都要另行收费的，在取得该会员费时确认收入。入会会员取得会籍，所有其他服务或商品不再付费就可以得到，或者以低于非会员的价格销售商品或提供服务的，该会员费应在整个受益期内分期确认。

（7）特许权费。属于提供设备和其他有形资产的特许权费，在交付资产或转移资产所有权时确认收入；属于提供初始及后续服务的特许权费，在提供服务时确认收入。

（8）劳务费。长期为客户提供重复的劳务收取的劳务费，在相关劳务活动发生时确认收入。

【例 4-1】 2020 年 12 月，金华工程设计公司承接一项工程建筑安装业务，安装期为 3 个月，合同总收入 600 000 元，至年底已预收安装费 440 000 元，实际发生安装费用 280 000 元（假定均为安装人员薪酬），估计还会发生成本 120 000 元。假定金华工程设计公司按实际发生的成本占估计总成本的比例确定劳务的完工进度。计算金华工程设计公司 2020 年应确认所得税收入。

解析 实际发生的成本占估计总成本的比例＝280 000÷(280 000＋120 000)×100%
＝70%

2020年12月31日确认的劳务收入＝600 000×70%－0＝420 000(元)

2020年12月31日结转的劳务成本＝(280 000＋120 000)×70%－0
＝280 000(元)

因此,金华工程设计公司2020年应确认收入420 000元,成本280 000元。

【例4-2】 浩天高尔夫俱乐部推出两款会员卡,A卡购卡者支付5万元取得会籍,在5年内免收入门费,其他服务均按市场价格收取;B卡购卡者一次支付30万元,在10年内免收入门费,购卡者在10年内其他服务按6折享受优惠。2020年浩天高尔夫俱乐部共销售A卡500张,B卡200张。浩天高尔夫俱乐部2020年应申报会员费收入多少?

解析 入会会员允许取得会籍,所有其他服务或商品都要另行收费的,在取得该会员费时确认收入。因此,A卡应全额确认收入;入会会员取得会籍,所有其他服务或商品不再付费就可以得到,或者以低于非会员的价格销售商品或提供服务的,该会员费应在整个受益期内分期确认。因此,B卡当年应确认50%的当期收入,另外50%在整个受益期内确认。

综上所述,2020年需申报会员费收入＝500×5＋200×30÷10＝3 100(万元)。

3. 转让财产收入

转让财产收入是指企业转让固定资产、无形资产、股权、债权等取得的收入。以上取得的收入应一次性计入确认收入的年度计算缴纳企业所得税。企业转让股权收入,应于转让协议生效且完成股权变更手续时,确认收入的实现。转让股权收入扣除为取得该股权所发生的成本后,为股权转让所得。企业在计算股权转让所得时,不得扣除被投资企业未分配利润等股东留存收益中按该项股权所可能分配的金额。

【例4-3】 2020年年初,A居民企业以实物资产500万元直接投资于B居民企业,取得B企业30%的股权。2020年11月,A企业将持有B企业的股权全部转让,取得收入600万元,转让时B企业在A企业投资期间形成的未分配利润为400万元。计算A企业该项股权转让应确认的应纳税所得额。

解析 转让股权收入扣除为取得该股权所发生的成本为股权转让所得,计算时不得扣除被投资企业未分配利润等股东留存收益中按该项股权所可能分配的金额。因此,A企业该项股权转让应确认的应纳税所得额为600－500＝100(万元)。

4. 股息、红利等权益性投资收益

股息、红利等权益性投资收益是指企业因权益性投资从被投资方取得的收入。股息、红利等权益性投资收益,除国务院财政、税务主管部门另有规定外,应按照被投资方做出利润分配决定的日期确认收入的实现,而不论企业是否实际收到股息、红利等收益款项。

被投资企业将股权(票)溢价所形成的资本公积转为股本的,不作为投资方企业的股息、红利收入,投资方企业也不得增加该项长期投资的计税基础。

被投资企业以未分配利润、盈余公积转增资本,作为投资方企业的股息、红利收入;投资方企业增加该项长期投资的计税基础。

【例4-4】 居民企业A公司2019年1月通过二级市场的交易持有甲上市公司1 000万股股票,投资成本10 000万元。甲上市公司总股本6 000万股,每股面值1元,上市公开发行

价10元。2020年6月,甲上市公司经股东大会审议通过,"资本公积——股本溢价"每10股转3股、留存收益每10股送5股。试问A公司如何确认股息、红利等权益性投资?

解析 被投资企业将股权(票)溢价所形成的资本公积转为股本的,不作为投资方企业的股息、红利收入,投资方企业也不得增加该项长期投资的计税基础。因此,A公司获得"转"股 1 000÷10×3=300(万股),不作为A公司的股息、红利收入,不需要缴纳企业所得税,也不增加股票投资的计税基础。

被投资企业以未分配利润、盈余公积转增资本,应作为投资方企业的股息、红利收入。A公司获得"送"股 1 000÷10×5=500(万股),应作为投资企业的股息、红利收入,但《企业所得税法》规定,符合条件的居民企业之间的股息、红利等权益性投资收益,为免税收入。因此,此笔送股业务免征企业所得税,只需增加A公司股票投资的计税基础500万元。

转增股本后,居民企业A公司拥有甲上市公司股票 1 000+300+500=1 800(万股);投资成本仍为 10 000万元,计税基础为 10 000+500×1=10 500(万元)。

5. 利息收入

利息收入是指企业将资金提供给他人使用但不构成权益性投资,或者因他人占用本企业资金取得的收入,包括存款利息、贷款利息、债券利息、欠款利息等收入。利息收入应按照合同约定的债务人应付利息的日期确认收入的实现(国债利息免税)。

6. 租金收入

租金收入是指企业提供固定资产、包装物或者其他有形资产的使用权取得的收入。租金收入应按照合同约定的承租人应付租金的日期确认收入的实现。

如果交易合同或协议中规定租赁期限跨年度且租金提前一次性支付的,根据收入与费用配比原则,出租人可对上述已确认的收入,在租赁期内,分期均匀计入相关年度收入。

例如,甲公司2019年7月1日与乙公司签订仓库租赁协议,协议约定:甲公司将自有闲置仓库出租给乙公司,租赁期1年,租金共130.8万元(含税),在合同签订当日,乙公司按约一次性支付了全部租金130.8万元(含税),即2019年7月1日—2020年6月30日的租金。甲公司取得租金后,向乙公司开具了增值税专用发票,并一次性缴纳了增值税。发票注明金额120万元,税额10.8万元。甲公司可以将收取的2019年7月1日—2020年6月30日的租金收入在12个月内分期均匀确认。

【例4-5】 2020年7月1日A企业将闲置的机器设备租赁给B企业,租赁期3年,每年不含税租金200万元,2020年6月15日一次收取3年的租金600万元。计算企业所得税时,计入2020年的租金收入为多少万元?

解析 按照"交易合同或协议中规定租赁期限跨年度且租金提前一次性支付的,根据收入与费用配比原则,出租人可对上述已确认的收入,在租赁期内,分期均匀计入相关年度收入"。因此,2020年当年可以计入的租金收入为200万元的一半,也就是100万元。

7. 特许权使用费收入

特许权使用费收入是指企业提供专利权、非专利技术、商标权、著作权及其他特许权取得的收入。特许权使用费收入按照合同约定的应付特许权使用费的日期确认收入的实现。

【例4-6】 某化工产品公司,2019年年初签订一项商标使用权合同,合同约定商标使用期限为4年,使用费总额为240万元,每两年收费一次,2020年第一次收取使用费,实际收取120万元,已将60万元计入其他业务收入。请确认2020年该公司特许权使用费收入。

解析 对特许权使用费收入,应按照合同约定的特许权使用人应付特许权使用费的日期确认收入的实现。因此,2020年该化工产品公司应确认120万元的特许权使用费收入。

8. 接受捐赠收入

接受捐赠收入是指企业接受的来自其他企业、组织或者个人无偿给予的货币性、非货币性资产。接受捐赠收入按照实际收到捐赠资产的日期确认收入的实现。企业接受捐赠的非货币性资产,按接受捐赠时资产的入账价值确认捐赠收入,并入当期应纳税所得。受赠非货币资产计入应纳税所得额的内容包括受赠资产价值和由捐赠企业代为支付的增值税,不包括由受赠企业另外支付或应付的相关税费。

9. 其他收入

其他收入是指企业取得的上述规定收入外的其他收入,包括企业资产溢余收入、逾期未退包装物押金收入、确实无法偿付的应付款项、已做坏账损失处理后又收回的应收款项、债务重组收入、补贴收入、违约金收入、汇兑收益等。

值得注意的是,"其他收入"是税法口径,不同于会计上的"其他业务收入",不要混淆。其他业务收入是以后计提业务招待费、广告宣传费的基数销售收入的组成部分。

企业取得财产(包括各类资产、股权、债权等)转让收入、债务重组收入、接受捐赠收入、无法偿付的应付款收入等,不论是以货币形式还是非货币形式体现,除另有规定外,均应一次性计入确认收入的年度计算缴纳企业所得税。

"税"眼看新闻

某外贸公司为个人投资的经营进口业务的公司,注册资本30万元。经营期间,为补充经营运作资金需求,公司向老板个人无偿借入资金共计200万元,公司账上记载"其他应付款——老板"200万元。近一年由于出口订单急剧减少,连续亏损,公司准备注销。办理注销前,公司资产负债表上显示未分配利润-20万元。

该公司老板认为公司是自己个人投资的,公司也确实无力还款,于是主动放弃了对公司的债权。

然而,注销过程中税务局认定该公司可弥补亏损为15万元,老板放弃的债权"其他应付款"200万元,应按税法规定计入企业当年的"其他收入"。《企业所得税法》第六条第(九)项所称其他收入,是指企业取得的除《企业所得税法》第六条第(一)项至第(八)项规定的收入外的其他收入,包括企业资产溢余收入、逾期未退包装物押金收入、确实无法偿付的应付款项、已做坏账损失处理后又收回的应收款项、债务重组收入、补贴收入、违约金收入、汇兑收益等。导致其公司当年应纳税所得额=200-15=185(万元),需要补缴46.25万元的企业所得税。

另外,该公司的股东为个人,由于"其他应付款"转为企业其他收入,导致公司出现盈余近130余万元。公司注销,这笔盈余应作为公司老板收到的股息、红利收入。按目前我国个人所得税政策,个人股东的税后分红需要按照"利息、股息、红利所得"项目和20%的税率征收个人所得税,所以该公司老板需要缴纳个人所得税=130×20%=26(万元)。

【点评】 不懂税法导致企业多缴税是众多民营企业普遍面临的问题,在该案例中,企业财务人员有着不可推卸的责任。

（二）特殊收入

（1）分期收款方式销售货物。按照合同约定的收款日期确认收入的实现。

【例4-7】 2020年1月1日，甲公司采用分期收款方式向乙公司销售一套大型设备，合同约定的销售价格为2 000万元，分5次于每年12月31日等额收取。该大型设备成本为1 560万元。计算甲公司2020年应确认的收入和成本。

解析 以分期收款方式销售货物的，按照合同约定的收款日期确认收入的实现。因此，从税法的角度看，甲公司2020年应确认400万元的收入和312万元的成本。

（2）售后回购。采用售后回购方式销售商品的，销售的商品按售价确认收入，回购的商品作为购进商品处理。有证据表明不符合销售收入确认条件的，收到的款项应确认为负债，回购价格大于原售价的，差额应在回购期间确认为利息费用。

（3）以旧换新。应当按照销售商品收入确认条件确认收入，回收的商品作为购进商品处理。

（4）折扣方式。企业为促进商品销售而采取的各种商业促销手段取得的收入。采用商业折扣（折扣销售）方式的，应当按照扣除商业折扣后的金额确定销售商品收入金额；采取现金折扣条件销售的，应按扣除现金折扣前的金额确定销售商品收入金额，现金折扣在实际发生时作为财务费用扣除；采取折让退回方式销售的，企业已经确认销售收入的售出商品发生销售折让和销售退回，应当在发生当期冲减当期销售商品收入。

【例4-8】 2020年6月1日，甲公司与乙公司签订A型材料与B型材料购销合同，合同约定A型材料不含税价格为100万元，税额为13万元；B型材料不含税金额为50万元，税额为6.5万元。6月5日甲公司将上述货物送达乙公司，乙公司于当日支付了货款，甲公司向其开具了增值税专用发票。然而，当月在使用上述材料时，乙公司发现甲公司提供的A型材料存在一定的瑕疵但尚不影响使用，因此要求甲公司给予A型材料价税合计金额5%的销售折让；甲公司提供的B型材料因存在严重质量问题无法使用，要求全部退回。甲公司核实后，同意了乙公司的要求。计算针对该笔业务甲公司应确认的企业所得税收入。

上述业务属于销售折让与销售退回问题，企业已经确认销售收入的售出商品发生销售折让和销售退回，应当在发生当期冲减当期销售商品收入。因此，甲公司应当确认的企业所得税收入＝（100＋50）－100×5%－50＝95（万元）。

（5）买一赠一。买一赠一方式销售商品不属于捐赠，应将总的销售金额按各项商品的公允价值的比例来分摊确认各项的销售收入。例如，企业节日促销，买女装裙子（不含税价700元）送丝巾（不含税价300元），则企业应确认裙子收入490元[700×700÷（700＋300）]，丝巾收入210元[300×700÷（700＋300）]。

（6）企业受托加工制造大型机械设备，以及从事建筑、安装劳务等，持续时间超12个月的，按照纳税年度内完工进度或者完成的工作量确认收入。

（7）采取产品分成方式取得收入，按照企业分得产品的日期确认收入的实现，其收入额按照产品的公允价值确定。

（8）企业发生非货币性资产交换，以及将货物、财产、劳务用于捐赠、偿债、赞助、集资、广告、样品、职工福利和进行利润分配等用途，应当视同销售货物、转让财产和提供劳务，但国务院财政、税务主管部门另有规定的除外。

(三) 处置资产收入

(1) 企业发生下列情形的处置资产,除将资产转移至境外外,由于资产所有权属在形式和实质上均不发生改变,可作为内部资产处置,不视同销售确认收入,相关资产的计税基础延续计算。

① 将资产用于生产、制造、加工另一产品。
② 改变资产形状、结构或性能。
③ 改变资产用途。
④ 将资产在总机构及分支机构之间转移(境内)。
⑤ 上述两种或两种以上情形的混合。
⑥ 其他不改变资产所有权属的用途。

(2) 企业将资产移送他人的下列情形,因资产所有权属发生改变而不属于内部处置资产,应按规定视同销售确定收入。若是企业自制的资产,按企业同类资产同期对外销售价格确认视同销售收入,按生产成本确认视同销售成本;若是企业外购的资产,则按被移送资产的公允价值作为视同销售收入,按购入时的价格确认视同销售成本。

① 用于市场推广或销售。
② 用于交际应酬。
③ 用于职工奖励或福利。
④ 用于股息分配。
⑤ 用于对外捐赠。
⑥ 其他改变资产所有权属的用途。

(四) 不征税收入和免税收入的确定

国家为扶持和鼓励某些特殊的纳税人和特定的项目,或者避免因征税影响企业的正常经营,对企业取得的某些收入予以不征税和免税的特殊政策,以减轻企业的负担,促进经济的协调发展。

1. 不征税收入

(1) 财政拨款,是指各级人民政府对纳入预算管理的事业单位、社会团体等组织拨付的财政资金,但国务院和国务院财政、税务主管部门另有规定的除外。

(2) 依法收取并纳入财政管理的行政事业性收费、政府性基金。

(3) 国务院规定的其他不征税收入,是指企业取得的,由国务院财政、税务主管部门规定专项用途并经国务院批准的财政性资金。

企业的不征税收入用于支出所形成的费用,在计算应纳税所得额时不得扣除;企业的不征税收入用于支出所形成的资产,其计算的折旧、摊销不得扣除。

2. 免税收入

(1) 国债利息收入。国债持有期间的利息收入。

(2) 符合条件的居民企业之间的股息、红利等权益性投资收益。

符合条件是指:居民企业之间——居民企业直接投资于其他居民企业,不包括投资到"独资企业、合伙企业、非居民企业";直接投资——不包括"间接投资";投资收益——不包括连续持有居民企业公开发行并上市流通的股票在一年(12个月)以内取得的投资收益(未上市的居民企业之间的投资,不受一年期限限制);权益性投资——不包含债权性投资。

(3)在中国境内设立机构、场所的非居民企业从居民企业取得与该机构、场所有实际联系的股息、红利等权益性投资收益。

(4)符合条件的非营利组织的收入。

(5)非营利组织的其他免税收入。

相较于不征税收入来讲,免税收入形成的费用、折旧可以税前扣除。例如国债利息收入用来购买汽车的折旧,可以税前扣除。

二、准予扣除项目金额的确定

(一)税前准予扣除的原则

除税法另有规定外,税前扣除一般应遵循以下原则。

(1)权责发生制原则。权责发生制原则是指企业费用应在发生的所属期而不是实际支付时确认扣除。

(2)配比原则。配比原则是指企业发生的费用应当与收入配比扣除。除特殊规定外,企业发生的费用不得提前或滞后申报扣除。

(3)合理性原则。合理性原则即符合生产经营活动常规,应当计入当期损益或者有关资产成本的必要和正常支出。

(二)准予扣除项目的范围

准予扣除项目是纳税人每一纳税年度发生的与取得应纳税收入有关的所有必要和正常的成本、费用、税金和损失。企业实际发生的与取得收入直接相关的、合理的支出,包括成本、费用、税金、损失和其他支出,准予在计算应纳税所得额时扣除。

(1)成本。成本是指企业在生产经营活动中发生的销售成本、销货成本、业务支出以及其他耗费。

(2)费用。费用是指企业在生产经营活动中发生的销售费用、管理费用和财务费用。已经计入成本的有关费用除外。

(3)税金。税金是指企业发生的除企业所得税和允许抵扣的增值税以外的各项税金及其附加。包括企业按规定缴纳的消费税、城市维护建设费、关税、资源税、土地增值税、房产税、车船税、土地使用税、印花税、教育费附加等。

(4)损失。损失是指企业在生产经营活动中发生的固定资产和存货的盘亏、毁损、报废损失,转让财产损失,呆账损失,坏账损失,自然灾害等不可抗力因素造成的损失以及其他损失。企业发生的损失,减除责任人赔偿和保险赔款后的余额扣除。企业已经作为损失处理的资产,在以后纳税年度又全部收回或者部分收回时,应当计入当期收入。

(5)其他支出。其他支出是指除成本、费用、税金、损失外,企业在生产经营活动中发生的与生产经营活动有关的合理支出。

企业所得税税前扣除需要具备相应真实有效的凭证。发票是企业所得税税前扣除的基本凭证,企业无法取得发票的,需要提供与企业生产经营有关的费用真实发生的有效证明,如企业发生的各项费用(如折旧、工资等费用)可以凭自制凭证扣除。

【例4-9】 甲公司2019年12月发生以下业务：①临时从路边小贩购买水果用于招待客户共计150元；②向所有员工发放鸡蛋、花生油共计10 000元；③支付出差人员的差旅补助和员工在外就餐领取的误餐补贴共计2 000元；④支付合同未履行的违约金1 000元。请问以上业务均无法取得相应的发票，能作为所得税税前扣除的项目吗？

解析 根据《企业所得税法》规定：从个人手中购买商品或劳务一次不超过500元，并取得注明收款单位名称、个人姓名及身份证号、支出项目、收款金额等相关信息的收据；公司福利、困难补助发放明细表、付款证明福利支出凭证；差旅费报销单及出差人员姓名、地点、时间、任务和支付凭证和误餐补助发放明细表、付款证明、相应的签领单等；双方签订的提供应税货物或劳务的协议、双方签订的赔偿协议、收款方开具的收据或法院判决书、调解书、仲裁机构的裁定书等都均可以作为企业所得税税前扣除凭证。

因此，公司上述业务虽没有取得发票，只要取得以上各种单据均可作为企业所得税税前扣除凭证。

（三）具体的准予扣除项目的标准

1. 工资、薪金支出

企业发生的合理的工资、薪金支出，准予扣除。工资、薪金是指企业每一纳税年度支付给在本企业任职或者受雇的员工的所有现金形式或者非现金形式的劳动报酬，包括基本工资、奖金、津贴、补贴、年终加薪、加班工资，以及与员工任职或者受雇有关的其他支出。而合理的工资薪金，是指企业按照股东大会、董事会、薪酬委员会或相关管理机构制定的工资薪金制度规定实际发放给员工的工资、薪金。特别需要指出的是，企业税前扣除项目的工资、薪金支出，应该是企业已经实际支付给其职工的金额，不是应该支付的职工薪酬。

例如，企业"应付职工薪酬"账户贷方发生额600万元，借方实际发放工资500万元，企业所得税前只能扣除500万元，而不是600万元。

企业因雇用季节工、临时工、实习生、返聘离退休人员以及接受外部劳务派遣用工所实际发生的费用，应区分为工资薪金支出和职工福利费支出，并按企业所得税法相关规定在企业所得税税前扣除。其中属于工资薪金支出的，准予计入企业工资薪金总额的基数，作为计算其他各项相关费用扣除的依据。

2. 职工福利费、工会经费、职工教育经费

职工福利费、工会经费、职工教育经费，超过标准的按标准扣除，没超过扣除标准的据实扣除。

（1）企业发生的职工福利费支出，不超过工资、薪金总额14%的部分准予扣除。

（2）企业拨缴的工会经费，不超过工资、薪金总额2%的部分准予扣除。

（3）除国务院财政、税务主管部门或者省级人民政府规定外，企业发生的职工教育经费支出，不超过工资、薪金总额8%的部分准予扣除，超过部分准予结转以后纳税年度扣除。

3. 社会保险费

（1）按照政府规定的范围和标准缴纳"五险一金"，即养老保险费、医疗保险费、失业保险费、工伤保险费、生育保险费和住房公积金，准予扣除。

（2）企业为投资者或者职工支付的补充养老保险费、补充医疗保险费，分别在不超过职工工资总额的5%的标准内，在计算应纳税所得额时准予扣除；超过的部分，不予扣除。

（3）企业参加财产保险，按照规定缴纳的保险费，准予扣除；企业为投资者或者职工支付的商业保险费,不得扣除。

企业依照国家有关规定为特殊工种职工支付的人身安全保险费和符合国务院财政、税务主管部门规定可以扣除的商业保险费准予扣除。企业职工因公出差乘坐交通工具发生的人身意外保险费支出,准予企业在计算应纳税所得额时扣除。

【例 4-10】 某企业实际支付合理的工资总额 1 000 万元,发生职工福利费支出 130 万元,工会经费 20 万元、职工教育经费 86 万元,为职工支付商业保险费 20 万元。试计算职工福利费、工会经费、职工教育经费、保险费的税前扣除金额。

解析 福利费限额=1 000×14%=140(万元),140 万元＞实际发生额 130 万元,据实扣除 130 万元。

工会经费限额=1 000×2%=20(万元),等于实际发生额 20 万元,可据实扣除 20 万元。

职工教育经费限额=1 000×8%=80(万元),80 万元＜实际发生额 86 万元,扣除金额为 80 万元,超过的 6 万元,结转下期继续扣除。

商业保险费 20 万元不允许扣除,纳税调整时应增加 20 万元。

4. 利息费用

企业在生产经营活动过程中发生的利息费用,按下列规定扣除。

(1) 非金融企业向金融企业借款的利息支出、金融企业的各项存款利息支出和同业拆借利息支出、企业经批准发行债券的利息支出,准予扣除。

(2) 非金融企业向非金融企业借款的利息支出,不超过按照金融企业同期同类贷款利率计算的数额的部分,准予扣除。同期同类贷款利率是指在贷款期限、贷款金额、贷款担保以及企业信誉等条件基本相同的情况下,金融企业提供贷款的利率。

另外,非银行企业内营业机构借款的利息不得税前扣除,银行企业内部营业机构之间支付的拆借利息可以税前扣除。

【例 4-11】 某公司向银行借入生产用资金 500 万元,银行贷款利率为 6%,借款期限 6 个月,支付借款利息 15 万元;向其他企业借入生产用资金 300 万元,借款期限 10 个月,支付借款利息 24 万元。试计算该公司应纳税所得额时允许扣除的利息金额。

解析 向其他企业借款利息支出的税前扣除限额=300×6%÷12×10=15(万元);实际支付的利息超过限额,因此只能按照限额扣除。允许扣除的利息支出=15+15=30(万元)。

5. 借款费用

(1) 企业在生产经营活动中发生的合理的不需要资本化的借款费用,准予扣除。

(2) 企业为购置、建造固定资产、无形资产和经过 12 个月以上的建造才能达到预定可销售状态的存货发生借款的,在有关资产购置、建造期间发生的合理的借款费用,应当作为资本性支出计入有关资产的成本,并依照规定扣除。

6. 汇兑损失

企业在货币交易中以及纳税年度终了时将人民币以外的货币性资产、负债按照期末即人民币汇率中间价折算为人民币时产生的汇兑损失,除已经计入有关资产成本以及与向所有者进行利润分配相关的部分外,准予扣除。

7. 业务招待费

业务招待费一般是指企业在经营管理等活动中用于接待应酬而支付的各种费用,主要包括业务洽谈、产品推销、对外联络、公关交往、会议接待、来宾接待等所发生的费用,例如招待饭费、招待用烟茶、交通费等。

企业发生的与生产经营活动有关的业务招待费支出,按照发生额的60%扣除,但最高不得超过当年销售(营业)收入的5‰。

作为业务招待费扣除限额的计算基数的收入范围是当年销售(营业)收入,包括销售货物收入、提供劳务收入等主营业务收入,还包括其他业务收入、视同销售收入。不含营业外收入(如让渡固定资产或无形资产所有权收入)、投资收益(从事股权投资业务的企业除外)。对从事股权投资业务的企业(包括集团公司总部、创业投资企业等),其从被投资企业所分配的股息、红利以及股权转让收入,可以按规定的比例计算业务招待费扣除限额。

企业在筹建期间,发生的与筹办活动有关的业务招待费支出,可按实际发生额的60%计入企业筹办费,并按有关规定在税前扣除。

【例4-12】 某企业2020年度取得销售货物收入2 800万元,让渡专利使用权收入800万元,债务重组收益100万元,对外赠送不含税市场价值250万元的货物,固定资产转让收入50万元,包装物出租收入150万元,接受捐赠收入20万元,国债利息收入30万元;当年实际发生的业务招待费30万元。该企业当年业务招待费扣除限额的销售收入如何确定?

解析 销售收入=2 800+800+250+150=4 000(万元)

【例4-13】 某居民企业2020年实现商品销售收入2 000万元,发生现金折扣100万元,接受捐赠收入100万元,转让无形资产所有权收入20万元。该企业当年实际发生业务招待费30万元。2020年该企业可税前扣除的业务招待费如何计算?

解析 销售商品涉及现金折扣的,应当按扣除现金折扣前的金额确定销售商品收入金额,则计算业务招待费基数的收入金额为2 000万元;根据"企业发生的与生产经营活动有关的业务招待费支出,按照发生额的60%扣除,但最高不得超过当年销售(营业)收入的5‰"的规定。

销售(营业)收入的5‰=2 000×5‰=10(万元)

发生额的60%= 30×60%=18(万元)

由于10万元<18万元,因此,2020年可税前扣除的业务招待费为10万元。

8. 广告费和业务宣传费

企业发生的符合条件的广告费和业务宣传费支出,除国务院财政、税务主管部门另有规定外,不超过当年销售(营业)收入15%的部分,准予扣除;超过部分,准予在以后纳税年度结转扣除。

所得税扣除规定中的广告费是指企业通过一定媒介和形式介绍自己所推销的商品或所提供的服务,激发消费者的购买欲望,而支付给广告经营者、发布者的费用;业务宣传费是指企业开展业务宣传活动所支付的费用,主要是指未通过广告发布者传播的广告性支出,包括企业发放的印有企业标志的礼品、纪念品等。广告费与业务宣传费都是为了达到促销之目的而支付的费用,既有共同属性也有区别,因此,税法对广告费与业务宣传费实行合并扣除。

(1) 烟草生产企业和烟草销售企业有关烟草的广告费或业务宣传费均不得在税前扣除。

(2) 对签订广告费和业务宣传费分摊协议(以下简称分摊协议)的关联企业,其中一方发生的不超过当年销售(营业)收入税前扣除限额比例内的广告费和业务宣传费支出可以在本企业扣除,也可以将其中的部分或全部按照分摊协议归集至另一方扣除。另一方在计算本企业广告费和业务宣传费支出企业所得税税前扣除限额时,可将按照上述办法归集至本企业的广告费和业务宣传费不计算在内。

(3) 企业申报扣除的广告费支出应与非广告性赞助支出严格区分。广告费支出一般符合下列条件:通过工商部门批准的专门机构已实际支付费用,并已取得相应发票,且都是通过平面媒体,非广告性赞助支出则一般不通过媒体。非广告性赞助支出不得税前扣除。

(4) 企业筹建期间的广告费用和业务宣传费可按实际发生额计入企业筹办费,并按有关规定在税前扣除。

【例 4-14】 甲企业 2020 年实现销售收入 3 000 万元,当年发生广告费 400 万元,上年结转未扣除广告费 60 万元。已知广告费不超过当年销售收入 15% 的部分,准予扣除。甲企业在计算 2020 年企业所得税应纳税所得额时,准予扣除的广告费金额为多少?

解析 扣除限额 = 3 000 × 15% = 450(万元),本年实际发生 400 万元在扣除限额内,可以全额扣除;另外可扣除上年结转未扣除的广告费 60 万元中的 50 万元,合计 450 万元。

9. 环境保护专项资金

企业依照法律、行政法规有关规定提取的用于环境保护、生态恢复等方面的专项资金准予扣除;上述专项资金提取后改变用途的,不得扣除。

10. 租赁费

企业根据生产经营活动的需要租入固定资产支付的租赁费支出,按照以下方法扣除。

(1) 属于经营性租赁发生的租入固定资产租赁费支出,根据租赁期限均匀扣除。经营租赁是指所有权不转移的租赁。如果交易合同或协议中规定租赁期限跨年度且租金提前一次性支付的,出租人可以对上述已确认的收入,在租赁期内,分期均匀计入相关的年度收入。

(2) 属于融资性租赁发生的租入固定资产租赁费支出,构成融资租入固定资产价值的部分应当提取折旧费用,分期扣除。融资租赁是指在实质上转移与一项资产所有权有关的全部风险与报酬的一种租赁。

【例 4-15】 某企业 2020 年 9 月 1 日发生经营性租入固定资产业务,租赁期 10 个月,租赁费 10 万元,企业当年实际列支租赁费 10 万元。计算该企业 2020 年税前允许扣除的租赁费。

解析 租赁费 = 10 ÷ 10 × 4 = 4(万元)

11. 劳动保护费

企业发生的合理的劳动保护支出,准予扣除。劳动保护支出主要是发放工作服(企业根据其工作性质和特点,由企业统一制作并要求员工工作时统一着装)、安全保护用品、防暑降温品等所发生的支出。以企业发放劳保实物为前提,若企业以现金形式发放,将被视作工资薪金支出或福利费支出。

12. 公益性捐赠支出

公益性捐赠是指企业通过公益性社会组织或县级(含县级)以上人民政府及其组成部门和直属机构,用于《中华人民共和国公益事业捐赠法》规定的公益事业的捐赠。

企业发生的公益性捐赠,在年度利润总额 12% 以内的部分,准予在计算应纳税所得额时扣除。超过部分,准予结转以后三年内在计算应纳税所得额时扣除。

具体相关规定如下。

(1) 公益性社会组织是指依法取得公益性捐赠税前扣除资格的组织。

(2) 规定中所指的年度利润总额,是指企业依照国家统一会计制度的规定计算的年度会计利润。

(3) 公益性捐赠的扣除,必须同时符合三个条件:①捐赠必须是公益性的,非公益性的不得扣除;②捐赠必须是间接发生的,直接的捐赠不得扣除;③捐赠必须是通过非营利机构或政府机构发生的捐赠,通过营利机构或个人发生的捐赠不得扣除。

(4) 公益性捐赠包括货币捐赠和非货币捐赠;非货币性资产对外捐赠,应分解为销售非货币性资产业务和对外捐赠两项业务进行所得税处理。

【例 4-16】 某儿童饮料公司为增值税一般纳税人,该公司 2019 年主营业务收入 5 500 万元,其他业务收入 400 万元,营业外收入 300 万元,主营业务成本 2 800 万元,其他业务成本 300 万元,营业外支出 210 万元,税金及附加 420 万元,管理费用 550 万元,销售费用 900 万元,财务费用 180 万元,投资收益 120 万元。其中:营业外支出包括对外捐赠货币资金 140 万元(通过县级政府向贫困地区捐赠 120 万元,直接向某学校捐赠 20 万元)。计算当年可扣除的公益性捐赠支出。

解析 企业发生的公益性捐赠,在年度利润总额 12% 以内的部分,准予在计算应纳税所得额时扣除。

会计利润 $= 5\,500 + 400 + 300 - 2\,800 - 300 - 210 - 420 - 550 - 900 - 180 + 120 = 960$(万元)

公益性捐赠扣除限额 $= 960 \times 12\% = 115.2$(万元)

因此,该公司当年可扣除的公益性捐赠支出为 115.2 万元。

13. 总机构分摊的费用

非居民企业在中国境内设立的机构、场所,就其中国境外总机构发生的与该机构、场所生产经营有关的费用,能够提供总机构出具的费用汇集范围、定额、分配依据和方法等证明文件,并合理分摊的,准予扣除。

14. 资产损失

企业当期发生的固定资产和流动资产的盘亏、毁损净损失,由其提供清查盘存资料,经向主管税务机关备案后,准予扣除。企业发生非正常损失时,不得从销项税额中抵扣的进项税额,应视同企业财产损失,申报后在所得税前按规定扣除。

【例 4-17】 某服装厂 2020 年 8 月由于管理不善毁损一批库存布料,账面成本为 24.65 万元(含运费 4.65 万元),取得保险公司赔款 8 万元。请问企业所得税前允许扣除的损失是多少?

解析 进项税额转出 $= (24.65 - 4.65) \times 13\% + 4.65 \times 9\% = 3.018\,5$(万元)

企业可在税前扣除的损失 $= 24.65 + 3.018\,5 - 8 = 19.668\,5$(万元)

15. 手续费及佣金支出

企业发生与生产经营有关的手续费及佣金支出,不超过计算限额以内的部分,准予扣除;超过部分,不得扣除。

具体相关规定如下。

(1) 保险企业按当年全部保费收入扣除退保金等后余额的 18%(含本数)计算限额,超过部分,允许结转以后年度扣除。非保险企业按与具有合法经营资格中介机构或个人所签订服务协议或合同确认的收入金额的5%计算限额,超过部分,不得扣除。

另外,电信企业在发展客户、拓展业务等过程中(如委托销售电话入网卡、电话充值卡等),需向经纪人、代办商支付手续费及佣金的,其实际发生的相关手续费及佣金支出,不超过企业当年收入总额5%的部分,准予在企业所得税前据实扣除。房地产开发企业委托境外机构销售开发产品,支付给境外机构的销售费用(含佣金或手续费)不超过委托销售收入10%的部分,准予据实扣除。

(2) 从事代理服务、主营业务收入为手续费、佣金的企业(如证券、期货、保险代理等企业),其为取得该类收入而实际发生的手续费及佣金,准予在企业所得税前扣除。

(3) 除委托个人代理外,企业以现金等非转账方式支付的手续费及佣金不得在税前扣除。

(4) 企业支付的手续费及佣金不得直接冲减服务协议或者合同金额,并如实入账。企业不得将手续费及佣金支出计入回扣、业务提成、进场费等费用。

(5) 企业已计入固定资产、无形资产等相关资产的手续费及佣金支出,应当通过折旧、摊销等方式分期扣除,不得在发生当期直接扣除。企业为发行权益性证券支付给有关证券承销机构的手续费及佣金不得在税前扣除。

16. 其他准予扣除项目

准予扣除的其他费用包括会员费、合理的会议费、差旅费、违约金、诉讼费用等。

三、不得扣除项目

在计算应纳税所得额时,下列支出不得扣除。

(1) 向投资者支付的股息、红利等权益性投资收益款项。

(2) 企业所得税税款。

(3) 税收滞纳金是指纳税人违反税收法规、被税务机关处以的滞纳金。

(4) 罚金、罚款和被没收财物的损失,是指纳税人违反国家有关法律、法规规定、被有关部门处以的罚款以及被司法机关处以的罚金和被没收的财物。经营性罚款可以扣除。

(5) 超过规定标准的捐赠支出。

(6) 企业发生与生产经营活动无关的各种非广告性质的赞助支出。

(7) 未经核定的准备金支出,是指不符合国务院财政、税务主管部门规定的各项资产减值准备、风险准备等准备支出。

(8) 企业之间支付的管理费、企业内营业机构之间支付的租金和特许权使用费以及非银行企业内营业机构之间支付的利息。

(9) 与取得收入无关的其他支出。

"税"眼看新闻

2018年3月29日上午7时30分,融创中国(01918.HK)发布的2017年业绩公告显示,2017年,公司合同销售金额约为人民币3 620.1亿元,较2016年增长约140.3%,行业排名跃升至第四名。公告披露了公司对乐视系的投资情况,公告显示,截至2017年,基于谨慎性的原则,对于乐视相关的投资的减值准备和按照权益法录得的损失进行了充分的考虑,总金额达到165.6亿元。

公告显示,集团的销售及市场推广成本由2016年的9.2亿元增加273.2%,达到

34.3亿元。行政开支由2016年的13.4亿元增加315.0%,达到55.6亿元。其中包括,出于谨慎考虑,计提应收乐视相关公司及其关联方的款项的坏账损失准备21亿元。

此外,公告显示,集团的其他开支及亏损由2016年的0.2亿元增加至2017年的106.9亿元,主要为对乐视相关公司的投资、债务担保共计提约99.8亿元的减值准备。

加上乐视2017年产生的实际亏损等,公告披露,对于乐视相关的投资的减值准备和按照权益法录得的损失进行了充分考虑,总金额达到165.6亿元。

——摘自凤凰网《融创中国:为乐视系投资计提坏账及减值准备共165.6亿元》

【点评】 融创中国对乐视系投资所计提的坏账及减值准备共165.6亿元由于还未实际发生,不能在其当年的所得税前扣除,只能体现在当年的利润表中,减少当年的企业利润。

业务案例4-7

A公司(执行企业会计准则)在2016年12月31日对B公司一笔应收账款计提了坏账准备,金额300万元,并在办理2016年汇算清缴时调增应纳税所得额300万元。由于多次催收未果,在对B公司提起民事诉讼程序后,2018年年初A公司对该笔应收款向法院申请强制执行。2018年7月,法院下达执行裁定书终结本次执行,裁定A公司无法收回该笔应收账款。

此时,A公司财务由于疏漏未做会计处理,并在办理2018年企业所得税汇缴时对该笔坏账做了申报扣除,调减应纳税所得额300万元。

2019年8月,税务部门检查发现后,认为该笔坏账损失不符合税前扣除条件,不允许税前扣除,要求A公司补缴2018年所得税75万元(300×25%)及滞纳金。理由是,A公司虽在2018年取得法院终止执行裁定书等证据材料,并据此对该笔坏账做了纳税申报,但会计上未核销坏账,即未做损失处理,因此不符合税前扣除条件,必须补做资产损失账务处理并进行申报后方能扣除。

而A公司认为该笔款项在2016年会计上已做损失处理(计提坏账准备),在2018年取得了司法机关的终止执行裁定书,同时在办理2018年汇算清缴时也做了纳税申报,因此,认为该损失符合税前扣除条件,应在2018年予以扣除。

试讨论究竟谁的观点正确?

解析 《企业所得税法》规定,企业实际发生的与取得收入有关的、合理的支出,包括成本、费用、税金、损失和其他支出,准予在计算应纳税所得额时扣除。因此,实际发生并提供证据资料是资产损失扣除的前提,会计做损失处理是对实际发生损失的会计处理。

计提坏账准备是根据未来可能发生的损失来确认减值准备,是企业对预期信用损失的会计处理,不是对实际发生坏账的损失处理,所以仅计提坏账显然不符合损失税前扣除的条件。因此,坏账核销即是文件中所述的"会计上已做损失处理"情形,如果只计提坏账准备而未核销坏账,则不属于"会计上已做损失处理"情形,所以A公司在会计上对该笔坏账未做损失处理,不符合税前扣除条件,不能在2018年税前扣除。

四、亏损弥补

《企业所得税法》规定,纳税人发生年度亏损的,可以用下一纳税年度的所得弥补;下一纳税年度的所得不足以弥补的,可以逐年延续弥补,但是延续弥补期最长不得超过5年。5年弥补期是以亏损年度的下一年度算起,连续五年内不论是盈利或亏损,都作为实际弥补年限计算。连续发生年度亏损，必须从第一个亏损年度算起，先亏先补，后亏后补。

亏损是指企业依照《企业所得税法》的规定，将每一纳税年度的收入总额减除不征税收入、免税收入和各项扣除后小于零的数额，即企业财务报表中的亏损额经主管税务机关按照规定核实调整后的金额。

对于筹办期间发生的费用支出，可在开始经营之日的当年一次性扣除，也可以按照税法有关长期待摊费用的处理规定处理，但一经选定，不得改变。筹办期间不计算为亏损年度，企业应从开始生产经营的年度计算为损益年度。

当年具备高新技术企业或科技型中小企业资格的企业，其具备资格年度之前5个年度发生的尚未弥补完的亏损，准予结转以后年度弥补，最长结转年限由5年延长至10年。

【例4-18】 表4-1为经税务机关审定的某企业7年应纳税所得额，计算该企业7年间可以弥补的亏损金额。

表4-1 某企业7年应纳税所得额

年度	2014	2015	2016	2017	2018	2019	2020
应纳税所得额/万元	-165	-56	30	30	40	60	60

解析 纳税人发生年度亏损的，可以用下一纳税年度的所得弥补。因此，2014年亏损额可以用2015—2019年的所得来弥补，尽管2015年也发生了亏损，但它仍然要作为弥补2014年亏损的第一年。因此，2014年的165万元亏损实际上是用2016—2019年的所得160万元进行弥补的，2019年结束时，2014年尚有未弥补的亏损5万元不能再弥补了。

同理，2015年亏损额可以用2016—2020年作为弥补期，但2016—2019年的所得已经用于弥补2014年的所得了，因此，2015年的亏损实际上是由2020年的所得弥补，56万元的亏损额全部弥补。2020年弥补完还有4万元剩余，则需要在当年缴纳企业所得税。

第四节 资产的税务处理

资产是由于资本投资而形成的财产，对于资本性支出以及无形资产受让、开办、开发费用，不允许作为成本、费用从纳税人的收入总额中做一次性扣除，只能采取分次计提折旧或分次摊销的方式予以扣除。即纳税人经营活动中使用的固定资产的折旧费用、无形资产和长期待摊费用的摊销费用可以扣除。税法规定，纳入税务处理范围的资产形式主要有固定资产、生物资产、无形资产、长期待摊费用、投资资产、存货等，均以历史成本为计税基础。历史成本是指企业取得该项资产时实际发生的支出。企业持有各项资产期间增值或减值，除国务院财政、税务主管部门规定可以确认损益外，不得调整该资产的计税基础。

一、固定资产的税务处理

固定资产是指企业为生产产品、提供劳务、出租或经营管理而持有的，使用时间超过12个月的非货币性资产，包括房屋、建筑物、机器、机械、运输工具以及其他与生产经营活动有关的设备、器具、工具等。

1. 固定资产的计税基础

(1) 外购的固定资产，以购买价款和支付的相关税费以及直接归属于使该资产达到预定用途发生的其他支出为计税基础。

（2）自行建造的固定资产，以竣工结算前发生的支出为计税基础。

（3）融资租入的固定资产，以租赁合同约定的付款总额和承租人在签订租赁合同过程中发生的相关费用为计税基础，租赁合同未约定付款总额的，以该资产的公允价值和承租人在签订租赁合同过程中发生的相关费用为计税基础。

（4）盘盈的固定资产，以同类固定资产的重置完全价值为计税基础。

（5）通过捐赠、投资、非货币性资产交换、债务重组等方式取得的固定资产，以该资产的公允价值和支付的相关税费为计税基础。

（6）改建的固定资产，除特殊规定的支出外，以改建过程中发生的改建支出增加为计税基础。

2. 固定资产折旧的范围

在计算应纳税所得额时，企业按照规定计算的固定资产折旧，准予扣除，但下列固定资产不得折旧扣除。

（1）房屋、建筑物以外未投入使用的固定资产。房屋、建筑物不管是否投入使用，均可以计提折旧；房屋、建筑物以外的固定资产，能否提折旧，看是否投入使用。

（2）以经营租赁方式租入的固定资产。

（3）以融资租赁方式租出的固定资产。

（4）已足额提取折旧仍继续使用的固定资产。

（5）与经营活动无关的固定资产。

（6）单独估价作为固定资产入账的土地。

（7）其他不得计算折旧扣除的固定资产。

3. 固定资产折旧的方法

企业自固定资产投入使用月份的次月起计算折旧；停止使用的固定资产的次月起停止计算折旧。企业应当根据固定资产的性质和使用情况，合理确定固定资产的预计净残值。固定资产的预计净残值一经确定，不得变更。

固定资产按照直线法计算的折旧，准予扣除。按照规定，企业的固定资产由于技术进步等原因，确须加速折旧的，可以缩短折旧年限或者采取加速折旧的方法。采取缩短折旧年限方法的，最低折旧年限不得低于上述固定资产计算折旧的最低年限的60%，采取加速折旧方法的，可以采取双倍余额递减法或者年数总和法。

4. 固定资产折旧的计提年限

除国务院财政、税务主管部门另有规定外，固定资产计算折旧的最低年限如下。

（1）房屋、建筑物，20年。

（2）飞机、火车、轮船、机器、机械和其他生产设备，10年。

（3）与生产经营活动有关的器具、工具、家具等，5年。

（4）飞机、火车、轮船以外的运输工具，4年。

（5）电子设备，3年。

值得注意的是，会计上提取减值准备不得税前扣除，折旧按税法确定的计税基础计算扣除。税法加速折旧的，折旧额可全额在税前扣除。

当会计年限低于税法最低折旧年限时，差额部分需要进行纳税调增；会计年限已满，税法最低年限未到且税收折旧尚未足额扣除,尚未足额扣除的折旧可在剩余年限继续扣除。

若会计年限高于税法最低折旧年限,按会计年限计算扣除。

【例4-19】 企业为了提高产品性能与安全度,2020年6月购入2台安全生产设备并于当月投入使用,增值税专用发票注明价款400万元,进项税额52万元,企业采用直线法按5年计提折旧,残值率8%(经税务机关认可),税法规定该设备直线法折旧年限为10年。企业当年计算应纳税所得额时,安全设备允许扣除的折旧费是多少?从哪个月开始提取?

解析 固定资产按照直线法计算的折旧准予扣除,且企业自固定资产投入使用月份的次月起计算折旧,因此,企业应当自2020年7月开始计提折旧。

$$允许扣除的折旧费用 = 400 \times (1-8\%) \div 10 \div 12 \times 6 = 18.4(万元)$$

二、生物资产的税务处理

生物资产是指有生命的动物和植物。生物资产分为消耗性生物资产、生产性生物资产和公益性生物资产。

消耗性生物资产是指为出售而持有的,或在将来收获为农产品的生物资产,包括生长中的大田作物、蔬菜、用材林以及存栏待售的牲畜等。生产性生物资产是指为产出农产品、提供劳务或出租等目的而持有的生物资产,包括经济林、薪炭林、产畜和役畜等。公益性生物资产是指以防护、环境保护为主要目的的生物资产,包括防风固沙林、水土保持林和水源涵养林等。公益性生物资产也界定为生物资产的一类,是因为企业拥有或控制的公益性生物资产,虽然不能直接为企业带来经济利益,但具有服务潜能,有助于企业从相关资产获得经济利益,从而满足生物资产确认的条件。

1. 生产性生物资产的计税基础

(1) 外购的生产性生物资产,以购买价款和支付的相关税费为计税基础。

(2) 通过捐赠、投资、非货币性资产交换、债务重组等方式取得的生产性生物资产,以该资产的公允价值和支付的相关税费为计税基础。

2. 生产性生物资产折旧方法和折旧年限

生产性生物资产按照直线法计算的折旧,准予扣除。企业应当自生产性生物资产投入使用月份的次月起计算折旧,停止使用的生产性生物资产应当自停止使用月份的次月起停止计算折旧。

生产性生物资产计算折旧的最低年限:①林木类生产性生物资产,10年;②畜类生产性生物资产,3年。

三、无形资产的税务处理

无形资产是指企业长期使用但没有实物形态的资产,包括专利权、商标权、著作权、土地使用权、非专利技术、商誉等。

1. 无形资产的计税基础

(1) 外购的无形资产,以购买价款和支付的相关税费以及直接归属于使该资产达到预定用途发生的其他支出为计税基础。

(2) 自行开发的无形资产,以开发过程中该资产符合资本化条件后至达到预定用途前发生的支出为计税基础。

(3) 通过捐赠、投资、非货币性资产交换、债务重组等方式取得的无形资产,以该资产的公允价值和支付的相关税费为计税基础。

2. 无形资产摊销范围

在计算应纳税所得额时,企业按照规定计算的无形资产摊销费用,准予扣除。下列无形资产不得计算摊销费用扣除。

(1) 自行开发的支出已在计算所得额时扣除的无形资产。
(2) 自创商誉。
(3) 与经营活动无关的无形资产。
(4) 其他不能计算摊销费用扣除的无形资产。

3. 无形资产的摊销方法及年限

无形资产按照直线法计算的摊销费用,准予扣除。无形资产的摊销年限不得低于10年。外购商誉支出,企业整体转让或者清算时,准予扣除。

作为投资或者受让的无形资产,有关法律规定或者合同约定了使用年限的,可以按照规定或者约定的使用年限分期摊销。外购商誉的支出,在企业整体转让或者清算时,准予扣除。

【例4-20】 A公司为增值税一般纳税人,外购一项专利权,使用期限为8年,该公司为此支付价款800万元。同时,该公司自行开发一项商标权,开发费为400万元。计算该公司每年应当摊销的专利权和商标权的支出费用。

解析 无形资产按照直线法计算的摊销费用,准予扣除。因此,该专利权所支付的费用应当在8年内采取直线法摊销。

该公司每年应当摊销的费用=800÷8=100(万元)

无形资产的摊销年限不得低于10年。该商标权所支付的费用应当在10年内采取直线法摊销。

该公司每年应当摊销的费用=400÷10=40(万元)

四、长期待摊费用的税务处理

长期待摊费用是指企业发生的应在一个会计年度以上或几个会计年度进行摊销的费用。企业发生的下列支出作为长期待摊费用,按照规定摊销的,准予扣除。

(1) 已足额提取折旧的固定资产的改建支出,按照固定资产预计尚可使用年限分期摊销。
(2) 租入固定资产的改建支出,按照合同约定的剩余租赁期限分期摊销。改建的固定资产延长使用年限的,除已足额提取折旧的固定资产的改建支出、租入固定资产的改建支出外,其他的固定资产发生的改建支出,应当适当延长折旧年限。
(3) 固定资产的大修理支出,按照固定资产尚可使用年限分期摊销。固定资产的大修理支出,是指同时符合下列条件的支出:①修理支出达到取得固定资产时的计税基础50%以上;②修理后固定资产的使用年限延长2年以上。
(4) 其他应当作为长期待摊费用的支出,自支出发生月份的次月起分期摊销,摊销年限不得低于3年。

【例4-21】 某房地产开发企业将转为固定资产的房产用于对外出租,并为租户装修,发生装修支出,租期28个月。该房产原值1亿元,发生装修支出2 000万元,其发生的装修费应如何进行税务处理?

解析 按照规定,确认为固定资产的大修理支出,须同时符合修理支出达到取得固定资产时的计税基础50%以上、修理后固定资产的使用年限延长2年以上两个条件。本例中修理支出2 000÷10 000=20%,因此该装修支出不属于固定资产大修理支出。

其他应当作为长期待摊费用的支出,摊销年限不得低于3年,该企业出租房屋的租期为28个月,不足3年,因此不按其他长期待摊费用进行税务处理。

综上所述,上述装修支出属于资本性支出,应在发生支出的次月按照受益期(28个月)分期扣除。

五、存货的税务处理

存货是指企业持有的以备出售的产品或商品、处在生产过程中的在产品、在生产或者提供劳务过程中耗用的材料和物资等。

1. 存货的计税基础

(1) 通过支付现金方式取得的存货,以买价和相关税费为成本。

(2) 通过支付现金以外的方式取得的存货,以该存货的公允价值和支付的相关税费为成本。

(3) 生产性生物资产收获的农产品,以产出或采收过程中发生的材料费、人工费和分摊的间接费用等必要的支出为成本。

2. 存货的成本计算方法

企业使用或者销售存货,按照规定计算的存货成本,准予在计算应纳税所得额时扣除。企业使用或者销售的存货的成本计算方法,可以在"先进先出法、加权平均法、个别计价法"中选用一种。计价方法一经选用,不得随意变更。

六、投资资产的税务处理

投资资产是指企业对外进行权益性投资和债权性投资形成的资产。

1. 确定投资成本

(1) 通过支付现金方式取得的投资资产,以购买价款为成本。

(2) 通过支付现金以外的方式取得的投资资产,以该资产的公允价值和支付的相关税费为成本。

2. 投资资产成本的扣除方法

企业对外投资期间,投资资产的成本在计算应纳税所得额时不得扣除。企业在转让或者处置投资资产时,投资资产的成本准予扣除。静态投资资产不得扣除,动态转让资产可以扣除。

第五节 企业所得税税收优惠

税收优惠是对部分特定纳税人和征税对象给予税收上的鼓励和照顾,是财政政策的重要手段。政府通过税收优惠能够引导企业从事国家鼓励发展的产业,鼓励和引导社会投资,从而增加就业、优化经济结构和资源配置、调节收入分配、促进经济发展,最终实现国家的宏观经济目标和经济社会的整体协调发展。

企业所得税的税收优惠方式包括免税、减税、加计扣除、加速折旧、减计收入、税额抵免等。

一、减征、免征优惠

企业的下列所得可以免征、减征企业所得税,但如果企业从事国家限制和禁止发展的项目,不得享受企业所得税优惠。

1. 从事农、林、牧、渔业项目的所得

(1) 企业从事下列项目的所得可以免征。

① 蔬菜、谷物、薯类、油料、豆类、棉花、麻类、糖料、水果、坚果的种植。

② 农作物新品种的选育。

③ 中药材的种植。

④ 林木的培育和种植。

⑤ 牲畜、家禽的饲养(含猪、兔的饲养及饲养牲畜、家禽产生的分泌物、排泄物)。

⑥ 林产品的采集。

⑦ 灌溉、农产品的初加工、兽医、农技推广、农机作业和维修等农、林、牧、渔服务业项目。

⑧ 远洋捕捞。

(2) 企业从事下列项目的所得,减半征收企业所得税。

① 花卉、茶以及其他饮料作物(含观赏性作物的种植)和香料作物的种植。

② 海水养殖、内陆养殖(含"牲畜、家禽的饲养"以外的生物养殖项目)。

2. 从事国家重点扶持的公共基础设施项目投资经营的所得

国家重点扶持的公共基础设施项目是指《公共基础设施项目企业所得税优惠目录》规定的港口码头、机场、铁路、公路、电力、水利项目。

(1) 企业从事国家重点扶持的公共基础设施项目投资经营的所得,自项目取得第一笔生产经营收入所属纳税年度起,第一年至第三年免征企业所得税,第四年至第六年减半征收企业所得税。

(2) 企业承包经营、承包建设和内部自建自用本条规定的项目,不得享受本条规定的企业所得税优惠。

3. 从事符合条件的环境保护、节能节水项目的所得

符合条件的环境保护、节能节水项目包括公共污水处理、公共垃圾处理、沼气综合开发利用、节能减排技术改造、海水淡化等。项目的具体条件和范围由国务院财政、税务主管部门会同国务院有关部门制定,报国务院批准后施行。

(1) 环境保护、节能节水项目的所得,自项目取得第一笔生产经营收入所属纳税年度起,第一年至第三年免征企业所得税,第四年至第六年减半征收企业所得税。

(2) 按照以上规定享受减免税优惠的项目,在减免期内转让的,受让方自受让之日起可以在剩余期限内享受规定的优惠,期满后不得重复享受优惠政策。

(3) 节能服务公司同时从事适用不同税收政策待遇项目的,其享受税收优惠项目应当单独计算收入、扣除,并合理分摊企业的期间费用;没有单独计算的,不得享受税收优惠政策。

4. 符合条件的技术转让所得

技术转让的范围,包括居民企业转让专利技术(法律授予独占权的发明、实用新型和非简单改变产品图案的外观设计)、计算机软件著作权、集成电路布图设计权、植物新品种、生物医药新品种,5年以上(含5年)非独占许可使用权,以及财政部和国家税务总局确定的其他技术。一个纳税年度内,居民企业转让技术所有权所得不超过500万元的部分,免征企业所得税;超过500万元的部分,减半征收企业所得税。

技术转让所得＝技术转让收入－技术转让成本－相关税费

或

技术转让所得＝技术转让收入－无形资产摊销费用－相关税费
－应分摊期间费用(5年以上非独占许可使用权)

二、高新技术企业和技术先进型服务企业优惠

(1) 国家需要重点扶持的高新技术企业减按15%的税率征收企业所得税。高新技术企业是指在国家重点支持的高新技术领域内,持续进行研究开发与技术成果转化,形成企业核心自主知识产权,并以此为基础开展经营活动,在中国境内(不包括港、澳、台地区)注册的居民企业。

(2) 自2017年1月1日起,对经认定的技术先进型服务企业,减按15%的税率征收企业所得税。

三、小型微利企业优惠

符合条件的小型微利企业减按20%的税率征收企业所得税。符合条件是指从事国家非限制性和禁止行业,年应纳税所得额提高到300万元,从业人数不超过300人,资产总额小于或等于5 000万元的标准。不管其是按查账征收还是核定征收方式缴纳企业所得税,享受累进税率如下。

(1) 年应纳税所得额≤100万元,减按25%计入应纳税所得额,适用20%的税率。

自2021年1月1日至2022年12月31日,减按12.5%计入应纳税所得额。

(2) 100万元＜年应纳税所得额≤300万元,减按50%计入应纳税所得额,适用20%的税率。

【例4-22】某企业2020年纳税调整后所得额为280万元,从业人数266人,资产总额3 560万元,该企业2020年满足小型微利企业标准。计算该企业2020年应纳所得税。

解析 应纳所得税＝[(100×25%)＋(180×50%)]×20%＝23(万元)

四、加计扣除优惠

(1) 研发费用实行加计扣除政策。研发费用是指企业为开发新技术、新产品、新工艺发生的研究开发费用。研发费用实行加计扣除政策,除烟草制造业、住宿和餐饮业、批发和零售业、房地产业、租赁和商务服务业、娱乐业以外,其他企业均可享受。

除制造业以外的其他符合条件的企业,在2018年1月1日至2023年12月31日期间,企业开展研发活动中实际发生的研发费用,未形成无形资产计入当期损益的,在按规定据实扣除的基础上,再按照研究开发费用的75%加计扣除;形成无形资产的,按照无形资产成本

的175%摊销。

制造业企业开展研发活动实际发生的研发费用,未形成无形资产计入当期损益的,在按规定据实扣除的基础上自2021年1月1日起再按照实际发生额的100%在税前加计扣除;形成无形资产的,自2021年1月1日起,按照无形资产成本的200%在税前摊销。这里的制造业企业指以制造业业务为主营业务,享受优惠当年主营业务收入占收入总额的比例达到50%以上的企业。制造业的范围按照《国民经济行业分类》(GB/T 4754—2017)确定。

例如,某制造企业2021年发生符合条件的研发费用金额为50万元,则该企业按加计扣除政策可税前扣除$50×(1+100\%)=100$(万元)。

(2)企业委托境外机构进行研究开发活动,自2018年1月1日起,所发生的研发费用按照费用实际发生额的80%计入委托方的委托境外研发费用,委托境外研究开发费用不超过境内符合条件研发费用2/3的部分,可以按规定在企业所得税前加计扣除。但企业委托境外个人进行研究开发活动,是不可以加计扣除的。

(3)企业安置残疾人员所支付的工资。企业安置残疾人员的,在按照支付给残疾职工工资据实扣除的基础上,按照支付给残疾职工工资的100%加计扣除。

五、创投企业优惠

创业投资企业从事国家需要重点扶持和鼓励的创业投资,可以按投资额的一定比例抵扣应纳税所得额。

创业投资企业采取股权投资方式投资于未上市的中小高新技术企业2年以上的,可按其投资额的70%在股权持有满2年的当年抵扣该创业投资企业的应纳税所得额;当年不足抵扣的,可在以后纳税年度结转抵扣。

创业投资企业采取股权投资方式直接投资于初创科技型企业满2年的,可以按照其投资额的70%在股权持有满2年的当年抵扣该创业投资企业的应纳税所得额;当年不足抵扣的,可以在以后纳税年度结转抵扣。

六、加速折旧优惠

企业的固定资产由于技术进步原因确实需要加速折旧,可以缩短折旧年限或者采取加速折旧的方法。可以加速折旧的固定资产包括:①由于技术进步,产品更新换代较快的固定资产;②常年处于强震动、高腐蚀状态的固定资产。

采取缩短折旧年限方法的,最低折旧年限不得低于规定折旧年限的60%;采取加速折旧方法的,可以采取双倍余额递减法或者年数总和法。

相关具体规定如下。

(1)对所有行业企业持有的单位价值不超过5 000元的固定资产,允许一次性计入当期成本费用在计算应纳税所得额时扣除,不再分年度计算折旧。

(2)企业在2018年1月1日至2023年12月31日期间新购进的设备、器具,单位价值不超过500万元的,允许一次性计入当期成本费用在计算应纳税所得额时扣除,不再分年度计算折旧;单位价值超过500万元的,仍按《企业所得税法实施条例》等相关规定执行。

(3) 对所有企业 2014 年 1 月 1 日后新购进专门用于研发的仪器、设备单位价值不超过 100 万元的,允许一次性计入当期成本费用在计算应纳税所得额时,不再分年度计算折旧;单位价值超过 100 万元的,可由企业选择缩短折旧年限或采取加速折旧的方法。

上述三项优惠中设备、器具是指除房屋、建筑物以外的固定资产。

(4) 自 2019 年 1 月 1 日起,全部制造业领域和信息传输、软件和信息技术服务业企业新购进的固定资产,可缩短折旧年限或采取加速折旧的方法。制造业小型微利企业 2019 年 1 月 1 日后新购进的研发和生产经营共用的仪器、设备,单位价值不超过 100 万元的,允许一次性计入当期成本费用在计算应纳税所得额时扣除,不再分年度计算折旧;单位价值超过 100 万元的,可缩短折旧年限或采取加速折旧的方法。

上述制造业企业是指以制造业行业业务为主营业务,固定资产投入使用当年的主营业务收入占企业收入总额 50%(不含)以上的企业。制造业按照国家统计局《国民经济行业分类》(GB/T 4754—2017)执行。今后国家有关部门更新国民经济行业分类和代码,从其规定。采取缩短折旧年限方法的,最低折旧年限不得低于规定折旧年限的 60%;采取加速折旧方法的,可以采取双倍余额递减法或者年数总和法。

七、减计收入优惠

企业以《资源综合利用企业所得税优惠目录》规定的资源作为主要原材料,生产国家非限制和禁止并符合国家和行业相关标准的产品取得的收入,减按 90% 计入收入总额。

八、税额抵免优惠

税额抵免是指企业购置并实际使用规定的环境保护、节能节水、安全生产等专用设备的,该专用设备的投资额的 10% 可以从企业当年的应纳税额中抵免;当年不足抵免的,可以在以后 5 个纳税年度结转抵免。

企业购置上述专用设备在 5 年内转让、出租的,应当停止享受企业所得税优惠,并补缴已经抵免的企业所得税税款。转让的受让方可以按照该专用设备投资额的 10% 抵免当年企业所得税应纳税额;当年应纳税额不足抵免的,可以在以后 5 个纳税年度结转抵免。

增值税一般纳税人购进生产用固定资产发生的进项税额可以从其销项税额中抵扣,其专用设备投资额不再包括增值税进项税额;如果增值税进项税额不允许抵扣,其专用设备投资额应为增值税专用发票上注明的价税合计金额;企业购买专用设备取得普通发票的,其专用设备投资额为普通发票上注明的金额。

【例 4-23】某企业 2020 年 6 月购置并投入使用环境保护专用设备(属于企业所得税优惠目录的范围),取得增值税专用发票注明的金额 300 万元、税额 39 万元,2020 年该企业应纳税所得额 168 万元。该企业计算当年应缴纳的企业所得税时,可在当年应纳税额的基础上扣除多少?

解析 可再扣除 = 300 × 10% = 30(万元)

九、民族自治地方的优惠

民族自治地方的自治机关对本民族自治地方的企业应缴纳的企业所得税中属于地方分享的部分可决定减征或免征。

(1) 国家限制和禁止行业的企业，不得减征或者免征企业所得税。
(2) 须报省、自治区、直辖市人民政府批准。

十、非居民企业优惠

在中国境内未设立机构、场所，或者虽设立机构、场所但取得的所得与其所设机构、场所没有实际联系的非居民企业减按10%的税率征收。

上述非居民企业取得下列所得免征。
(1) 外国政府向中国政府提供贷款取得的利息所得。
(2) 国际金融组织向中国政府和居民企业提供优惠贷款取得的利息所得。
(3) 经国务院批准的其他所得。

十一、其他有关行业的优惠

1. 软件产业和集成电路产业发展的优惠政策

(1) 集成电路线宽小于 $0.8\mu m$（含）的集成电路生产企业，经认定后，自获利年度起实行"两免三减半"政策。

(2) 集成电路线宽小于 $0.25\mu m$ 或投资额超过80亿元，减按15%的税率计征企业所得税；其中经营期在15年以上的，从开始获利年度起，企业所得税实行"五免五减半"政策。

(3) 境内新办的集成电路设计企业和符合条件的软件企业，自获利年度起实行"两免三减半"政策。

注：以上(1)~(3)为2017年12月31日前自获利年度起计算优惠期。

(4) 国家规划布局内的重点软件企业和集成电路设计企业，如当年未享受免税优惠的，可减按10%的税率征收企业所得税。

(5) 符合条件的软件企业按照规定取得的即征即退增值税款，由企业专项用于软件产品研发和扩大再生产并单独进行核算，可作为不征税收入，在计算时从收入总额中减除。

(6) 集成电路设计企业和符合条件软件企业的职工培训费用，应单独进行核算并按实际发生额在计算应纳税所得额时扣除。

(7) 企业外购的软件，凡符合固定资产或无形资产确认条件的，可以按照固定资产或无形资产进行核算，其折旧或摊销年限可以适当缩短，最短可为2年（含）。

(8) 集成电路生产企业的生产设备，其折旧年限可以适当缩短，最短可为3年（含）。

2. 关于鼓励证券投资基金发展的优惠政策

(1) 对证券投资基金从证券市场中取得的收入，包括买卖股票、债券的差价收入，股权的股息、红利收入，债券的利息收入及其他收入，暂不征收企业所得税。

(2) 对投资者从证券投资基金分配中取得的收入，暂不征收企业所得税。

(3) 证券投资基金管理人运用基金买卖股票、债券的差价收入，暂不征收企业所得税。

第六节 企业所得税应纳税额的计算

一、居民企业应纳税额的计算

居民企业有实行查账征收和核定征收两种计算应纳税额的方法。

1. 实行查账征收

居民企业应纳税额等于应纳税所得额乘以适用税率,计算公式如下。

$$应纳税额 = 应纳税所得额 \times 适用税率 - 减免税额 - 抵免税额$$

根据计算公式可以看出,居民企业应纳税额的多少,取决于应纳税所得额和适用税率两个因素。在实际过程中,应纳税所得额的计算一般有两种方法。

(1) 直接计算法。在直接计算法下,企业每一纳税年度的收入总额减除不征税收入、免税收入、各项扣除以及允许弥补的以前年度亏损后的余额为应纳税所得额。

$$应纳税所得额 = 收入总额 - 不征税收入 - 免税收入 - 各项扣除金额 - 弥补亏损$$

(2) 间接计算法。在间接计算法下,应纳税所得额是在会计利润总额的基础上加减按照税法规定调整的项目金额后的金额。

$$应纳税额 = 会计利润总额 \pm 纳税调整项目金额$$

前面章节已经将直接法下各项目金额的确认时间和确认金额进行了详细解释,本节结合以下案例,将直接法与间接法的运用进行系统讲解。

【例 4-24】 2020 年某居民企业取得主营业务收入 5 000 万元,发生主营业务成本 3 600 万元,发生销售费用 920 万元(其中广告费 800 万元),管理费用 280 万元,财务费用 60 万元,税金及附加 40 万元,增值税 120 万元,试用直接法和间接法分别计算该企业的应纳税所得额。

解析 ① 直接计算法。

广告费和业务宣传费扣除限额 = 5 000 × 15% = 750(万元)

应纳税所得额 = 5 000 - 3 600 - [(920 - 800) + 750] - 280 - 60 - 40
= 150(万元)

② 间接计算法。

会计利润 = 5 000 - 3 600 - 920 - 280 - 60 - 40 = 100(万元)

广告费和业务宣传费扣除限额 = 5 000 × 15% = 750(万元)

广告费和业务宣传费调增应纳税所得额 = 800 - 750 = 50(万元)

应纳税所得额 = 100 + 50 = 150(万元)

【例 4-25】 某市一家居民企业为增值税一般纳税人,主要生产销售冰箱,实行查账征收方式计算企业所得税。假定 2020 年有关经营业务如下:

① 销售冰箱取得不含税收入 8 600 万元,与冰箱配比的销售成本 5 660 万元。

② 转让技术所有权取得收入 700 万元,直接与技术所有权转让有关的成本和费用 100 万元。

③ 出租有形动产取得不含税租金收入 200 万元,接受原材料捐赠取得增值税专用发票注明材料价款 50 万元、增值税税额 6.5 万元,取得国债利息收入 30 万元。

④ 2020 年应缴纳的城建税及教育费附加合计 96.5 万元。

⑤ 销售费用 1 650 万元,其中广告费 1 400 万元。

⑥ 管理费用 850 万元,其中业务招待费 90 万元。

⑦ 财务费用 80 万元,其中含向非金融企业借款 500 万元所支付的年利息 40 万元(金融企业同期同类贷款的年利率为 5.8%)。

⑧ 实发工资 540 万元,拨缴工会经费 15 万元、实际发生职工福利费 82 万元、职工教育经费 18 万元,均已计入相关的成本、费用。

⑨ 营业外支出 300 万元,其中包括通过公益性社会团体向贫困山区的捐款 150 万元。取得的相关票据均通过主管税务机关认证、不考虑地方教育附加。根据上述资料,试计算该企业本年应纳企业所得税。

解析 根据查账征收的间接计算方法:应纳税额=会计利润总额±纳税调整项目金额。

① 会计利润=8 600−5 660+700−100+200+50+6.5+30−96.5−1 650−850−80−300=850(万元)。

② 纳税调整。

a. 业务招待费扣除限额如下。

业务招待费限额1=实际支出×60%=90×60%=54(万元)

业务招待费限额2=销售(营业)收入×0.5%=(8 600+200)×0.5%=44(万元)

则业务招待费应在税前扣除44万元。

业务招待费应调增应纳税所得额=90−44=46(万元)

b. 工会经费、职工福利费、职工教育经费扣除限额如下。

工会经费扣除限额=540×2%=10.8(万元)

应调增应纳税所得额=15−10.8=4.2(万元)

职工福利费扣除限额=540×14%=75.6(万元)

应调增应纳税所得额=82−75.6=6.4(万元)

职工教育经费扣除限额=540×8%=43.2(万元)

实际发生额在扣除限额内,不做调整。

工会经费、职工福利费、职工教育经费应调增应纳税所得额=4.2+6.4=10.6(万元)

c. 公益性捐赠支出扣除限额如下。

公益性捐赠支出限额=850×12%=102(万元)

公益性捐赠应调增的应纳税所得额=150−102=48(万元)

d. 广告费支出和财务费用扣除限额如下。

销售收入=8 600+200=8 800(万元)

广告费支出限额=8 800×15%=1 320(万元)

广告费应调增的应纳税所得额=1 400−1 320=80(万元)

财务费用列支限额=500×5.8%=29(万元)

财务费用应调增的应纳税所得额=40−29=11(万元)

e. 一个纳税年度内,居民企业转让技术所有权所得不超过500万元的部分,免征企业所得税;超过500万元的部分,减半征收企业所得税。

技术转让所得=(700−100−500)×50%=50(万元)

③ 应缴纳企业所得税的所得额=850+80+46+11+10.6+48−30−(700−100)+50=465.6(万元)。

④ 应缴纳企业所得税=465.6×25%=116.4(万元)。

2. 核定征收

为了加强企业所得税的征收管理,对部分中小企业采取核定征收的办法计算应纳税额。居民企业纳税人具有下列情形之一的,采用核定征收。

(1)依照法律、行政法规的规定可以不设置账簿的。

(2) 依照法律、行政法规的规定应当设置但未设置账簿的。
(3) 擅自销毁账簿或者拒不提供纳税资料的。
(4) 虽设置账簿,但账目混乱或者成本资料、收入凭证、费用凭证残缺不全,难以查账的。
(5) 发生纳税义务,未按照规定的期限办理纳税申报,经税务机关责令限期申报,逾期仍不申报的。
(6) 申报的计税依据明显偏低,又无正当理由的。

核定征收办法的有关规定如下。

(1) 核定应税所得率的适用范围。

① 能正确核算(查实)收入总额,但不能正确核算(查实)成本费用总额的。

② 能正确核算(查实)成本费用总额,但不能正确核算(查实)收入总额的。

③ 通过合理方法,能计算和推定纳税人收入总额或成本费用总额的。

(2) 计算方法如下。

$$应纳所得税额 = 应纳税所得额 \times 适用税率$$
$$应纳税所得额 = 应税收入额 \times 应税所得率$$

或

$$应纳税所得额 = 成本(费用)支出额 \div (1 - 应税所得率) \times 应税所得率$$

应税所得率的范围如表 4-2 所示。

表 4-2 应税所得率

行业	应税所得率	行业	应税所得率
农、林、牧、渔业	3%～10%	建筑业	8%～20%
制造业	5%～15%	饮食业	8%～25%
批发和零售贸易业	4%～15%	娱乐业	15%～30%
交通运输业	7%～15%	其他行业	10%～30%

【例 4-26】 2020 年某居民企业向主管税务机关申报应税收入总额 120 万元,成本费用支出总额 127.5 万元,全年亏损 7.5 万元。经税务机关检查,成本费用核算准确,但收入总额不能确定。税务机关对该企业采取核定征税办法,应税所得率为 15%。试计算 2020 年该企业应缴纳的企业所得税。

解析 该企业应纳税所得额 = 127.5 ÷ (1 - 15%) × 15% = 22.5(万元)

应纳所得税额 = 应纳税所得额 × 25% = 22.5 × 25% = 5.625(万元)

二、非居民企业应纳税额的计算

(1) 在中国境内设立机构、场所且取得的所得与其所设机构、场所有实际联系的非居民企业应纳税额的计算参照居民企业实行查账征收。

(2) 在中国境内未设机构、场所的,或虽设立机构、场所但取得的所得与其所设机构、场所没有实际联系的非居民企业应当就其来源于中国境内的所得实行查账征收计算应纳税额的。

① 股息、红利等权益性投资收益和利息、租金、特许权使用费所得,以收入全额为应纳税所得额。

② 转让财产所得,以收入全额减除财产净值后的余额为应纳税所得额。

③ 其他所得,参照前两项规定的方法计算应纳税所得额。

【例 4-27】 境外 A 公司在中国境内未设立机构、场所,2020 年取得境内甲公司投资收益 100 万元,取得境内乙公司支付的设备转让收入 80 万元,该项财产原值 80 万元,已提折旧 20 万元。试计算 2020 年 A 公司在我国应缴纳企业所得税额。

解析 应纳企业所得税＝[100＋(80－60)]×10％＝12(万元)

(3) 非居民企业核定征收应纳税额的计算。非居民企业因会计账簿不健全,资料残缺难以查账,或者由于其他原因不能准确计算并据实申报其应纳税所得额的,税务机关有权采取以下方法核定其应纳税所得额。

① 按收入总额核定应纳税所得额。

$$应纳税所得额＝收入总额×经税务机关核定的利润率$$

② 按成本费用核定应纳税所得额。

应纳税所得额＝成本费用总额÷(1－税务机关核定的利润率)×税务机关核定的利润率

③ 按经费支出换算收入核定应纳税所得额。

应纳税所得额＝经费支出总额÷(1－税务机关核定的利润率)×税务机关核定的利润率

税务机关可按照以下标准确定非居民企业的利润率。

a. 从事承包工程作业、设计和咨询劳务的,利润率为 15％～30％。

b. 从事管理服务的,利润率为 30％～50％。

c. 从事其他劳务或劳务以外经营活动的,利润率不低于 15％。

三、境外所得抵扣税额的计算

企业取得的下列所得已在境外缴纳的所得税税额,可以从其当期应纳税额中限额抵免,抵免限额为该项所得依照《企业所得税法》规定计算的应纳税额,超过抵免限额的部分,可在以后 5 个年度内,用每个年度抵免限额抵免当年应抵税额后的余额进行抵补。

(1) 居民企业来源于中国境外的应税所得。

(2) 非居民企业在中国境内设立机构、场所,取得发生在中国境外但与该机构、场所有实际联系的应税所得。

已在境外缴纳的所得税税额是指企业来源于中国境外的所得依照中国境外税收法律以及相关规定应当缴纳并已实际缴纳的企业所得税性质的税款。

抵免限额是指企业来源于中国境外的所得,依照《企业所得税法》和实施条例规定计算的应纳税额。除国务院财政、税务主管部门另有规定外,该抵免限额应当分国(地区)不分项计算,计算公式为

某国(地区)的所得税抵免限额＝中国境内外所得依法计算的应纳税总额

×来源于某国(地区)的应纳税所得额

÷中国境内外应纳税所得总额

＝来源于某国(地区)的应纳税所得额

×我国法定税率

① 境外所得一定要是税前所得,若是税后所得,则应换算为税前所得。

境外应纳税所得额＝税后所得＋实际已纳所得税税额

＝税后所得÷(1－境外实际税率)

② 除国务院财政、税务主管部门另有规定外,抵免限额计算公式中的税率适用 25％的

税率,不得适用任何优惠税率。

【例 4-28】 境内某公司(居民企业)2020 年境内应纳税所得额为 3 000 万元。该公司在 A、B 两国设有分支机构,A 国分支机构当年应纳税所得额 600 万元,其中生产经营所得 500 万元,A 国规定的税率为 20%,特许权使用费所得 100 万元,A 国规定的税率为 30%;B 国分支机构当年应纳税所得额 400 万元,其中生产经营所得 300 万元,B 国规定的税率为 30%,租金所得 100 万元,B 国规定的税率为 20%。该公司已经按照规定在 A、B 两国缴纳了所得税,试计算该企业 2020 年在我国应纳企业所得税。

解析 企业所得税实行分国不分项计算抵免限额,因此来源于 A、B 两国的所得应当分别计算抵免限额。

该企业当年境内外应纳税所得额 = 3 000 + 600 + 400 = 4 000(万元)

境内外所得按照我国税法规定应纳税额 = 4 000 × 25% = 1 000(万元)

A 国分支机构在境外实际缴纳的税额 = 500 × 20% + 100 × 30% = 130(万元)

A 国的分支机构境外所得的抵免限额 = 1 000 × 600 ÷ 4 000 = 150(万元)

B 国分支机构在境外实际缴纳的税额 = 300 × 30% + 100 × 20% = 110(万元)

B 国的分支机构境外所得的抵免限额 = 1 000 × 400 ÷ 4 000 = 100(万元)

因此,A、B 两国分支机构境外所得可从应纳税额中扣除的税额分别为 130 万元和 100 万元。

全年应纳税额 = 1 000 − 130 − 100 = 770(万元)

第七节 企业所得税征收管理

一、纳税期限

企业所得税按年计征,分月或者分季预缴,年终汇算清缴,多退少补。

1. 纳税年度

(1) 企业所得税的纳税年度,自公历 1 月 1 日起至 12 月 31 日止。企业在一个纳税年度的中间开业,或者由于合并、关闭等原因终止经营活动,使该纳税年度的实际经营期不足 12 个月的,应当以其实际经营期为 1 个纳税年度。

(2) 企业清算时,应当以清算期间作为 1 个纳税年度。

2. 汇算清缴

自年度终了之日起 5 个月内,向税务机关报送年度企业所得税申报表,并汇算清缴,结清应缴应退税款。

3. 终止清算

企业在年度中间终止经营活动的,应当自实际经营终止之日起 60 日内,向税务机关办理当期企业所得税汇算清缴。

二、纳税地点

(1) 居民企业。登记注册地在境内的居民企业以登记注册地为纳税地点;登记注册地在境外的,以实际管理机构所在地为纳税地点;居民企业在中国境内设立不具有法人资格的营业机构,应当汇总计算缴纳企业所得税。

(2)非居民企业。非居民企业在境内设立机构、场所的,以机构、场所所在地为纳税地点;在境内设立两个或两个以上机构、场所的,经税务机关审核批准,可以选择由其主要机构、场所汇总缴纳;未设立机构、场所或虽设立但无实际联系的所得的,以扣缴义务人所在地为纳税地点。

三、企业所得税的纳税申报

纳税人在纳税年度内无论盈利或亏损,都应当按照规定的期限,向当地主管税务机关报送企业所得税纳税申报表和年度会计报表。按月或按季预缴的,应当自月份或季度终了之日起15日内,向税务机关报送预缴企业所得税纳税申报表,预缴税款。依照《企业所得税法》缴纳的企业所得税,应当以人民币计算,所得以人民币以外的货币计算的,应当折合成人民币计算并缴纳税款。

纳税人进行清算时,应当在办理工商注销登记之前,向当地主管税务机关办理企业所得税纳税申报。

企业所得税月(季)预缴纳税申报表和企业所得税年度纳税申报表格式及填制从略。

 课后习题

一、单项选择题

1. 依据企业所得税法的规定,下列各项中按负担所得的所在地确定所得来源地的是( )。
   A. 销售货物所得 B. 权益性投资所得
   C. 动产转让所得 D. 特许权使用费所得
2. 下列单位不属于企业所得税纳税人的是( )。
   A. 股份企业 B. 个人独资企业
   C. 外商投资企业 D. 有经营所得的其他组织
3. 以下不属于企业所得税的纳税人的是( )。
   A. 有经营所得的社会团体 B. 有经营所得的合伙企业
   C. 有其他所得的事业单位 D. 有其他所得的私营公司
4. 依据企业所得税法的规定,判定居民企业的标准有( )。
   A. 登记注册地标准 B. 所得来源地标准
   C. 经营行为实际发生地标准 D. 负担所得所在地标准
5. 依据现行企业所得税的规定,下列表述正确的是( )。
   A. 居民企业来源于中国境外的所得,适用税率为10%
   B. 非居民企业来源于中国境内的所得,适用税率为25%
   C. 非居民企业在中国境内设立的机构、场所来源于中国境内的所得,适用税率为25%
   D. 境外注册的中资控股企业应当认定为居民企业,适用税率为25%
6. 根据企业所得税法规定,依法在中国境内成立,或者依照外国(地区)法律成立但实际管理机构在中国境内的企业,是( )。

  A. 本国企业   B. 外国企业   C. 居民企业   D. 非居民企业

7. 美国微软公司在中国设立分支机构,其来源于中国境内的所得缴纳企业所得税的税率是( )。

  A. 20%   B. 25%   C. 30%   D. 33%

8. 下列选项中,不属于非货币资产的是( )。

  A. 甲公司车间的生产线   B. 乙公司年底产生的应收款项

  C. 丙公司仓库的在产品   D. 丁公司新研发的专利权

9. 根据企业所得税处置资产确认收入的相关规定,下列各项行为中,不应视同销售的有( )。

  A. 将生产的产品用于市场推广

  B. 将生产的产品用于职工福利

  C. 将资产用于境外分支机构加工另一产品

  D. 将资产在总机构及其境内分支机构之间转移

10. 某饮料厂2020年12月给职工发放自制果汁和当月外购的取暖器作为福利,其中果汁的成本为20万元,同期对外销售价格为25万元;取暖器的购进价格为10万元。根据企业所得税相关规定,该厂发放上述福利应确认的收入是( )万元。

  A. 10   B. 20   C. 30   D. 35

11. 2020年10月甲公司向乙公司投资300万元,期限5年,每年年末收取固定利息,下列关于该投资业务的税务处理的说法中,正确的是( )。

  A. 甲公司收到的固定利息为免税收入

  B. 乙公司应于应付固定利息的日期确认支出

  C. 乙公司支付的固定利息可以据实在税前扣除

  D. 甲公司应于实际收到固定利息的日期确认收入的实现

12. 2020年年末,某造船厂拟对一艘在建远洋客轮按照完工进度法确认其提供劳务的收入。下列测算方法,不符合企业所得税相关规定的是( )。

  A. 已完工作的测量   B. 发生成本占总成本的比例

  C. 已提供劳务占劳务总量的比例   D. 已建造时间占合同约定时间的比例

13. 下列关于企业所得税特殊收入的确认,说法不正确的是( )。

  A. 以分期收款方式销售货物的,按照合同约定的收款日期确认收入的实现

  B. 企业受托加工制造大型机械设备,持续时间超过12个月的,按照纳税年度内完工进度或者完成的工作量确认收入的实现

  C. 采取产品分成方式取得收入的,按照企业分得产品的日期确认收入的实现,其收入额按照产品的公允价值确定

  D. 企业发生非货币性资产交换,以及将货物用于在建工程,应当视同销售处理

14. 符合条件的非营利组织取得下列收入,免征企业所得税的是( )。

  A. 从事营利活动取得的收入

  B. 因政府购买服务而取得的收入

  C. 不征税收入孳生的银行存款利息收入

D. 按照县级民政部门规定收取的会费收入

15. 2020年9月,甲公司销售一批产品,含增值税价格45.2万元。由于购买数量多,甲公司给予购买方9折优惠。已知增值税税率为13%,甲公司在计算企业所得税应纳税所得额时,应确认的产品销售收入为(　　)万元。
    A. 40　　　　　B. 42.8　　　　　C. 46.8　　　　　D. 36

16. 根据企业所得税法律制度的规定,下列各项中,属于免税收入的是(　　)。
    A. 企业接受社会捐赠收入　　　　B. 转让企业债券取得的收入
    C. 已做坏账损失处理后又收回的应收账款　　D. 国债利息收入

17. 根据企业所得税法律制度规定,下列各项中,属于特许权使用费收入的是(　　)。
    A. 提供生产设备使用权取得的收入　　B. 提供运输工具使用权取得的收入
    C. 提供房屋使用权取得的收入　　　　D. 提供商标权使用权取得的收入

18. 根据企业所得税法律制度的规定,下列各项中,属于免税收入的是(　　)。
    A. 企业购买国债取得的利息收入　　B. 事业单位取得的财政拨款
    C. 事业单位从事营利性活动取得的收入　　D. 企业转让股权取得的转让收入

19. 某市影视城2020年9月正式营业。正式营业期间收入800万元。3—8月筹建期间发生开办费用合计120万元,冲减试营业期间的售票收入18万元后,102万元全额计入"管理费用",开办费中包括3—8月发生的业务招待费30万元,6月委托某广告策划公司进行推广活动的广告宣传费20万元。9—12月"管理费用"中业务招待费6万元,则2020年税前可扣除的业务招待费和广告宣传费为(　　)万元。
    A. 20　　　　　B. 22.09　　　　C. 21.6　　　　　D. 41.6

20. 在计算应纳税所得额时,不允许作为税金项目从收入总额扣除的流转税是(　　)。
    A. 增值税　　　B. 消费税　　　　C. 所得税　　　　D. 关税

21. 计算应纳税所得额时,在以下项目中,不超过规定比例的准予扣除,超过部分,准予在以后纳税年度结转扣除的项目有(　　)。
    A. 职工福利费　　B. 工会经费　　C. 职工教育经费　　D. 社会保险费

22. 某企业因意外事故损失外购材料50万元(不含税),保险公司受理后同意赔偿5万元,则该企业所得税前可以扣除的损失为(　　)万元。
    A. 51.5　　　　B. 50　　　　　C. 53　　　　　D. 45

23. 某企业2020年因管理不善损失一批原材料,账面成本为100万元,适用的增值税税率为13%,该批原材料获得保险公司80万元的赔偿,责任人赔偿2万元。那么该企业2020年计算企业所得税,允许税前扣除的原材料损失金额为(　　)万元。
    A. 18　　　　　B. 31.7　　　　C. 13　　　　　D. 31

24. 某居民企业2020年发生财务费用40万元,其中包含向非金融企业借款250万元所支付的年利息20万元(当年金融企业贷款的年利率为5.8%),则允许扣除的利息费用为(　　)万元。
    A. 14.5　　　　B. 20　　　　　C. 40　　　　　D. 60

25. 某企业2020年的计税工资总额为250万元,其计提的职工工会经费、职工福利费和职工教育经费的总额是(　　)万元。
    A. 25　　　　　B. 60　　　　　C. 46.25　　　　D. 37.5

26. 下列各项支出,可在企业所得税税前扣除的是( )。
    A. 企业之间支付的管理费用
    B. 非银行企业内营业机构之间支付的利息
    C. 企业依据法律规定提取的环境保护专项资金
    D. 烟草企业的烟草广告费和烟草宣传费

27. 某商贸公司 2020 年开始筹建,当年未取得收入,筹办期间发生业务招待费 300 万元,业务宣传费 20 万元,广告费用 200 万元。根据企业所得税相关规定,上述支出可计入企业筹办费并在税前扣除的金额是( )万元。
    A. 200   B. 220   C. 400   D. 520

28. 2020 年某生产企业发放的合理工资总额 200 万元;实际发生职工福利费 35 万元、工会经费 3.5 万元、职工教育经费 19 万元;另为职工支付补充养老保险 12 万元、补充医疗保险 8 万元。2020 年企业申报所得税时就上述费用应调增应税所得额( )万元。
    A. 7   B. 9   C. 12   D. 22

29. 某公司自 2020 年 6 月开始筹建,至年底筹建结束,共发生筹办费 100 万元,其中业务招待费 10 万元,筹办费会计处理为(单位:万元)借:管理费用——开办费 100,贷:银行存款 100。2020 年 11 月,该公司开始生产经营,当年实现营业收入 2 500 万元,成本费用 2 300 万元,其中发生业务招待费 20 万元,企业选择筹办费一次性在开业当年扣除。该公司 2020 年企业所得税应纳税所得额为( )万元。
    A. 112   B. 96   C. 100   D. 60

30. 家和企业(增值税一般纳税人)2020 年销售收入情况如下:开具增值税专用发票上注明的价款为 1 700 万元,开具普通发票的金额 1 130 万元,端午节给员工发放自产产品作为节日礼物,账面价值为 50 万元,企业同期不含税销售价格为 80 万元。企业发生管理费用 110 万元(其中业务招待费 20 万元),发生的销售费用 600 万元(其中广告费 300 万元、业务宣传费 160 万元、广告性赞助费 50 万元、非广告性赞助费 5 万元),发生的财务费用 200 万元。该企业 2020 年准予在企业所得税前扣除的期间费用为( )万元。
    A. 850   B. 879   C. 804   D. 902

31. 甲公司 2020 年实现会计利润总额 300 万元,预缴企业所得税税额 60 万元,在"营业外支出"科目中列支了通过公益性社会团体向灾区的捐款 38 万元。已知企业所得税税率为 25%,公益性捐赠支出不超过年度利润总额 12% 的部分,准予在计算企业所得税应纳税所得额时扣除,计算甲公司当年应补缴企业所得税税额的下列计算式中,正确的是( )。
    A. (300+38)×25%−60=24.5(万元)
    B. 300×25%−60=15(万元)
    C. (300+300×12%)×25%−60=24(万元)
    D. [300+(38−300×12%)]×25%−60=15.5(万元)

32. 某居民企业 2020 年实际支出的工资、薪金总额为 150 万元,福利费本期发生 18 万元,拨缴的工会经费 3 万元,已经取得工会拨缴收据,实际发生职工教育经费 12.75 万元,该企业在计算 2020 年应纳税所得额时,应调整的应纳税所得额为( )万元。
    A. 0.75   B. 7.75   C. 9.75   D. 35.50

33. 某企业2020年财务资料显示,本年开具增值税专用发票取得收入2 000万元,另外从事运输服务,收入220万元;收入对应的销售成本和运输成本合计为1 550万元,期间费用、税金及附加为200万元,营业外支出100万元(其中90万元为公益性捐赠支出),上年度企业自行计算亏损50万元,经税务机关核定的亏损为30万元。企业在所得税前可以扣除的捐赠支出为(　　)万元。

　　A. 90　　　　　　B. 40.8　　　　　　C. 44.4　　　　　　D. 23.4

34. 某商贸企业2020年销售收入情况如下:开具增值税专用发票的收入2 000万元,开具普通发票的金额904万元。企业发生管理费用110万元(其中业务招待费20万元),发生的销售费用600万元(其中广告费300万元,业务宣传费180万元),发生的财务费用200万元,准予在企业所得税前扣除的期间费用为(　　)万元。

　　A. 850　　　　　　B. 842　　　　　　C. 844　　　　　　D. 902

35. 依据企业所得税相关规定,下列保险费用不能在税前扣除的是(　　)。

　　A. 企业参加运输保险支付的保险费
　　B. 企业为投资者支付的合理的补充养老保险费
　　C. 企业为职工支付的家庭财产保险
　　D. 企业依照国家有关规定为特殊工种职工支付的人身安全保险费

36. 某白酒生产企业因扩大生产规模新建厂房,2020年1月1日向银行借入长期借款3 000万元,贷款年利率是4.2%,2020年4月1日该厂房开始建设,12月31日房屋交付使用,则2020年该企业可以在税前直接扣除的该项借款费用是(　　)万元。

　　A. 36.6　　　　　　B. 35.4　　　　　　C. 32.7　　　　　　D. 31.5

37. 下列各项支出中,可以在计算企业所得税应纳税所得额时扣除的是(　　)。

　　A. 向投资者支付的股息　　　　　　B. 为投资者支付的商业保险费
　　C. 合理的劳动保护支出　　　　　　D. 内设营业机构之间支付的租金

38. 某工业企业2020年全年销售收入为1 000万元,转让无形资产收入100万元,提供加工劳务收入150万元,变卖固定资产收入30万元,视同销售收入100万元,当年发生业务招待费10万元。则该企业2020年所得税前可以扣除的业务招待费用为(　　)万元。

　　A. 6　　　　　　B. 6.25　　　　　　C. 4.75　　　　　　D. 3.75

39. 某居民企业2020年产品销售收入5 100万元,车队对外提供运输服务时取得运费收入190万元,仓库对外出租的收入是550万元,转让无形资产收入200万元,国债利息收入60万元,将自产产品用于利润分配确认收入50万元。当年发生管理费用450万元,其中,业务招待费70万元;销售费用900万元,全部为广告和业务宣传费;财务费用260万元,其中向非金融企业借款1 000万元,利息费用80万元(金融机构同类同期贷款利率7%)。该企业2020年所得税前可以扣除的期间费用合计为(　　)万元。

　　A. 1 520.6　　　　　　B. 1 572.55　　　　　　C. 1 542.95　　　　　　D. 1 548.6

40. 某企业2020年实现利润总额20万元。经审核,在"财务费用"账户中扣除了两次利息费用:一次向银行借入流动资金200万元,借款期限6个月,支付利息费用4.5万元;另一次经批准向职工借入流动资金50万元,借款期限6个月,支付利息费用2万元。在"营业外支出"账户中扣除了直接向贫困地区的捐款5万元。假定不存在其他纳税调整事项,该企业2020年应缴纳企业所得税(　　)万元。

  A. 5   B. 6.6   C. 6.47   D. 8.44

41. 2020年某电信企业在委托销售电话入网卡的业务中,向经纪人和代办商支付手续费及佣金100万元,企业当年营业收入1 000万元,则可以税前扣除的佣金和手续费是( )万元。

  A. 0   B. 50   C. 80   D. 100

42. 甲企业2019年1月1日起开始筹建,筹建期为1年,筹建期间发生开办费支出300万元,其中业务招待费支出50万元,2020年年初开始生产经营,取得营业收入1 000万元,该企业选择将开办费一次性在税前扣除,2020年企业可以扣除的开办费为( )万元。

  A. 300   B. 250   C. 280   D. 220

43. 甲生产企业为增值税一般纳税人,员工30人,注册资本50万元,主营办公用品。2020年有关经营情况和纳税情况如下。

（1）销售办公用品开具专用发票150万元,开具普通发票56.5万元,以物换货取得原材料一批,换出资产公允价值20万元(不含税),企业已经确认收入,出租商铺,取得租金收入10万元。

（2）销售成本120万元,增值税26.84万元,税金及附加2.96万元。

（3）销售费用60元,其中业务宣传费5万元,自制凭证支付给单位销售员佣金2万元。

（4）管理费用20万元,其中业务招待费5.5万元。

（5）"财务费用"账户列支20万元,其中2020年6月1日向非金融企业借入资金200万元用于厂房扩建,借款期限7个月,当年支付利息12万元,该厂房于9月底竣工结算并交付使用,同期银行贷款年利率为6%。不考虑其他税费,该企业已经按规定取得所得税优惠审批,根据以下问题分别计算。

（1）该企业所得税前可以扣除的销售费用( )万元。

  A. 27.18   B. 29.98   C. 58   D. 60

（2）该企业所得税前可以扣除的管理费用( )万元。

  A. 7.48   B. 15.65   C. 20.56   D. 21.15

（3）该企业税前可以扣除的财务费用( )万元。

  A. 11   B. 27   C. 28   D. 31

（4）该企业应纳所得税税额( )万元。

  A. 4.48   B. 8.25   C. 5.60   D. 16

二、多项选择题

1. 依据企业所得税相关规定,下列对所得来源地的确定,正确的有( )。

  A. 销售货物所得,按照机构所在地确定
  B. 提供劳务所得,按照劳务发生地确定
  C. 不动产转让所得,按照不动产所在地确定
  D. 动产转让所得,按照转让动产的企业或者机构、场所所在地确定
  E. 股息、红利等权益性投资所得,按照分配所得的企业所在地确定

2. 依据企业所得税法的规定,判定居民企业的标准有( )。

  A. 所得来源地标准   B. 登记注册地标准
  C. 经营行为实际发生地标准   D. 实际管理机构所在地标准

3. 企业发生的下列资产处置行为应按税法规定视同销售计征企业所得税的有（　　）。
   A. 将资产用于对外捐赠　　　　　　　B. 将资产用于交际应酬
   C. 将资产用于职工奖励　　　　　　　D. 改变资产的性能
   E. 改变资产形状

4. 依据企业所得税相关规定，下列表述正确的有（　　）。
   A. 商业折扣一律按折扣前的金额确定商品销售收入
   B. 现金折扣应当按折扣后的金额确定商品销售收入
   C. 属于提供初始及后续服务的特许权费，在提供服务时确认收入
   D. 属于提供设备和其他有形资产的特许权费，在交付资产或转移资产所有权时确认
   E. 申请入会或加入会员，只允许取得会籍，所有其他服务或商品都要另行收费的，在取得该会员费时确认收入

5. 下列关于企业所得税收入确认时间的说法中，正确的有（　　）。
   A. 转让股权收入，在签订股权转让合同时确认收入
   B. 采取预收款方式销售商品的，在发出商品时确认收入
   C. 提供初始及后续服务的特许权费，在提供服务时确认收入
   D. 采用分期收款方式销售商品的，根据实际收款日期确认收入
   E. 为特定客户开发软件的收费，根据开发的完工进度确认收入

6. 企业提供下列劳务中，按照完工进度确认企业所得税应税收入的有（　　）。
   A. 广告的制作　　　　　　　　　　　B. 提供宴会招待
   C. 提供艺术表演　　　　　　　　　　D. 为特定客户开发软件
   E. 作为商品销售附带条件的安装

7. 根据《企业所得税法》及其相关规定，下列所得属于来源于中国境内的所得有（　　）。
   A. 日本某公司承建中国某水电站获得的所得
   B. 中国某公司将其在德国分支机构的办公楼转让所获得的所得
   C. 中国某中外合资企业的美国股东将其股权转让给英国某企业获得的所得
   D. 中国某外商投资企业向日本股东支付股息

8. 下列各项中，不属于企业所得税纳税人的企业有（　　）。
   A. 在中国境内成立的个人独资企业
   B. 在中国境内成立的合伙企业
   C. 依外国法律成立但实际管理机构在中国境内的企业
   D. 在中国境内未设立机构、场所，但有来源于中国境内所得的企业

9. 《企业所得税法》所称销售货物收入，包括企业（　　）取得的收入。
   A. 销售商品　　　　　　　　　　　　B. 销售包装物
   C. 转让股权　　　　　　　　　　　　D. 转让固定资产
   E. 销售库存材料

10. 企业在境内发生处置资产的下列情形中，不确认企业所得税应税收入的是（　　）。
    A. 将资产用于职工奖励或福利　　　　B. 将资产用于加工另一种产品
    C. 将资产用于在总分支机构之间转移　D. 将资产用于结构或性能改变

11. 下列企业在实际缴纳企业所得税时,适用10%税率的有（   ）。
    A. 中国境内的居民企业
    B. 在中国境内设有机构、场所,且所得与所设机构、场所有关联的非居民企业
    C. 在中国境内设有机构、场所,但来源于境内的所得与所设机构、场所没有实际联系的非居民企业
    D. 在中国境内未设立机构、场所,却有来源于中国境内所得的非居民企业
    E. 在中国境内未设立机构、场所,也没有来源于中国境内所得的外国企业

12. 企业取得的下列收入中,属于非货币形式收入的有（   ）。
    A. 股权投资   B. 准备持有至到期的债券投资
    C. 生物资产   D. 不准备持有至到期的债券投资
    E. 应收票据

13. 企业发生下列资产转移情形,应当确认收入缴纳企业所得税的有（   ）。
    A. 将产品用于市场推广
    B. 将资产在境内总机构及其境内分支机构之间转移
    C. 将产品用于交际应酬
    D. 将产品用于对外捐赠
    E. 自建商品房转为自用或经营

14. 下列项目中,可以在计算企业所得税应纳税所得额时扣除的有（   ）。
    A. 违反合同规定而支付给其他企业的罚款
    B. 专利技术开发支出未形成无形资产的部分
    C. 以经营租赁方式租入的固定资产租金支出
    D. 企业之间支付的管理费
    E. 计提的存货减值准备金支出

15. 下列项目中,准予从收入总额中扣除的不征税收入有（   ）。
    A. 财政拨款
    B. 依法收取并纳入财政管理的行政事业性收费
    C. 国债利息收入
    D. 依法收取并纳入财政管理的政府性基金

16. 根据《企业所得税法》的相关规定,下列各项中,在计算所得税应纳税所得额时准予扣除的有（   ）。
    A. 向客户支付的合同违约金   B. 向税务机关支付的税收滞纳金
    C. 向银行支付的逾期利息   D. 向公安部门缴纳的交通违章罚款

17. 根据《企业所得税法》的相关规定,在计算应纳税所得额时不得扣除的项目有（   ）。
    A. 向母公司支付的管理费
    B. 业务招待费支出
    C. 企业违反销售协议被采购方索取的罚款
    D. 被税务机关征收的税收滞纳金
    E. 为企业子女入托支付给幼儿园的非广告性质赞助支出

18. 下列税金在计算企业应纳税所得额时，不得从收入总额中扣除的有（　　）。
    A. 土地增值税　　　B. 消费税　　　C. 增值税　　　D. 个人所得税
19. 下列各项中，能作为业务招待费税前扣除限额计算依据的是（　　）。
    A. 转让无形资产使用权的收入　　　B. 转让无形资产所有权的收入
    C. 视同销售收入　　　D. 出售固定资产的收入
20. 居民企业发生的下列支出中，可在企业所得税税前扣除的有（　　）。
    A. 逾期归还银行贷款的罚金
    B. 企业内营业机构之间支付的租金
    C. 未能形成无形资产的研究开发费用
    D. 以经营租赁方式租入固定资产的租金

三、计算题

1. 某工业企业为居民企业，企业从业人数为 280 人，资产总额 4 580 万元。其 2020 年经营业务如下：全年取得产品销售收入为 5 600 万元，发生产品销售成本 4 000 万元；其他业务收入 800 万元，其他业务成本 694 万元；取得购买国债的利息收入 40 万元；缴纳非增值税税金及附加 300 万元；发生的管理费用 760 万元，其中新技术的研究开发费用为 60 万元、业务招待费 70 万元；发生财务费用 200 万元；取得直接投资其他居民企业的权益性收益 34 万元（已在投资方所在地按 15% 的税率缴纳了所得税）；取得营业外收入 100 万元，发生营业外支出 250 万元（其中含公益性捐赠 38 万元）。

要求：根据上述资料计算该企业 2020 年应缴纳的企业所得税。

2. 某工业企业 2020 年会计利润总额 45 万元。经税务机关核定，发现企业有如下会计信息。

(1) 企业产品销售收入 2 000 万元。

(2) 购买国债的利息收入 15 万元。

(3) "营业外支出"账户中列支通过县民政局向贫困地区的捐款 30 万元。

(4) 企业全年平均职工人数 100 人，全年计入各种成本、费用中的工资总额 106 万元，实际发生的职工工会经费支出为 5 万元，职工福利费 14.84 万元、教育经费 4 万元。

(5) 实际发生的业务招待费为 40 万元。

要求：根据上述资料计算该工业企业本年度应缴纳的企业所得税。

3. 假定某企业为居民企业，2020 年经营业务如下。

(1) 取得销售收入 4 000 万元。

(2) 发生销售成本 2 600 万元。

(3) 发生销售费用 770 万元（其中广告费 650 万元）；管理费用 480 万元（其中业务招待费 25 万元）；财务费用 60 万元。

(4) 销售税金 160 万元（含增值税 120 万元）。

(5) 营业外收入 80 万元，营业外支出 50 万元（含通过公益性社会团体向贫困山区捐款 30 万元，支付税收滞纳金 6 万元）。

(6) 计入成本、费用中的实发工资总额 200 万元，发生职工工会经费 5 万元，支出职工福利费 31 万元，发生职工教育经费 7 万元。

要求：根据上述资料计算该企业当年应纳企业所得税。

第五章

个人所得税

【案例导入】 根据数据威公布的数据,网络主播李佳琦2020年3月直播21场,单场销售额为7 714万元,3月销售总额达到16.2亿元。李佳琦曾说自己一年直播389场,若暂且按全年300场、单场平均销售额5 000万元、销售收入佣金率25%估算,李佳琦全年直播的销售收入佣金=5 000×300×25%=37.5(亿元)。每次直播除佣金外,厂家还需支付主播每个商品4万~5万元的坑位费,若每次直播平均有20个商品推荐位,则一年直播的坑位费=80×300=2.4(亿元)。因此,粗略估算李佳琦直播年收入达40亿元。

思考:网络主播们所获取的上述收入要交个人所得税吗?

第一节 个人所得税概述

一、个人所得税的概念

个人所得税是以个人(含个体工商户、个人独资企业、合伙企业中的个人投资者、承租承包者个人)取得的各项应税所得为征税对象征收的一种税。

我国的个人所得税最早开始于1950年7月,政务院公布的《税政实施要则》曾列举有对个人所得课税,当时定名为"薪给报酬所得税"。但由于当时我国生产力和人均收入水平低,实行低工资制,虽然设立了税种,却一直没有开征。1980年9月10日,第五届全国人民代表大会第三次会议通过并公布了《中华人民共和国个人所得税法》。个税起征点设置为800元,我国的个人所得税制度至此方始建立。1993年10月31日,第八届全国人民代表大会常务委员会第四次会议通过了关于修改《中华人民共和国个人所得税法》的决定,规定不分内、外,所有中国居民和有来源于中国所得的非居民,均应依法缴纳个人所得税。同日发布了新修改的《中华人民共和国个人所得税法》。

从2006年开始,我国对个人所得税免征额进行了多次修改。2006年1月1日起从800元调整到1 600元,自2008年3月1日起由1 600元提高到2 000元,自2011年6月30日起由2 000元提高到3 500元,同时,将个人所得税第1级税率由5%修改为3%,9级超额累进税率修改为7级,取消15%和40%两档税率,扩大3%和10%两个低档税率的适用范围;自2018年8月31日起,免征额确定为每月5 000元。部分税率级距进一步优化调整,扩大3%、10%、20%三档低税率的级距,缩小25%税率的级距,30%、35%、45%三档较高税率级距不变。

二、个人所得税的特点

1. 实行混合征收

从世界范围看,个人所得税的税制模式有三种:分类所得税制、综合所得税制与混合所得税制。分类所得税制,就是将纳税人不同来源、性质的所得项目,分别规定不同的税率征税;综合所得税制,是对纳税人全年的各项所得加以汇总,就其总额进行征税;混合所得税制,是对纳税人不同来源、不同性质的所得先分别按照不同的税率征税,然后将全年的各项所得进行汇总征税。

2018年12月31日前,我国个人所得税的征收采用分类所得税制,自2019年1月1日起,我国个人所得税采用混合征收,即将工资、薪金所得,劳务报酬所得,稿酬所得和特许权使用费所得采用综合征收,除这些之外的其他各项所得采用分类征收。

2. 超额累进税率与比例税率并用

综合所得税制通常采用超额累进税率,分类所得税制一般采用比例税率。比例税率计算简便,超额累进税率可以合理调节收入分配,体现公平。

3. 计算较复杂

我国个人所得税自2019年1月1日起采用混合征收模式,对综合所得和经营所得的费用扣除既采取总额扣除法,又采取分类分项的多种扣除方法。

4. 代扣代缴和自行申报方式并用

在申报方式上,现行的个人所得税分别实行由纳税人自行申报和支付单位代扣代缴两种方法。对凡是可以在应税所得的支付环节扣缴个人所得税的,均由扣缴义务人代扣代缴税款;对于没有扣缴义务人的,由纳税人自行申报纳税和年终汇算清缴。

第二节 个人所得税纳税义务人、征税对象、税率

一、纳税义务人

个人所得税的纳税义务人是指在中国境内有住所,或者虽无住所但在境内居住累计满183天,以及无住所又不居住或居住不满183天但从中国境内取得所得的个人,包括中国公民、个体工商户、外籍个人,以及香港、澳门、台湾同胞等。

为了有效地行使税收管辖权,根据国际惯例,我国采用了住所和居住时间两个标准将个人所得税纳税人分为居民个人和非居民个人,分别承担不同的纳税义务。

1. 居民个人

居民个人是指在中国境内有住所,或者无住所而一个纳税年度内在中国境内居住累计满183天的个人。居民个人在中国境内和境外的全部所得,依法缴纳个人所得税。

上述所称的在中国境内有住所,是指因户籍、家庭、经济利益关系而在中国境内习惯性居住。而习惯性居住是指因学习、工作、探亲、旅游等原因消除后,必须回到的地方。纳税年度是指自公历1月1日起至12月31日止。

思考与辨析 5-1

自 2019 年 3 月 12 日至 2019 年 6 月 11 日,某外籍专家一直在中国境内居住,他是否属于居民纳税人?

解析 在中国境内有住所,或者无住所而一个纳税年度内在境内居住累计满 183 天的个人,属于我国的居民纳税人。此外籍专家在 2019 年度在中国居住不满 183 天,所以不属于居民纳税人。

值得注意的是,对于在中国境内无住所而一个纳税年度内在中国境内连续或累计工作满 183 天,年度连续不满 6 年,其来源于中国境内的所得,无论所得是境内雇主支付还是境外雇主支付,均需缴纳个人所得税;其来源于中国境外的所得,由境内雇主支付的所得,依法缴纳个人所得税,由境外雇主支付的所得,免予缴纳个人所得税。

在中国境内居住累计满 183 天的任一年度中有一次离境超过 30 天的,其在中国境内居住累计满 183 天的年度的连续年限重新起算。

2. 非居民个人

在中国境内无住所又不居住,或者在中国境内无住所而一个纳税年度内在境内居住累计不满 183 天的个人,属于我国税法中的非居民个人。非居民个人只就其来源于中国境内取得的所得依法缴纳个人所得税。

对于在中国境内无住所而一个纳税年度内在中国境内连续或累计工作不超过 90 天的纳税人,其来源于中国境内的所得,由中国境内雇主支付的所得,需要依法缴纳个人所得税,由境外雇主支付的所得,免予缴纳个人所得税;其来源于中国境外所得,无论其所得是境内雇主支付还是境外雇主支付,均免予缴纳个人所得税。

3. 所得来源地的确定

除另有规定外,下列所得,不论支付地点是否在中国境内,均为来源于中国境内的所得。

（1）因任职、受雇、履约等而在中国境内提供劳务取得的所得。

（2）将财产出租给承租人在中国境内使用而取得的所得。

（3）转让中国境内的不动产等财产或者在中国境内转让其他财产取得的所得。

（4）许可各种特许权在中国境内使用而取得的所得。

（5）从中国境内企业、事业单位、其他组织以及居民个人取得的利息、股息、红利所得。

思考与辨析 5-2

某外籍个人受某外国公司委派于 2019 年 8 月开始赴中国担任其驻华代表处首席代表,截至 2019 年 12 月 31 日未离开中国。该外籍个人 2019 年因在中国任职而取得的由境外总公司发放的工资收入是否属于来源于中国境内所得?

解析 因任职、受雇、履约等而在中国境内提供劳务取得的所得,不论支付地点是否在中国境内,均为来源于中国境内的所得。本案例中该外籍人员是因在中国任职而取得的所得,即使所得由境外雇主支付,其所得仍属于来源于中国境内所得。

4. 扣缴义务人

我国个人所得税实行代扣代缴相结合的征收管理制度,税法规定,凡应纳税所得的单位和个人,都是个人所得税的扣缴义务人。扣缴义务人在向纳税人支付各项应纳税所得（经营所得除外)时,必须履行代扣代缴税款的义务。

二、征税对象

个人所得税的征税对象是个人取得的应税所得。作为征税对象的个人所得,有狭义与广义之分。狭义的个人所得,仅限于每年经常、反复发生的所得。广义的个人所得,是指个人在一定期间内,通过各种方式所获得的一切利益,而不论这种利益是偶然的还是临时的,是货币、有价证券,还是实物。目前,包括我国在内世界各国实行的个人所得税,大多以广义解释的个人所得概念为基础。

《个人所得税法》列举征税的个人所得共9项：①工资、薪金所得；②劳务报酬所得；③稿酬所得；④特许权使用费所得；⑤经营所得；⑥利息、股息、红利所得；⑦财产租赁所得；⑧财产转让所得；⑨偶然所得。第①项至第④项所得合并称为综合所得。

(一) 综合所得

1. 工资、薪金所得

工资、薪金所得是指个人因任职或者受雇而取得的工资、薪金、奖金、年终加薪、劳动分红、津贴、补贴以及与任职或者受雇有关的其他所得。工资、薪金所得属于非独立个人劳动所得,强调个人所从事的是由他人指定、安排并接受管理的劳动、工作,或服务于公司、工厂、行政、事业单位(私营企业主除外)。

属于工资、薪金性质的补贴,不缴纳个人所得税的项目包括以下几类。

(1) 独生子女补贴。

(2) 执行公务员工资制度未纳入基本工资总额的补贴、津贴差额和家属成员的副食品补贴。

(3) 托儿补助费。

(4) 差旅费津贴、误餐补助。误餐补助是指按照财政部规定,个人因公在城区、郊区工作,不能在工作单位或返回就餐,根据实际误餐顿数,按规定的标准领取的误餐费。

(5) 外国来华留学生领取的生活津贴费、奖学金。

个人取得公务交通、通讯补贴收入,扣除一定标准的公务费用后,按工资薪金所得计征个人所得税；退休人员再任职取得的收入,在减除按个人所得税法规定的费用扣除标准后,按"工资、薪金所得"项目缴纳个人所得税。

自2004年1月20日起,对商品营销活动中,企业和单位对营销业绩突出的雇员以培训班、研讨会、工作考察等名义组织旅游活动,通过免收差旅费、旅游费对个人实行的营销业绩奖励(包括实物、有价证券等),应根据所发生费用的全额并入营销人员当期的工资、薪金所得,按照"工资、薪金所得"项目征收个人所得税,并由提供上述费用的企业和单位代扣代缴。

思考与辨析5-3

中国公民陈明是一家公司的营销主管,2019年12月取得工资收入5 000元。当月参加公司组织的国外旅游,免交旅游费10 000元,另外还取得2 000元的福利卡一张。问上述哪些项目属于陈明的个人所得项目？

解析 工资收入、免收差旅费的旅游及有价证券都属于个人所得税项目,因此,上述三个项目均属于陈明的个人所得税征收范畴。

2. 劳务报酬所得

劳务报酬所得是指个人独立从事各种非雇用的各种劳务所取得的所得。包括从事设计、装潢、安装、制图、化验、测试、医疗、法律、会计、咨询、讲学、翻译、审稿、书画、雕刻、影视、录音、录像、演出、表演、广告、展览、技术服务、介绍服务、经纪服务、代办服务以及其他劳务取得的所得。

上述各项所得一般属于个人独立从事自由职业取得的所得或属于独立个人劳动所得。是否存在雇佣与被雇佣关系,是判断一种收入是属于劳动报酬所得,还是工资薪金所得的标准。即非独立个人劳动(任职雇用)按"工资、薪金所得"纳税,独立个人劳动(非任职雇用)按"劳务报酬所得"纳税。

如高校教师,在本单位授课,取得的工资属于"工资、薪金所得",而如果他(她)在其他单位进行授课,取得的收入属于"劳务报酬所得"。个人担任公司董事、监事且不在公司任职、受雇的,按"劳务报酬所得"项目征税;个人在公司(包括关联公司)任职、受雇同时兼任董事、监事,按"工资、薪金所得"项目征税。

自2004年1月20日起,对商品营销活动中,企业和单位对其营销业绩突出的非雇员以培训班、研讨会、工作考察等名义组织旅游活动,通过免收差旅费、旅游费对个人实行的营销业绩奖励(包括实物、有价证券等),应根据所发生费用的全额作为该营销人员当期的劳务收入,按照"劳务报酬所得"项目征收个人所得税,并由提供上述费用的企业和单位代扣代缴。

3. 稿酬所得

稿酬所得是指个人因其作品以图书、报刊形式出版、发表而取得的所得。这里所说的作品包括文学作品、书画作品、摄影作品以及其他作品。

(1) 任职、受雇于报纸、杂志等单位的记者、编辑等专业人员,因在本单位的报纸、杂志上发表作品取得的所得,属于因任职、受雇而取得的所得,应与其当月工资收入合并,按"工资、薪金所得"项目征收个人所得税。

除上述专业人员以外,其他人员在本单位的报纸、杂志上发表作品取得的所得,应按"稿酬所得"项目征收个人所得税。

(2) 出版社的专业作者撰写、编写或翻译的作品,由本社以图书形式出版而取得的稿费收入,应"稿酬所得"项目征收个人所得税。

思考与辨析 5-4

下列各项稿酬收入应按个人所得税中的"稿酬所得"计征个人所得税的是哪项?
① 杂志社记者在本社刊物发表文章取得的报酬。
② 演员在企业的广告制作过程中提供形象取得的报酬。
③ 高校教授为某杂志社审稿取得的报酬。
④ 出版社的专业作者翻译的小说由该出版社出版取得的报酬。

解析 业务①,属于"任职、受雇于报纸、杂志等单位的记者、编辑在本单位的报纸、杂志上发表作品取得的所得"按"工资、薪金所得"项目缴纳个人所得税;"稿酬所得"项目还强调一定要"出版发表",因此,业务②和业务③,均不可按"稿酬所得"项目计征,应按"劳务报酬所得"项目缴纳个人所得税;业务④,则按"稿酬所得"项目计征。

4. 特许权使用费所得

特许权使用费所得是指个人提供专利权、商标权、著作权、非专利技术以及其他特许权的使用权取得的所得。

根据税法规定,提供著作权的使用权取得的所得,不包括稿酬所得;作者将自己的文字作品手稿原件或复印件拍卖取得的所得,属于提供著作权的使用所得,按"特许权使用费所得"项目税收个人所得税。

个人取得特许权的经济赔偿收入,编剧从电视剧的制作单位取得的剧本使用费等,都按特许权使用费所得项目征收个人所得税。

(二) 经营所得

经营所得包括个人通过在中国境内注册登记的个体工商户、个人独资企业、合伙企业等非法人组织从事生产、经营活动取得的所得;个人依法从事办学、医疗、咨询以及其他有偿服务活动取得的所得;个人承包、承租、转包、转租取得的所得。具体如下。

1. 个体工商户从事生产、经营活动取得的所得

(1) 个体工商户从事工业、手工业、建筑业、交通运输业、商业、饮食业、服务业、修理业及其他行业取得的所得。

(2) 个人经政府有关部门批准,取得执照,从事办学、医疗、咨询以及其他有偿服务活动取得的所得。

(3) 个体工商户或个人专营种植业、养殖业、饲养业、捕捞业,不征收个人所得税。

(4) 个体工商户取得与生产、经营活动无关的其他各项应税所得,应分别按照其他应税项目的有关规定,计算征收个人所得税。如取得银行存款的利息所得、对外投资取得的股息所得,应按"股息、利息、红利"税目的规定单独计征个人所得税。

2. 个人独资企业和合伙企业的生产经营所得

个人独资企业、合伙企业的个人投资者以企业资金为本人、家庭成员及其相关人员支付与企业生产经营无关的消费性支出及购买汽车、住房等财产性支出,视为企业对个人投资者的利润分配,并入投资者个人的生产经营所得,依照"个体工商户的生产、经营所得"项目计征个人所得税。

合伙企业合伙人是自然人的,以每一个合伙人为纳税义务人,缴纳个人所得税。合伙企业的生产经营所得和其他所得,包括合伙企业分配给所有合伙人的所得和企业当年留存的所得(利润)。

3. 对企事业单位的承包经营、承租经营所得

对企事业单位的承包经营、承租经营所得,是指个人承包经营或承租经营以及转包、转租取得的所得,还包括个人按月或按次取得的工资、薪金性质的所得。

4. 个人从事其他生产、经营活动取得的所得

个人从事其他生产、经营活动,如个人从事彩票代销业务取得的所得,从事个体出租车运营的出租车驾驶员取得的收入,应按照"个体工商户的生产、经营所得"项目计征个人所得税。个人从事生产、经营,取得与生产、经营活动无关的其他各项应税所得,应分别按照有关规定,计算征收个人所得税。

（三）利息、股息、红利所得

利息是指个人拥有债权而取得的利息，包括存款利息、贷款利息和各种债券的利息。股息、红利是指个人拥有股权取得的股息、红利。按照一定的比率对每股发给的息金叫股息；公司、企业应分配的利润，按股份分配的叫红利。

除个人独资企业、合伙企业以外的其他企业的个人投资者，以企业资金为本人、家庭成员及其相关人员支付与企业生产经营无关的消费性支出及购买汽车、住房等财产性支出，视为企业对个人投资者的红利分配，依照"利息、股息、红利所得"项目计征个人所得税。

纳税年度内个人投资者从其投资企业（个人独资企业、合伙企业除外）借款，在该纳税年度终了后既不归还又未用于企业生产经营的，其未归还的借款可视为企业对个人投资者的红利分配，依照"利息、股息、红利所得"项目计征个人所得税。

个人取得的国债利息收入、地方政府债券利息和国家发行的金融债券利息收入，免征个人所得税；自 2008 年 10 月 9 日起，对居民储蓄存款利息暂免征收个人所得税。

"税"眼看新闻

某公司经营业绩优良，其老板想买一套房改善生活，于是从公司"借"了 350 万元购买住房一套。当地税务局在对这家公司税务稽查时，发现了被"借"走的资金作为"其他应收款"计入企业账簿，多年没还。税务局对其依照"利息、股息、红利所得"计征了 70 万元个人所得税，并对少扣缴税款处以 50% 的罚款 35 万元。

【点评】 上述税务局的处罚根据是：纳税年度内个人投资者从其投资企业（个人独资企业、合伙企业除外）借款，在该纳税年度终了后既不归还又未用于企业生产经营的，其未归还的借款可视为企业对个人投资者的红利分配，依照"利息、股息、红利所得"项目计征个人所得税。

（四）财产租赁所得

财产租赁所得是指个人出租不动产、机器设备、车船以及其他财产取得的所得。

在确定纳税义务人时，应以产权凭证为依据，对无产权凭证的，由主管税务机关根据实际情况确定；产权所有人死亡，在未办理产权继承手续期间，该财产出租而有租金收入的，以领取租金的个人为纳税义务人。

（五）财产转让所得

财产转让所得是指个人转让有价证券、股权、不动产、机器设备、车船以及其他财产取得的所得。

对转让上市公司流通股、新三板挂牌公司非原始股取得的所得暂免征收个人所得税；对限售股、新三板挂牌公司原始股转让所得征收个人所得税。

自 2010 年 10 月 1 日起，对出售自有住房并在 1 年内重新购房的纳税人不再减免个人所得税。对个人转让自用 5 年以上的，并且是家庭唯一生活用房取得的所得，继续免征个人所得税。

（六）偶然所得

偶然所得是指个人得奖、中奖、中彩以及其他偶然性质的所得。得奖是指参加各种有奖竞赛活动,取得名次得到的奖金;中奖、中彩是指参加各种有奖活动,如有奖销售、有奖储蓄或者购买彩票,经过规定程序,抽中、摇中号码而取得的奖金。偶然所得应缴纳的个人所得税税款,一律由发奖单位或机构代扣代缴。

对个人购买社会福利有奖募捐奖券一次中奖收入不超过 1 万元的,暂免征收个人所得税,超过 1 万元的,按全额征税。

企业对累积消费达到一定额度的顾客,给予额外抽奖机会,个人的获奖所得,按"偶然所得"项目计算个人所得税。

 思考与辨析 5-5

试分析下列各项业务,应按哪个项目征收个人所得税?
① 企业支付给单位营销人员的年终奖。
② 个体工商户业主的工资。
③ 企业支付给在本企业任职董事长的董事费。
④ 电视剧制作单位支付给本单位编剧的剧本使用费。
⑤ 企业支付给职工的过节费。

解析 业务①,应按照"工资、薪金所得"项目征收个人所得税;业务②,计入个体工商户的生产、经营所得,应按照"经营所得"项目计征个人所得税;业务③,因为董事长在本企业任职,应按照"工资、薪金所得"项目征收个人所得税;业务④,按照"特许权使用费所得"项目征收个人所得税;业务⑤,应按照"工资、薪金所得"项目征收个人所得税。

三、税率

个人所得适用以下税率:①综合所得,适用 3%～45% 的超额累进税率;②经营所得,适用 5%～35% 的超额累进税率;③利息、股息、红利所得,财产租赁所得,财产转让所得和偶然所得,适用 20% 的比例税率。

具体适用情况如下。

(1) 综合所得预扣率。
① 居民个人工资、薪金所得预扣率如表 5-1 所示。

表 5-1 个人所得税税率表(一)
(居民个人工资、薪金所得预扣预缴适用)

级数	累计预扣预缴应纳税所得额	预扣率/%	速算扣除数/元
1	不超过 36 000 元的部分	3	0
2	超过 36 000 元至 144 000 元的部分	10	2 520
3	超过 144 000 元至 300 000 元的部分	20	16 920
4	超过 300 000 元至 420 000 元的部分	25	31 920
5	超过 420 000 元至 660 000 元的部分	30	52 920
6	超过 660 000 元至 960 000 元的部分	35	85 920
7	超过 960 000 元的部分	45	181 920

② 居民个人劳务报酬所得预扣率如表 5-2 所示。

表 5-2　个人所得税税率表（二）

（居民个人劳务报酬所得预扣预缴适用）

级数	预扣预缴应纳税所得额	预扣率/%	速算扣除数/元
1	不超过 20 000 元的部分	20	0
2	超过 20 000 元至 50 000 元的部分	30	2 000
3	超过 50 000 元的部分	40	7 000

③ 稿酬所得和特许权使用费所得适用 20% 的比例预扣率。

(2) 综合所得汇算清缴适用税率如表 5-3 所示。

表 5-3　个人所得税税率表（三）

（居民个人综合所得汇算清缴适用税率表）

级数	全年应纳税所得额（含税）	税率/%	速算扣除数/元
1	不超过 36 000 元的部分	3	0
2	超过 36 000 元至 144 000 元的部分	10	2 520
3	超过 144 000 元至 300 000 元的部分	20	16 920
4	超过 300 000 元至 420 000 元的部分	25	31 920
5	超过 420 000 元至 660 000 元的部分	30	52 920
6	超过 660 000 元至 960 000 元的部分	35	85 920
7	超过 960 000 元的部分	45	181 920

注：本表所列含税级距，均为按照税法规定减除有关费用后的所得额。

(3) 经营所得包括个体工商户的生产、经营所得，对企事业单位的承包经营、承租经营所得，个人独资企业和合伙企业的生产经营所得，适用 5%～35% 五级超额累进税率，如表 5-4 所示。

表 5-4　个人所得税税率表（四）

（经营所得适用税率表）

级数	全年应纳税所得额（含税）	税率/%	速算扣除数/元
1	不超过 30 000 元的部分	5	0
2	超过 30 000 元至 90 000 元的部分	10	1 500
3	超过 90 000 元至 300 000 元的部分	20	10 500
4	超过 300 000 元至 500 000 元的部分	30	40 500
5	超过 500 000 元的部分	35	65 500

(4) 财产租赁所得，财产转让所得，利息、股息、红利所得，偶然所得适用 20% 的比例税率。

(5) 非居民个人工资薪金所得、劳务报酬所得、稿酬所得、特许权使用费所得个人所得税适用税率，如表 5-5 所示。

表 5-5　个人所得税税率表(五)

(非居民个人工资薪金所得、劳务报酬所得、稿酬所得、特许权使用费所得适用)

级数	应纳税所得额	税率/%	速算扣除数/元
1	不超过 3 000 元的部分	3	0
2	超过 3 000 元至 12 000 元的部分	10	210
3	超过 12 000 元至 25 000 元的部分	20	1 410
4	超过 25 000 元至 35 000 元的部分	25	2 660
5	超过 35 000 元至 55 000 元的部分	30	4 410
6	超过 55 000 元至 80 000 元的部分	35	7 160
7	超过 80 000 元的部分	45	15 160

注：表 5-5 也适用于居民个人的综合所得按月计算税额。

第三节　个人所得税应纳税额的计算

一、居民个人综合所得应纳税额的计算

居民个人取得综合所得,按年计算个人所得税;有扣缴义务人的,由扣缴义务人按月或按次预扣预缴税款;需要办理汇算清缴的,应当在取得所得的次年 3 月 1 日至 6 月 30 日办理汇算清缴。

(一) 居民个人综合所得的预扣预缴

1. 工资薪金所得的预扣预缴

扣缴义务人向居民个人支付工资、薪金所得时,应当按照累计预扣法计算预扣税款,并按月办理全员全额扣缴申报。

本期应预扣预缴税额＝(累计预扣预缴应纳税所得额×预扣率－速算扣除数)
　　　　　　　　　－累计减免税额－累计已预扣预缴税额

累计预扣预缴应纳税所得额＝累计收入－累计免税收入－累计减除费用
　　　　　　　　　　　　－累计专项扣除－累计专项附加扣除(不含大病支出)
　　　　　　　　　　　　－累计依法确定的其他扣除

其中:

累计减除费用按照 5 000 元/月乘以当年截至本月在本单位的任职受雇月份数。

专项扣除包括居民个人按照国家规定的范围和标准缴纳的基本养老保险、基本医疗保险、失业保险等社会保险费和住房公积金等。

专项附加扣除包括子女教育、继续教育、大病医疗、住房贷款利息或者住房租金、赡养老人等支出。

除大病医疗以外,子女教育、赡养老人、住房贷款利息、住房租金、继续教育,纳税人可以选择在单位发放工资薪金时,按月享受专项附加扣除政策。

其他扣除包括公益性捐赠、个人缴付符合国家规定的企业年金、职业年金,个人购买符合国家规定的商业健康保险、税收递延型商业养老保险的支出,以及国务院规定可以扣除的其他项目。

专项扣除、专项附加扣除和依法确定的其他扣除,以居民个人一个纳税年度的应纳税所得额为限额;一个纳税年度扣除不完的,不结转以后年度扣除。

【例5-1】 居民个人李某2020年每月应发工资均为30 000元,每月减除费用5 000元,"三险一金"等专项扣除为4 500元,享受专项附加扣除共计2 000元,没有减免收入及减免税额等情况,2020年李某只在本单位拿工资,没有其他收入,请依照现行税法规定计算李某每月应预扣预缴税额和年终综合计算应纳税额。

解析 每月应预扣预缴税额计算如下。

1月:(30 000−5 000−4 500−2 000)×3%=555(元)。

2月:(30 000×2−5 000×2−4 500×2−2 000×2)×10%−2 520−555=625(元)。

3月:(30 000×3−5 000×3−4 500×3−2 000×3)×10%−2 520−1 180=1 850(元)。

4月:(30 000×4−5 000×4−4 500×4−2 000×4)×10%−2 520−3 030=1 850(元)。

5月:(30 000×5−5 000×5−4 500×5−2 000×5)×10%−2 520−4 880=1 850(元)。

6月:(30 000×6−5 000×6−4 500×6−2 000×6)×10%−2 520−6 730=1 850(元)。

7月:(30 000×7−5 000×7−4 500×7−2 000×7)×10%−2 520−8 580=1 850(元)。

8月:(30 000×8−5 000×8−4 500×8−2 000×8)×20%−16 920−10 430=2 250(元)。

9月:(30 000×9−5 000×9−4 500×9−2 000×9)×20%−16 920−12 680=3 700(元)。

10月:(30 000×10−5 000×10−4 500×10−2 000×10)×20%−16 920−16 380=3 700(元)。

11月:(30 000×11−5 000×11−4 500×11−2 000×11)×20%−16 920−20 080=3 700(元)。

12月:(30 000×12−5 000×12−4 500×12−2 000×12)×20%−16 920−23 780=33 700(元)。

全年累计预扣预缴税额=555+625+1 850+1 850+1 850+1 850+1 850+2 250+3 700+3 700+3 700+3 700=27 480(元)

上述综合所得计算过程中的相关扣除规定如下。

1)专项扣除

专项扣除包括居民个人按照国家规定的范围和标准缴纳的基本养老保险、基本医疗保险、失业保险等社会保险费和住房公积金等。

2)专项附加扣除

专项附加扣除包括子女教育、继续教育、大病医疗、住房贷款利息或者住房租金、赡养老人等。

(1)子女教育。纳税人的子女接受全日制学历教育的相关支出,按照每个子女每月1 000元的标准定额扣除。子女是指婚生子女、非婚生子女、继子女、养子女。父母之外的其他人担任未成年人的监护人的,比照本规定执行。学历教育包括义务教育(小学、初中教育)、高中阶段教育(普通高中、中等职业、技工教育)、高等教育(大学专科、大学本科、硕士研究生、博士研究生教育)。

年满3周岁至小学入学前处于学前教育阶段的子女按本规定执行。学前教育阶段为子女年满3周岁当月至小学入学前一月。学历教育为子女接受全日制学历教育入学的当月至全日制学历教育结束的当月。包含因病或其他非主观原因休学但学籍继续保留的休学期间,以及施教机构按规定组织实施的寒暑假等假期。

另外,父母可以选择由其中一方按扣除标准的100%扣除,也可以选择由双方分别按扣除标准的50%扣除,具体扣除方式在一个纳税年度内不能变更。

纳税人子女在中国境外接受教育的,纳税人应当留存境外学校录取通知书、留学签证等相关教育的证明资料备查。

思考与辨析5-6

以下情况,父母是否享受子女教育专项扣除?
① 居民个人李某的儿子参加"跨校联合培养"需要到国外读书几年;
② 居民个人张某的儿子大学期间参军,学校保留学籍;
③ 居民个人韩某的女儿6月高中毕业,9月上大学,开学前的7、8月;
④ 居民个人王某的女儿本科毕业之后,准备考研究生的期间;
⑤ 居民个人赵某的孩子在幼儿园读大班。

解析 一般情况下,参加"跨校联合培养"的学生,原学校保留学生学籍,父母可以享受子女教育专项附加扣除;服兵役是公民的义务,大学期间参军是积极响应国家的号召,休学保留学籍期间,属于高等教育阶段,父母可以享受子女教育专项附加扣除;对于连续性的学历(学位)教育,升学衔接期间属于子女教育期间,父母可以享受子女教育专项附加扣除;本科毕业后,未实际参与全日制学历教育,尚未取得研究生学籍,不符合《暂行办法》相关规定,不可以扣除,只有等到研究生考试通过入学后,才可以享受高等教育阶段子女教育附加扣除;年满3周岁至小学入学前处于学前教育阶段的子女,父母可以享受子女教育专项附加扣除,按照每个子女每月1 000元的标准定额扣除。

(2) 继续教育。纳税人在中国境内接受学历(学位)继续教育的支出,在学历(学位)教育期间按照每月400元定额扣除。同一学历(学位)继续教育的扣除期限不能超过48个月。

思考与辨析5-7

居民个人张三2020年1月工资薪金8 000元,当月本人承担的三险一金为500元。其孩子在上小学,经张三夫妻商定,子女教育费用扣除选择由张三扣除;张三本人正在念在读博士。计算张三的1月工资应纳税所得额。

解析 工资薪金扣除限额为每月5 000元,三险一金500元可在税前全额扣除,纳税人的子女接受全日制学历教育的相关支出,按照每个子女每月1 000元的标准定额扣除。纳税人在中国境内接受学历(学位)继续教育的支出,在学历(学位)教育期间按照每月400元定额扣除。

张三应纳税所得额=8 000-5 000-500-1 000-400=1 100(元)

另外,纳税人接受技能人员职业资格继续教育、专业技术人员职业资格继续教育的支出,在取得相关证书的当年,按照3 600元定额扣除。纳税人接受技能人员职业资格继续教育、专业技术人员职业资格继续教育的,应当留存相关证书等资料备查。附加扣除计算时间:学历(学位)继续教育,为在中国境内接受学历(学位)继续教育入学的当月至学历(学位)继续教育结束的当月。技能人员职业资格继续教育,专业技术人员职业资格继续教育,为取得相关证书的当年。包含因病或其他非主观原因休学但学籍继续保留的休学期间,以及施教机构按规定组织实施的寒暑假等假期。

个人接受本科及以下学历(学位)继续教育,符合规定扣除条件的,可以选择由其父母扣除,也可以选择由本人扣除。

(3)大病医疗。在一个纳税年度内,纳税人发生的与基本医保相关的医药费用支出,扣除医保报销后个人负担(指医保目录范围的自付部分)累计超过15 000元的部分,由纳税人在办理年度汇算清缴时,在80 000元限额内据实扣除。

纳税人发生的医药费用支出可以选择由本人或者其配偶扣除;未成年子女发生的医药费用支出可以选择由其父母一方扣除。纳税人及其配偶、未成年子女发生的医药费用支出,按规定分别计算扣除额。

业务案例 5-1

假设居民个人李某2020年全年的医疗费支出为32 000元,全部取得医保定点医疗机构的医疗单据。其中20 000元为医保报销部分,剩余部分由自己负担。2020年李某参与汇算清缴时可以税前扣除的大病医疗支出为多少?

如果李某2020年全年的医疗费支出分别为42 000元、142 000元,其他情况不变,那么2020年李某参与汇算清缴时可以税前扣除的大病医疗支出又该如何计算?

解析 ① 居民个人李某2020年全年的医疗费支出为32 000元。

扣除医保报销后的大病医疗支出为32 000－20 000＝12 000(元),没有超过15 000元,因此汇算清缴时可以扣除的大病支出为0元。

② 居民个人李某2020年全年的医疗费支出为42 000元。

扣除医保报销后的大病医疗支出为42 000－20 000＝22 000(元),超过15 000元,因此,汇算清缴时可以扣除的大病支出＝42 000－20 000－15 000＝7 000(元)。

③ 居民个人李某2020年全年的医疗费支出为142 000元。

扣除医保报销后的大病医疗支出为142 000－20 000＝122 000(元),超过15 000元,但扣除15 000元的部分后超过80 000元,因此可以税前扣除的大病医疗支出为80 000元。

(4)住房贷款利息。纳税人本人或者配偶单独或者共同使用商业银行或者住房公积金个人住房贷款为本人或者其配偶购买中国境内住房,发生的首套住房贷款利息支出,在实际发生贷款利息的年度,按照每月1 000元的标准定额扣除,扣除期限最长不超过240个月。纳税人只能享受一次首套住房贷款的利息扣除。首套住房贷款是指购买住房享受首套住房贷款利率的住房贷款。经夫妻双方约定,可以选择由其中一方扣除,具体扣除方式在一个纳税年度内不能变更。

夫妻双方婚前分别购买住房发生的首套住房贷款,其贷款利息支出,婚后可以选择其中一套购买的住房,由购买方按扣除标准的100%扣除,也可以由夫妻双方对各自购买的住房分别按扣除标准的50%扣除,具体扣除方式在一个纳税年度内不能变更。附加扣除计算时间为贷款合同约定开始还款的当月至贷款全部归还或贷款合同终止的当月。

思考与辨析 5-8

居民个人小张和小李于 2018 年 10 月结婚,在两人结婚之前,小李在上海购买了一套住房,每月发生首套住房贷款利息 5 000 元,小张未曾用住房公积金或商业银行贷款购房,结婚后,两人一直住在小张所购的住房内。请问他们如何扣除贷款利息?

解析 可以选择由小李本人扣除,也可以选择由其配偶小张扣除。

业务案例 5-2

居民个人李奇和袁梅于 2019 年 10 月结婚,两人在 2018 年分别购买了住房,发生了首套住房贷款利息支出 5 000 元/月。请问他们如何扣除住房贷款利息支出?

解析 李奇和袁梅婚前分别购买住房发生的首套住房贷款,其贷款利息支出,婚后可以选择李奇或袁梅购买的住房,由购买方按扣除标准的 100% 扣除,也可以由李奇、袁梅对各自购买的住房分别按扣除标准的 50% 扣除,该对夫妻 2019 年 10 月可能扣除金额如表 5-6 所示。

表 5-6　2019 年 10 月可能扣除金额　　　　　　　　　单位:元

扣除方式	方式一	方式二	方式三
李奇	1 000	500	0
袁梅	0	500	1 000

(5) 住房租金。纳税人在主要工作城市没有自有住房而发生的住房租金支出,可以按照以下标准定额扣除:直辖市、省会(首府)城市、计划单列市以及国务院确定的其他城市,扣除标准为每月 1 500 元。除上述所列城市以外,市辖区户籍人口超过 100 万的城市,扣除标准为每月 1 100 元;市辖区户籍人口不超过 100 万的城市,扣除标准为每月 800 元。

纳税人及其配偶在一个纳税年度内不得同时分别享受住房贷款利息专项附加扣除和住房租金专项附加扣除。

纳税人本人及配偶在纳税人的主要工作城市没有住房,而在主要工作城市租赁住房发生的租金支出,可以按照标准定额扣除;夫妻双方主要工作城市相同的,只能由一方扣除住房租金支出。

附加扣除计算时间为租赁合同(协议)约定的房屋租赁期开始的当月至租赁期结束的当月。提前终止合同(协议)的,以实际租赁期限为准。

思考与辨析 5-9

某纳税人在北京工作有自有住房,享受贷款利息扣除;之后的 2 年派到外地分支机构工作,由分支机构发放工资,在外地租房居住,是否可以不扣北京的住房贷款利息,而选择扣除租房租金?如何扣除租房租金,在调回北京工作还能就北京住房享受贷款利息扣除吗?外地租房的 24 个月是否排除在最长扣除期限 240 个月之外?

解析 纳税人在工作的分支机构所在地没有自有住房的,可以享受住房租金扣除。纳税人调回北京后,可以继续享受北京住房的住房贷款利息扣除,最长扣除期限 240 个月。纳税人享受住房租金扣除期间,不计入住房贷款利息最长 240 个月扣除期限。纳税人应当在实际情况发生变化时,及时更正申报,如实享受扣除政策。

(6) 赡养老人。纳税人赡养一位及以上被赡养人的赡养支出,统一按照以下标准定额扣除:纳税人为独生子女的,按照每月2 000元的标准定额扣除;纳税人为非独生子女的,由其与兄弟姐妹分摊每月2 000元的扣除额度,每人分摊的额度不能超过每月1 000元。

可以由赡养人均摊或者约定分摊,也可以由被赡养人指定分摊。约定或者指定分摊的须签订书面分摊协议,指定分摊优先于约定分摊。具体分摊方式和额度在一个纳税年度内不能变更。

被赡养人是指年满60周岁的父母(指生父母、继父母、养父母),以及子女均已去世的年满60周岁的祖父母、外祖父母。

附加扣除计算时间为被赡养人年满60周岁的当月至赡养义务终止的年末。

(7) 其他规定。纳税人同时从两处以上取得工资、薪金所得,并由扣缴义务人办理上述专项附加扣除的,对同一专项附加扣除项目,一个纳税年度内,纳税人只能选择从其中一处扣除。专项附加扣除和依法确定的其他扣除,以居民个人一个纳税年度的应纳税所得额为限额;一个纳税年度扣除不完的,不结转以后年度扣除。

2. 劳务报酬、稿酬、特许权使用费所得的预扣预缴

劳务报酬、稿酬、特许权使用费所得以个人每次取得的收入,定额或定率减除费用后的余额为预扣预缴应纳税所得额。其中,稿酬所得的收入减按70%计算。

劳务报酬、稿酬、特许权使用费每次收入不超过4 000元的,定额扣除费用为800元,每次收入4 000元以上的,定率扣除20%的费用。其计算公式如下。

每次收入不超过4 000元的,预扣预缴应纳税所得额=(收入-800)

每次收入4 000元以上的,预扣预缴应纳税所得额=收入×(1-20%)

劳务报酬所得适用20%~40%的超额累计预扣税率(见表5-2),稿酬、特许权使用费所得适用20%的比例预扣率。

【例5-2】 2020年1月甲公司聘请李某到单位进行技术指导,支付劳务报酬30 000元;2020年4月,李某获得特许权使用费所得1 000元;2020年5月同时出版了一本畅销书,取得稿酬100 000元,请计算上述各支付单位应为李某预扣预缴的个人所得税税额。

解析 劳务报酬所得应预扣预缴税额=30 000×(1-20%)×30%-2 000=5 200(元)

特许权使用费所得应预扣预缴税额=(1 000-800)×20%=40(元)

稿酬所得应预扣预缴税额=100 000×(1-20%)×70%×20%=11 200(元)

劳务报酬、稿酬、特许权使用费中"次"的解释如下。

(1) 劳务报酬属于一次性收入的,以取得该项收入为一次;属于同一事项连续取得收入的,以1个月内取得的收入为一次。如果一次性劳务报酬收入以分月支付方式取得的,适用同一事项连续取得收入,以1个月内取得的收入为一次。

(2) 特许权使用费所得以某项使用权的一次转让所取得的收入为一次,如果该次转让取得的收入是分笔支付的,则应将各笔收入相加为一次的收入,计征个税。

(3) 稿酬所得实行按次计征,对于"次"的具体规定如下。

① 同一作品再版取得的所得,视为另一次稿酬所得计征个人所得税。

② 同一作品先在报刊上连载,再出版,或先出版,再在报刊上连载的,视为两次稿酬所

得,即连载作为一次,出版作为另一次。

③ 在两处或两处以上出版、发表或再版同一作品而取得稿酬所得,可分别各处取得的所得或再版所得按分次所得计征个人所得税。

④ 同一作品在报刊上连载取得收入的,以连载完成后取得的所有收入合并为一次,计征个人所得税。

⑤ 同一作品在出版和发表时,以预付稿酬或分次支付稿酬等形式取得稿酬收入,应合并计算为一次计征个人所得税。

⑥ 同一作品出版、发表后,因添加印数而追加稿酬的,应与以前出版、发表时取得的稿酬合并计算为一次计征个人所得税。

(二)全年综合所得税务处理

(1) 取得综合所得需要办理汇算清缴的情形。

① 从两处以上取得综合所得,且综合所得年收入额减除专项扣除的余额超过6万元。

② 取得劳务报酬所得、稿酬所得、特许权使用费所得中一项或者多项所得,且综合所得年收入额减除专项扣除的余额超过6万元。

③ 纳税年度内预缴税额低于应纳税额。

④ 纳税人申请退税。

居民个人需要办理汇算清缴的,应当在取得所得的次年3月1日至6月30日内办理汇算清缴。纳税人可以自行汇算清缴,也可以委托扣缴义务人或者其他单位和个人办理汇算清缴。

(2) 综合所得的税率与居民个人的工资薪金预扣率相同。

(3) 应纳税额与应补(应退)税额计算如下。

综合所得年度应纳税额=综合所得的应纳税所得额×税率-速算扣除数

综合所得应补(应退)税额=综合所得年度应纳税额-预扣预缴税额

【例5-3】 居民个人李某2020年收入情况如下:2020年1—6月每月工资收入为40 000元,7—12月每月工资收入为45 000元,每月"三险一金"专项扣除、专项附加扣除等合计为10 900元。2020年1月被甲公司聘请进行技术指导,得到劳务报酬3 000元,2020年4月转让特许权使用费所得100 000元。不考虑其他因素,2020年年度终了,请问李某是否需要汇算清缴,应补或应退多少个人所得税?

解析 需要汇算清缴。李某从2处以上取得综合所得,而且综合所得年收入额减除专项扣除的余额超过6万元。

① 李某2020年各月工资薪金预扣预缴金额见表5-7。

表5-7 李某2020年各月工资薪金预扣预缴金额

月份	工资收入/元	扣除合计/元	累计应纳税所得额/元	预扣率	扣除数/元	累计预扣税额/元	当月预扣税额/元
1	40 000	10 900	29 100	3%	0	873	873
2	40 000	10 900	58 200	10%	2 520	3 300	2 427
3	40 000	10 900	87 300	10%	2 520	6 210	2 910
4	40 000	10 900	116 400	10%	2 520	9 120	2 910
5	40 000	10 900	145 500	20%	16 920	12 180	3 060

续表

月份	工资收入/元	扣除合计/元	累计应纳税所得额/元	预扣率	扣除数/元	累计预扣税额/元	当月预扣税额/元
6	40 000	10 900	174 600	20%	16 920	18 000	5 820
7	45 000	10 900	208 700	20%	16 920	24 820	6 820
8	45 000	10 900	242 800	20%	16 920	31 640	6 820
9	45 000	10 900	276 900	20%	16 920	38 460	6 820
10	45 000	10 900	311 000	25%	31 920	45 830	7 370
11	45 000	10 900	345 100	25%	31 920	54 355	8 525
12	45 000	10 900	379 200	25%	31 920	62 880	8 525
合计							62 880

② 劳务报酬所得应预扣预缴税额=(3 000-800)×20%=440(元)。

③ 特许权使用费所得应预扣预缴税额=100 000×(1-20%)×20%=16 000(元)。

④ 李某年终汇算清缴:

2020年综合所得的收入总额=(40 000×6+45 000×6)+3 000×(1-20%)
+100 000×(1-20%)=592 400(元)

2020年综合所得的应纳税所得额= 592 400-10 900×12=461 600(元)

适用税率30%,速算扣除数52 920元。

应纳税额=461 600×30%-52 920=85 560(元)

应补税额=85 560-(62 880+440+16 000)=6 240(元)

业务案例5-3

甲公司有一批单身员工,在租房问题上,公司有两种方案。

方案一:员工自己在外租房,员工个人跟房东签订租房合同,员工租房单据可以按照规定标准在甲公司财务报销宿舍费用。

方案二:甲公司统一以公司名义租房作为员工宿舍,公司跟房东签订租房合同,租房单据按照规定标准在财务报销宿舍费用。

从税法角度,讨论这两种方案的区别在哪里?

【解析】 方案一:① 从企业所得税角度看,由于租房合同是员工与房东签订的,租房单据开具的对象是职工个人名字,因此,房租不能在企业所得税税前扣除。

② 从个人所得税角度看,由于合同是员工跟房东签订的,因此员工每月可以享受专项附加扣除中的住房租金支出扣除1 500元。

方案二:① 从企业所得税角度看,由于租房合同是公司跟房东签订的,租房单据的开具对象是甲公司名称,则房租可以按照福利费标准在企业所得税前扣除。

② 从个人所得税角度看,由于租房合同是甲公司跟房东签订,因此员工每月没法享受专项附加扣除中的住房租金支出扣除1 500元。

如果甲公司在方案二的条件下再与员工签订一份住房租赁合同或协议,通过向员工适当收取房租,可作为员工住房租金专项附加扣除的留存备查资料。这样企业既可以按照福利费标准在税前扣除,员工个人每月也可以享受专项附加扣除中的住房租金支出扣除1 500元了。

二、非居民个人应纳税额的计算

非居民个人取得工资、薪金所得,劳务报酬所得,稿酬所得和特许权使用费所得,有扣缴义务人的,由扣缴义务人代扣代缴税款,不办理汇算清缴。

扣缴义务人向非居民个人支付工资、薪金所得,劳务报酬所得,稿酬所得和特许权使用费所得时,应当按以下方法按月或者按次代扣代缴个人所得税。

(1) 工资、薪金所得应纳所得税额=(每月收入额-5 000)×适用税率-速算扣除数。

(2) 劳务报酬所得、稿酬所得、特许权使用费所得,以每次收入额为应纳税所得额。

劳务报酬所得应纳税额=收入×(1-20%)×税率-速算扣除数

稿酬所得应纳税额=收入×(1-20%)×70%×税率-速算扣除数

特许权使用费所得应纳税额=收入×(1-20%)×税率-速算扣除数

【例 5-4】 2020 年 3 月甲公司聘请美国人 Davi(非居民个人)到单位进行技术指导,支付劳务报酬 30 000 元。计算甲公司应代扣代缴的个人所得税。

解析 应纳税所得额=30 000×(1-20%)=24 000(元)

应代扣代缴税额=24 000×20%-1 410=3 390(元)

三、经营所得应纳税额的计算

(一) 个体工商户征收个人所得税的相关规定

个体工商户应纳税所得额的计算,以权责发生制为原则,属于当期的收入和费用,不论款项是否收付,均作为当期的收入和费用;不属于当期的收入和费用,即使款项已经在当期收付,均不作为当期收入和费用。财政部、国家税务总局另有规定的除外。

1. 计税基本规定

个体工商户的生产、经营所得,以每一纳税年度的收入总额,减除成本、费用、税金、损失、其他支出以及允许弥补的以前年度亏损后的余额,为应纳税所得额。

应纳税所得额=收入总额-成本-费用-损失-税金-其他支出
-允许弥补的以前年度亏损

个体工商户从事生产经营以及与生产经营有关的活动(以下简称生产经营)取得的货币形式和非货币形式的各项收入为收入总额。包括销售货物收入、提供劳务收入、转让财产收入、利息收入、租金收入、接受捐赠收入、其他收入。

其他收入包括个体工商户资产溢余收入、逾期一年以上的未退包装物押金收入、确实无法偿付的应付款项、已做坏账损失处理后又收回的应收款项、债务重组收入、补贴收入、违约金收入、汇兑收益等。

成本是指个体工商户在生产经营活动中发生的销售成本、销货成本、业务支出以及其他耗费。

费用是指个体工商户在生产经营活动中发生的销售费用、管理费用和财务费用,已经计入成本的有关费用除外。

税金是指个体工商户在生产经营活动中发生的除个人所得税和允许抵扣的增值税以外的各项税金及其附加。

损失是指个体工商户在生产经营活动中发生的固定资产和存货的盘亏、毁损、报废损失、转让财产损失、坏账损失、自然灾害等不可抗力因素造成的损失以及其他损失。个体工商户发生的损失,减除责任人赔偿和保险赔款后的余额,参照财政部、国家税务总局有关企业资产损失税前扣除的规定扣除。个体工商户已经作为损失处理的资产,在以后纳税年度又全部收回或者部分收回时,应当计入收回当期的收入。

其他支出是指除成本、费用、税金、损失外,个体工商户在生产经营活动中发生的与生产经营活动有关的、合理的支出。

除税收法律、法规另有规定外,个体工商户实际发生的成本、费用、税金、损失和其他支出,不得重复扣除。

个体工商户下列支出不得扣除:①个人所得税税款;②税收滞纳金;③罚金、罚款和被没收财物的损失;④不符合扣除规定的捐赠支出;⑤赞助支出;⑥用于个人和家庭的支出;⑦与取得生产经营收入无关的其他支出;⑧国家税务总局规定不准扣除的支出。

个体工商户生产经营活动中,应当分别核算生产经营费用和个人、家庭费用。对于生产经营与个人、家庭生活混用难以分清的费用,其40%视为与生产经营有关费用,准予扣除。

个体工商户纳税年度发生的亏损,准予向以后年度结转,用以后年度的生产经营所得弥补,但结转年限最长不得超过5年。亏损是指个体工商户依照本办法规定计算的应纳税所得额小于0的数额。

个体工商户使用或者销售存货,按照规定计算的存货成本,准予在计算应纳税所得额时扣除。

个体工商户转让资产,该项资产的净值,准予在计算应纳税所得额时扣除。

2. 对个体工商户个人所得税计算的扣除项目及标准

(1) 个体工商户实际支付给从业人员的合理的工资薪金支出,准予扣除。个体工商户业主的工资在税前不允许扣除,业主费用扣除标准统一为60 000元/年。

(2) 个体工商户按照国务院有关主管部门或者省级人民政府规定的范围和标准为其业主和从业人员缴纳的基本养老保险费、基本医疗保险费、失业保险费、生育保险费、工伤保险费和住房公积金,准予扣除。

个体工商户为从业人员缴纳的补充养老保险费、补充医疗保险费,分别在不超过从业人员工资总额5%标准内的部分据实扣除;超过部分,不得扣除。

个体工商户业主本人缴纳的补充养老保险费、补充医疗保险费,以当地(地级市)上年度社会平均工资的3倍为计算基数,分别在不超过该计算基数5%标准内的部分据实扣除;超过部分,不得扣除。

(3) 除个体工商户依照国家有关规定为特殊工种从业人员支付的人身安全保险费和财政部、国家税务总局规定可以扣除的其他商业保险费外,个体工商户业主本人或者为从业人员支付的商业保险费,不得扣除。

(4) 个体工商户在生产经营活动中发生的合理的不需要资本化的借款费用,准予扣除。

个体工商户为购置、建造固定资产、无形资产和经过12个月以上的建造才能达到预定可销售状态的存货发生借款的,在有关资产购置、建造期间发生的合理的借款费用,应当作为资本性支出计入有关资产的成本,并依照本办法的规定扣除。

(5) 个体工商户在生产经营活动中发生的下列利息支出,准予扣除:向金融企业借款的利息支出;向非金融企业和个人借款的利息支出,不超过按照金融企业同期同类贷款利率计算的数额的部分。

(6) 个体工商户向当地工会组织拨缴的工会经费、实际发生的职工福利费支出、职工教育经费支出分别在工资薪金总额的2%、14%、8%的标准内据实扣除。工资薪金总额是指允许在当期税前扣除的工资薪金支出数额；职工教育经费的实际发生数额超出规定比例当期不能扣除的数额，准予在以后纳税年度结转扣除；个体工商户业主本人向当地工会组织缴纳的工会经费、实际发生的职工福利费支出、职工教育经费支出，以当地（地级市）上年度社会平均工资的3倍为计算基数，在本条第一款规定比例内据实扣除。

【例5-5】 某个体商户2020年为其从业人员实际发放工资205万元，业主领取劳动报酬20万元，2020年该个体工商户允许税前扣除的从业人员补充养老保险限额为多少万元？

解析 个体工商户为从业人员缴纳的补充养老保险费、补充医疗保险费，分别在不超过从业人员工资总额5%标准内的部分据实扣除；超过部分，不得扣除。该个体工商户允许税前扣除的从业人员补充养老保险限额＝205×5%＝10.25（万元）。

(7) 个体工商户按照规定缴纳的摊位费、行政性收费、协会会费等，按实际发生数额扣除。

(8) 个体工商户自申请营业执照之日起至开始生产经营之日止所发生符合规定的费用，除为取得固定资产、无形资产的支出，以及应计入资产价值的汇兑损益、利息支出外，作为开办费，个体工商户可以选择在开始生产经营的当年一次性扣除，也可自生产经营月份起在不短于3年期限内摊销扣除，但一经选定，不得改变。

(9) 个体工商户通过公益性社会团体或者县级以上人民政府及其部门，用于规定的公益事业的捐赠，捐赠额不超过其应纳税所得额30%的部分可以据实扣除。规定可以全额在税前扣除的捐赠支出项目按有关规定执行。个体工商户直接对受益人的捐赠不得扣除。

(10) 个体工商户研究开发新产品、新技术、新工艺所发生的开发费用，以及研究开发新产品、新技术而购置单台价值在10万元以下的测试仪器和试验性装置的购置费准予直接扣除；单台价值在10万元以上（含10万元）的测试仪器和试验性装置，按固定资产管理，不得在当期直接扣除。

对所有行业企业2014年1月1日后新购进的专门用于研发的仪器、设备，单位价值不超过100万元的，允许一次性计入当期成本费用并在计算应纳税所得额时扣除，不再分年度计算折旧；单位价值超过100万元的，可缩短折旧年限或采取加速折旧的方法。

(11) 个体工商户在货币交易中，以及纳税年度终了时将人民币以外的货币性资产、负债按照期末即期人民币汇率中间价折算为人民币时产生的汇兑损失，除已经计入有关资产成本部分外，准予扣除。

(12) 个体工商户有两处或两处以上经营机构的，选择并固定向其中一处经营机构所在地主管税务机关申报缴纳个人所得税。

(13) 个体工商户发生的与生产经营活动有关的业务招待费，按照实际发生额的60%扣除，但最高不得超过当年销售（营业）收入的5‰；业主自申请营业执照之日起至开始生产经营之日止所发生的业务招待费，按照实际发生额的60%计入个体工商户的开办费。

(14) 个体工商户每一纳税年度发生的与其生产经营活动直接相关的广告费和业务宣传费不超过当年销售（营业）收入15%的部分，可以据实扣除；超过部分，准予在以后纳税年度结转扣除。

(15) 个体工商户代其从业人员或者他人负担的税款,不得税前扣除。

(16) 个体工商户根据生产经营活动的需要租入固定资产支付的租赁费,按照以下方法扣除:以经营租赁方式租入固定资产发生的租赁费支出,按照租赁期限均匀扣除;以融资租赁方式租入固定资产发生的租赁费支出,按照规定构成融资租入固定资产价值的部分应当提取折旧费用,分期扣除。

(17) 个体工商户参加财产保险,按照规定缴纳的保险费,准予扣除。

(18) 个体工商户发生的合理的劳动保护支出,准予扣除。

【例 5-6】 2020 年某个体工商户取得销售收入 40 万元,将不含税价格为 5 万元的商品用于家庭成员和亲友消费;当年取得银行利息收入 1 万元,转让股票取得转让所得 10 万元,取得基金分红 1 万元。计算个体工商户允许税前扣除的广告费和业务宣传费限额。

解析 计提广告费扣除限额的营业收入(销售收入)=40+5=45(万元)

广告费的扣除限额=销售收入×15%=45×15%=6.75(万元)

【例 5-7】 某小型运输公司是个体工商户,账证健全,2020 年 12 月取得经营收入为 320 000 元,准许扣除的当月成本、费用(不含业主工资)及相关税金共计 250 600 元。1—11 月累计应纳税所得额 88 400 元(未扣除业主费用减除标准),1—11 月累计已预缴个人所得税 10 200 元。除经营所得外,业主本人没有其他收入,且 2020 年全年均享受赡养老人(2 000 元/年)这一专项附加扣除。不考虑专项扣除和符合税法规定的其他扣除,请计算该个体工商户 2020 年汇算清缴时应申请的个人所得税补(退)税额。

解析 全年应纳税所得额=(320 000-250 600)+88 400-5 000×12-2 000×12
=73 800(元)

全年应缴纳个人所得税=73 800×10%-1 500=5 880(元)

该个体工商户 2020 年应申请的应退税额=10 200-5 880=4 320(元)

(二) 个人独资企业和合伙企业投资者征收个人所得税的相关规定

个人独资企业以投资者为纳税人,合伙企业以每一个合伙人为纳税人。对个人独资企业和合伙企业生产经营所得,其个人所得税应纳税额的计算有以下两种方法。

1. 查账征税

凡实行查账征税办法的,其税率比照"个体工商户的生产、经营所得"应税项目,适用 5%~35% 的五级超额累进税率,计算征收个人所得税。

扣除项目的规定与企业所得税扣除项目的标准基本相同。

(1) 投资者工资不得在税前扣除。个人独资企业和合伙企业投资者的生产经营所得依法计征个人所得税时,个人独资企业和合伙企业投资者本人的费用扣除标准统一确定为 60 000 元/年,即 5 000 元/月。投资者兴办两个或两个以上企业的,其费用扣除标准由投资者选择在其中一个企业的生产经营所得中扣除。

(2) 投资者及其家庭发生的生活费用不允许在税前扣除。投资者及其家庭发生的生活费用与企业生产经营费用混合在一起,并且难以划分的,全部视为生活费用,不允许税前扣除。

(3) 企业生产经营和投资者及其家庭生活共用的固定资产,难以划分的,由主管税务机关根据企业的生产经营类型、规模等具体情况,核定准予在税前扣除的折旧费用的数额或比例。

(4) 企业的年度亏损,允许用本企业下一年度的生产经营所得弥补,下一年度所得不足弥补的,允许逐年延续弥补,但最长不得超过5年。投资者兴办两个或两个以上企业的,企业的年度经营亏损不能跨企业弥补。

(5) 计提的各种准备金不得扣除。

 思考与辨析 5-10

2020年某个人独资企业发生生产经营费用30万元,经主管税务机关审核,与其家庭生活费用无法划分,依据个人所得税的相关规定,该个人独资企业允许税前扣除的生产经营费用为多少?

解析 个人独资企业投资者及其家庭发生的生活费用不允许在税前扣除。投资者及其家庭发生的生活费用与企业生产经营费用混合在一起,并且难以划分的,全部视为投资者个人及其家庭发生的生活费用,不允许在税前扣除。

2. 核定征收

(1) 核定征收包括定额征收、定率征收和其他合理方法。核定征收的情形如下。

① 企业依照国家有关规定应当设置但未设置账簿的。

② 企业虽设置账簿,但账目混乱或者成本资料、收入凭证、费用凭证残缺不全,难以查账的。

③ 纳税人发生纳税义务,未按照规定的期限办理纳税申报,经税务机关责令限期申报,逾期仍不申报的。

(2) 核定应税所得率征收方式的计算公式如下。

$$应纳所得税额 = 应纳税所得额 \times 适用税率$$

$$应纳税所得额 = 收入总额 \times 应税所得率$$

或

$$应纳税所得额 = 成本费用支出额 \div (1 - 应税所得率) \times 应税所得率$$

企业经营多业的,无论其经营项目是否单独核算,均应根据其主营项目确定适用的应税所得率。个人所得税应税所得率适用见表5-8。

(3) 实行核定征税的投资者不得享受个人所得税的优惠政策。

(4) 查账征税改为核定征税后,查账征税认定的年度经营亏损未弥补完的部分不得再继续弥补。

表5-8 个人所得税应税所得率表

行 业	应税所得率
工业、交通运输业、商业	5%~20%
建筑业、房地产开发业	7%~20%
饮食服务业	7%~25%
娱乐业	20%~40%
其他行业	10%~30%

无论查账征收的,还是核定征收的投资分回的利息或者股息、红利单独均按"利息、股息、红利所得"项目纳税。

(5)个体工商户、个人独资企业和合伙企业因在纳税年度中间开业、合并、注销及其他原因,导致该纳税年度的实际经营期不足 1 年的,对个体工商户业主、个人独资企业投资者和合伙企业自然人合伙人的生产经营所得计算个人所得税时,以实际经营期为 1 个纳税年度,投资者本人的费用扣除标准,应按照实际经营月份数,以每月 5 000 元的减除标准确定。

(三)对企事业单位的承包经营、承租经营所得应纳税额的计算

对企事业单位的承包经营、承租经营所得,以每一纳税年度的收入总额,减除必要费用后的余额为应纳税所得额。收入总额是指纳税人按照承包经营、承租经营合同规定分得的经营利润和工资、薪金性质的所得。

个人承包、承租经营所得,既有工资、薪金性质,又含生产、经营性质,但考虑到个人按承包经营、承租经营合同规定分到的是经营利润,涉及的生产、经营成本费用已经扣除,所以,税法规定,"减除必要费用"是指按月减除 5 000 元,实际减除的是相当于个人的生计及其他费用。

对企事业单位的承包经营、承租经营所得,其个人所得税应纳税额的计算公式为

应纳税额=应纳税所得额×适用税率-速算扣除数

或

应纳税额=(纳税年度收入总额-必要费用)×适用税率-速算扣除数

应纳税所得额=个人承包、承租经营收入总额-每月费用扣除标准
×实际承包或承租月数

(1)对企事业单位的承包经营、承租经营所得,以每一纳税年度的收入总额,减除必要费用后的余额为应纳税所得额。在一个纳税年度中,承包经营或者承租经营期限不足 1 年的,以其实际经营期为纳税年度。

(2)对企事业单位的承包经营、承租经营所得适用的速算扣除数,同个体工商户的生产、经营所得适用的速算扣除数。

【例 5-8】 2020 年 1 月,李某个人与事业单位签订承包合同经营招待所,承包期为 3 年。2020 年招待所实现承包经营利润 150 000 元(未扣除含承包人工资报酬),按合同规定承包人每年应从承包经营利润中上缴承包费 30 000 元。计算李某 2020 年应纳个人所得税税额。

解析 2020 年应纳税所得额=承包经营利润-上缴费用-每月必要费用扣减合计
=150 000-30 000-5 000×12=60 000(元)

该承包人 2020 年应缴纳个人所得税=60 000×10%-1 500=4 500(元)

四、其他纳税项目应纳税额的计算

(一)财产租赁所得应纳税额的计算

财产租赁所得一般以个人每次取得的收入,定额或定率减除规定费用后的余额为应纳

税所得额。每次收入不超 4 000 元的,定额减除费用 800 元,每次收入超过 4 000 元的,定率减除 20％的费用。个人出租财产取得的财产租赁收入,在计算缴纳个人所得税时,应依次扣除以下费用：①财产租赁过程中缴纳的税费；②由纳税人负担的该出租财产实际开支的修缮费用。修缮费用的扣除以每次 800 元为限,一次扣除不完的,准予在下一次继续扣除,直到扣完为止。

(1) 每次收入不超 4 000 元的。

应纳税所得额＝收入－准予扣除项目－修缮费用(800 为限)－800(费用额)

(2) 每次收入超过 4 000 元的。

应纳税所得额＝[收入－准予扣除项目－修缮费用(800 为限)]×(1－20％)

财产租赁所得以一个月内取得的收入为一次。财产租赁所得应纳税额适用 20％的比例税率,但对个人出租住房取得的所得暂减按 10％的税率征收个人所得税。财产租赁所得应纳税额的计算公式为

应纳税额＝应纳税所得额×税率(20％或 10％)

【例 5-9】 2020 年年初,余某将自有商铺对外出租,租金 8 000 元/月。在不考虑其他税费的情况下,计算余某每月租金应缴纳的个人所得税。

解析 应缴纳个人所得税＝8 000×(1－20％)×20％＝1 280(元)

【例 5-10】 中国公民王某 1 月 1 日起将其位于市区的一套住房按市价出租,每月收取不含税租金 3 800 元。1 月因卫生间漏水发生修缮费用 1 200 元,已取得合法有效的支出凭证。试计算王某 1 月和 2 月共应缴纳的个人所得税。

解析 王某 1 月和 2 月共应缴纳个人所得税额为

(3 800－800－800)×10％＋(3 800－400－800)×10％＝480(元)

个人将承租房屋转租取得的租金收入,属于个人所得税应税所得,应按"财产租赁所得"项目计算缴纳个人所得税。取得转租收入的个人向房屋出租方支付的租金,凭房屋租赁合同和合法支付凭据允许在计算个人所得税时,从该项转租收入中扣除。

(二)财产转让所得应纳税额的计算

财产转让所得以个人每次转让财产取得的收入额减除财产原值和相关税费后的余额为应纳税所得额。其中,"每次"是指以一件财产的所有权一次转让取得的收入为一次。

1. 一般情况下财产转让所得应纳税额的计算

应纳税额＝应纳税所得额×20％＝(收入总额－财产原值－合理税费)×20％

财产原值按以下确定。

(1) 有价证券,财产原值为买入价以及买入时按照规定缴纳的有关费用。

(2) 建筑物,财产原值为建造费或者购进价格以及其他有关费用。

(3) 土地使用权,财产原值为取得土地使用权所支付的金额、开发土地的费用以及其他有关费用。

(4) 机器设备、车船,财产原值为购进价格、运输费、安装费以及其他有关费用。

(5) 其他财产,参照以上方法确定。纳税义务人未提供完整、准确的财产原值凭证,不能正确计算财产原值的,由主管税务机关核定其财产原值。

【例 5-11】 李某建房一幢,造价 360 000 元,支付其他费用 50 000 元。李某建成后将房屋出售,售价 600 000 元,在售房过程中按规定支付交易费等相关税费 35 000 元。计算李某

应缴纳的个人所得税。

解析 应纳税所得额＝财产转让收入－财产原值－合理费用
＝600 000－(360 000＋50 000)－35 000＝155 000(元)
应纳个人所得税＝155 000×20％＝31 000(元)

2. 个人住房转让所得应纳税额的计算

(1) 以实际成交价格为转让收入。纳税人申报的住房成交价格明显低于市场价格且无正当理由的，征收机关依法有权根据有关信息核定其转让收入。

(2) 纳税人可凭原购房合同、发票等有效凭证，经税务机关审核后，允许从其转让收入中减除房屋原值、转让住房过程中缴纳的税金及有关合理费用。

转让住房过程中缴纳的税金是指纳税人在转让住房时实际缴纳的城市维护建设税、教育费附加、土地增值税、印花税等税金；合理费用是指纳税人按照规定实际支付的住房装修费用(有扣除限额)、住房贷款利息、手续费、公证费等费用。

【例 5-12】 居民张某 2020 年 2 月转让 2010 年购买的三居室精装修房屋一套，不含增值税售价 230 万元，转让过程中支付的除增值税外的相关税费 13.8 万元。该套房屋的购进价为 100 万元，购房过程中支付的相关税费为 3 万元，所有税费支出均取得合法凭证。计算张某转让房屋所得应纳的所得税。

解析 应纳的个人所得税＝(230－13.8－100－3)×20％＝22.64(万元)

以下情形的房屋产权无偿赠与，对当事双方不征收个人所得税。

(1) 房屋产权所有人将房屋产权无偿赠与配偶、父母、子女、祖父母、外祖父母、孙子女、外孙子女、兄弟姐妹。

(2) 房屋产权所有人将房屋产权无偿赠与对其承担直接抚养或者赡养义务的抚养人或者赡养人。

(3) 房屋产权所有人死亡，依法取得房屋产权的法定继承人、遗嘱继承人或者受遗赠人。

除上述规定情形以外，房屋产权所有人将房屋产权无偿赠与他人的，受赠人因无偿受赠房屋取得的受赠所得，缴纳个人所得税，税率为 20％。

对受赠人无偿受赠房屋计征个人所得税时，应纳税所得额计算如下。

应纳税所得额＝房地产赠与合同上标明的赠与房屋价值－受赠人支付的相关税费

受赠人转让受赠房屋的，应纳税所得额计算如下。

应纳税所得额＝转让受赠房屋的收入－原捐赠人取得该房屋的实际购置成本
－赠与和转让过程中受赠人支付的相关税费

3. 个人转让股权应纳税额的计算

个人转让股权，以股权转让收入减除股权原值和合理费用后的余额为应纳税所得额，按"财产转让所得"缴纳个人所得税。合理费用是指股权转让时按照规定支付的有关税费。转让方取得与股权转让相关的各种款项，包括违约金、补偿金以及其他名目的款项、资产、权益等，均应当并入股权转让收入。

（三）利息、股息、红利所得应纳税额的计算

利息、股息、红利所得以个人每次取得的收入额为应纳税所得额，不得从收入额中扣除任何费用。其中，每次收入是指支付单位或个人每次支付利息、股息、红利时，个人所取得的收入。利息、股息、红利所得适用20%的比例税率。

$$应纳税额=应纳税所得额×适用税率=每次收入额×20\%$$

【例5-13】 李明2020年3月取得财政部发行国债的利息1 200元,取得某国内上市公司发行的公司债券利息750元。计算3月李明取得的各项利息应纳的个人所得税。

解析 李明取得的各项利息应纳个人所得税=750×20%=150(元)

(四)偶然所得应纳税额的计算

偶然所得以个人每次取得的收入额为应纳税所得额,不得扣除任何费用。除有特殊规定外,每次收入额就是应纳税所得额,以每次取得该项收入为一次。偶然所得适用20%的比例税率。

$$应纳税额=应纳税所得额×适用税率=每次收入额×20\%$$

【例5-14】 小乐2020年1月在参加某商场组织的有奖销售活动中,中奖所得共计价值30 000元。计算小乐中奖所得应缴纳的个人所得税。

解析 中奖所得应缴纳个人所得税=30 000×20%=6 000(元)

五、特殊情形下应纳税额的计算

(一)居民个人全年一次性奖金应纳税额的计算

(1)一次性奖金包括年终加薪、实行年薪制和绩效工资办法的单位根据考核情况兑现的年薪和绩效工资。居民个人取得除全年一次性奖金以外的其他各种名目奖金,如半年奖、季度奖、加班奖、先进奖、考勤奖等,一律与当月工资、薪金收入合并,按规定缴纳个人所得税。

(2)计算方法如下。

① 全年一次性奖金除以12个月,按其商数依据按月换算后的综合税率表确定适用税率和速算扣除数。

② 计算应纳税额。

$$应纳税额=全年一次奖金×适用税率-速算扣除数$$

【例5-15】 假定中国居民个人李某2020年在我国境内1—12月每月的税后工资为3 800元,12月31日又一次性领取年终含税奖金60 000元。计算李某取得年终奖金应缴纳的个人所得税。

解析 ① 年终奖金适用的税率和速算扣除数。

由于每月奖金=60 000÷12=5 000(元),根据工资、薪金七级超额累进税率的规定,适用的税率和速算扣除数分别为10%、210。

② 年终奖应缴纳个人所得税。

$$应纳税额=年终奖金收入×适用的税率-速算扣除数$$
$$=60\ 000×10\%-210=5\ 790(元)$$

该方法不是唯一选择,居民个人也可选择并入当年综合所得计算纳税,如果选择了上述方法,一个纳税年度内,对每一个纳税人,该计税方法只允许采用一次。

（二）关于解除劳动关系一次性补偿收入的政策

个人与用人单位解除劳动关系取得一次性补偿收入（包括用人单位发放的经济补偿金、生活补助费和其他补助费），在当地上年职工平均工资3倍数额以内的部分，免征个人所得税；超过3倍数额的部分，不并入当年综合所得，单独适用综合所得税率表，计算纳税。

【例5-16】 某企业职工李某2020年1月31日与所在企业解除劳动合同。其在企业工作年限为10年，领取经济补偿金80 000元，其所在地区上年职工平均工资为12 000元。计算李某应缴纳的个人所得税。

解析 补偿金应税所得额=80 000－3×12 000=44 000（元）

应纳个人所得税额=44 000×10％－2 520=1 880（元）

（三）个人取得公务交通、通讯补贴收入征税问题

个人因公务用车和通讯制度改革而取得的公务用车、通讯补贴收入，扣除一定标准的公务费用后，按照"工资、薪金所得"项目征税。按月发放的，并入当月"工资、薪金所得"合并后计征个人所得税；不按月发放的，分解到所属月份并与该月份"工资、薪金所得"合并征税。

（四）在外商投资企业、外国企业和外国驻华机构工作的中方人员取得的工资、薪金所得的征税问题

凡是由雇佣单位和派遣单位分别支付的，支付单位应按规定代扣代缴个人所得税。其征管方法是：只由雇佣单位在支付工资、薪金时按税法规定减除费用，计算扣缴个人所得税；派遣单位支付的工资、薪金不再减除费用，以支付金额直接确定适用税率，计算扣缴个人所得税。纳税义务人应持两处支付单位提供的原始明细工资、薪金单（书）和完税凭证原件，选择并固定到一地税务机关申报每月工资、薪金收入，汇算清缴其工资、薪金收入的个人所得税，多退少补。

（五）境外所得已纳税款抵免的计算

纳税人从中国境外取得的所得，准予其在应纳税额中抵免已在境外缴纳的个人所得税税额，但抵免额不得超过该纳税义务人境外所得依我国税法规定计算的应纳税额。参照以下步骤进行计算。

第一步：计算扣除限额，既要分国又要分项计算，同一国家、地区内不同项目应纳税额之和为这个国家（地区）的扣除限额。

来自某国或地区的抵免限额

=∑（来自某国或地区的某一应税项目的所得－费用扣除标准）

×适用税率－速算扣除数

或

来自某国或地区的抵免限额

=∑（来自某国或地区的某一应税项目的净所得

＋境外实缴税款－费用扣除标准）×适用税率－速算扣除数

第二步：计算境外已纳税额，按所得来源国家和地区的法律应缴实缴税额。

第三步：比较确定应纳税额，多不退，少要补。

境外实际已缴数＜扣除限额：在中国补缴税款。

境外实际已缴数＞扣除限额：在中国本年无须补交税款，超出部分也不得扣除，但可以在以后5年中该国家（地区）扣除限额的余额中补扣。

【例 5-17】 假定某中国居民个人 2020 年 5 月转让美国一套私有住房取得 420 万元，该住房转让时发生的费用共计 350 万元，已被扣缴个人所得税 12 万元；同月还从加拿大取得股息所得 50 万元，已被扣缴个人所得税 6 万元。经核查境外完税凭证无误，请依照现行税法规定计算该居民个人境外所得在我国境内应补缴的个人所得税。

解析 该纳税人上述来源于两国的所得应分国计算抵免限额。

① 来自美国所得的抵免限额＝(420－350)×20%＝14(万元)。

② 来自加拿大所得的抵免限额＝50×20%＝10(元)。

③ 由于该纳税人在美国和加拿大已被扣缴的所得税额均不超过各自计算的抵免限额，故来自美国和加拿大所得的允许抵免额分别为 12 万元和 6 万元，在中国补缴税款。

④ 应补缴个人所得税＝14－12＋10－6＝6(万元)。

（六）对公益救济性捐赠支出的扣除

(1) 个人将其所得通过中国境内的社会团体、国家机关向教育和其他社会公益事业以及遭受严重自然灾害地区、贫困地区捐赠，捐赠额未超过纳税义务人申报的应纳税所得额 30% 的部分，可以从其应纳税所得额中扣除，超过部分不得扣除。

个人捐赠住房作为公共租赁住房，符合税收法律法规规定的，对其公益性捐赠支出未超过其申报的应纳税所得额 30% 的部分，准予从其应纳税所得额中扣除。

(2) 个人通过非营利性的社会团体和国家机关向以下公益性事业的捐赠，准予在税前全额扣除。

① 个人通过非营利性的社会团体和国家机关向农村义务教育、红十字事业、公益性青少年活动场所（其中包括新建）、非营利性老年服务机构、向教育事业的捐赠、向地震灾区的捐赠，在计算缴纳个人所得税时，准予在税前全额扣除。

② 个人通过中国教育发展基金会、宋庆龄基金会用于公益救济性的捐赠，准予在当年个人所得税前全额扣除。

思考与辨析 5-11

2020 年 5 月，李某取得财产租赁收入 80 000 元，从中拿出 20 000 元通过国家机关捐赠给受灾地区。请问李某捐赠的 20 000 元是否可以全额税前扣除？

解析 个人将其所得通过中国境内的社会团体、国家机关向教育和其他社会公益事业以及遭受严重自然灾害地区、贫困地区捐赠，捐赠额未超过纳税义务人申报的应纳税所得额 30% 的部分，可以从其应纳税所得额中扣除，超过部分不得扣除。

捐赠扣除限额＝80 000×(1－20%)×30%＝19 200(元)，实际发生 20 000 元，只能扣除 19 200 元，剩余的部分不能税前扣除。

第四节 个人所得税税收优惠

个人所得税既是一种分配手段,也是体现国家政策的重要工具。为了鼓励科学发明,支付社会福利、慈善事业和照顾某些纳税人的实际困难,《个人所得税法》对有关所得项目,有免税、减税的优惠规定。

一、免税项目

(1) 省级人民政府、国务院部委和中国人民解放军军以上单位,以及外国组织颁发的科学、教育、技术、文化、卫生、体育、环境保护等方面的奖金。

(2) 国债和国家发行的金融债券利息。国债利息是指个人持有中华人民共和国财政部发行的债券而取得的利息所得;国家发行的金融债券利息是指个人持有经国务院批准发行的金融债券而取得的利息所得。

(3) 按照国家统一规定发给的补贴、津贴。

(4) 福利费抚恤金、救济金。福利费是指根据国家有关规定,从企业、事业单位、国家机关、社会团体提留的福利费或者工会经费中支付给个人的生活补助费;救济金是指国家民政部门支付给个人的生活困难补助费。

(5) 保险赔款。

(6) 军人的转业费、复员费。

(7) 按照国家统一规定发给干部、职工的安家费、退职费、退休工资、离休工资、离休生活补助费。

(8) 依照我国有关法律规定应予免税的各国驻华使馆、领事馆的外交代表、领事官员和其他人员的所得。

(9) 中国政府参加的国际公约以及签订的协议中规定免税的所得。

(10) 对乡、镇(含乡、镇)以上人民政府或经县(含县)以上人民政府主管部门批准成立的有机构、有章程的见义勇为基金或者类似性质组织,奖励见义勇为者的奖金或奖品,经主管税务机关核准,免征个人所得税。

(11) 企业和个人按照省级以上人民政府规定的比例提取并缴付的住房公积金、医疗保险金、基本养老保险金、失业保险金,不计入个人当期的工资、薪金收入,免予征收个人所得税。超过规定的比例缴付的部分计征个人所得税。

(12) 储蓄机构内从事代扣代缴工作的办税人员取得的扣缴利息税手续费所得。

(13) 自原油期货对外开放之日起,对境外个人投资者投资中国境内原油期货取得的所得,3年内暂免征收个人所得税。

(14) 生育妇女按照县级以上人民政府根据国家有关规定制定的生育保险办法,取得的生育津贴、生育医疗费或其他属于生育保险性质的津贴、补贴。

(15) 工伤职工及其近亲属按照《工伤保险条例》规定取得的工伤保险待遇。

(16) 外籍个人以非现金形式或实报实销形式取得的住房补贴、伙食补贴、搬迁费、洗衣费。

(17) 个人举报、协查各种违法、犯罪行为而获得的奖金。

(18) 个人办理代扣代缴税款手续,按规定取得的扣缴手续费。

(19) 个人转让自用达5年以上并且是唯一的家庭居住用房取得的所得。

(20) 对按《国务院关于高级专家离休退休若干问题的暂行规定》和《国务院办公厅关于杰出高级专家暂缓离休审批问题的通知》精神,达到离休、退休年龄,但确因工作需要,适当延长离休、退休年龄的高级专家,其在延长离休、退休期间的工资、薪金所得。

(21) 外籍个人从外商投资企业取得的股息、红利所得。

(22) 凡符合下列条件之一的外籍专家取得的工资、薪金所得免征个人所得税。

① 根据世界银行专项贷款协议由世界银行直接派往我国工作的外国专家。

② 联合国组织直接派往我国工作的专家。

③ 为联合国援助项目来华工作的专家。

④ 援助国派往我国专为该国无偿援助项目工作的专家。

⑤ 根据两国政府签订文化交流项目来华工作2年以内的文教专家,其工资、薪金所得由该国负担的。

⑥ 根据我国大专院校国际交流项目来华工作2年以内的文教专家,其工资、薪金所得由该国负担的。

⑦ 通过民间科研协定来华工作的专家,其工资、薪金所得由该国政府机构负担的。

(23) 股权分置改革中非流通股股东通过对价方式向流通股股东支付的股份、现金等收入。

(24) 被拆迁人按照国家有关城镇房屋拆迁管理办法规定的标准取得的拆迁补偿款。

(25) 自2006年6月1日起,对保险营销员佣金中的展业成本,免征个人所得税;对佣金中的劳务报酬部分,扣除实际缴纳的税金及附加后,依照税法有关规定计算征收个人所得税。

(26) 个人从公开发行和转让市场取得的上市公司股票,持股期限超过1年的,股息红利所得暂免征收个人所得税。个人从公开发行和转让市场取得的上市公司股票,持股期限在1个月以内(含1个月)的,其股息红利所得全额计入应纳税所得额;持股期限在1个月以上至1年(含1年)的,暂减按50%计入应纳税所得额;上述所得统一适用20%的税率计征个人所得税。本规定自2015年9月8日起施行。

(27) 个体工商户或个人,以及个人独资企业和合伙企业从事种植业、养殖业、饲养业和捕捞业(以下简称"四业"),取得的"四业"所得暂不征收个人所得税。

(28) 经国务院财政部门批准免税的所得。

二、减税项目

有下列情形之一的,可以减征个人所得税,具体幅度和期限,由省、自治区、直辖市人民政府规定,并报同级人民代表大会常务委员会备案。

(1) 残疾、孤老人员和烈属的所得。

(2) 因严重自然灾害造成重大损失的。

(3) 国务院可以规定其他减税情形,报全国人民代表大会常务委员会备案。

对残疾人个人取得的劳动所得也适用减税规定,具体所得项目为工资薪金所得、个体工商户的生产经营所得、对企业事业单位承包和承租经营所得、劳务报酬所得、稿酬所得和特许权使用费所得。

三、暂免征税项目

根据有关文件的规定,对下列所得暂免征收个人所得税。

(1) 外籍个人以非现金形式或实报实销形式取得的住房补贴、伙食补贴、搬迁费、洗衣费。

(2) 外籍个人按合理标准取得的境内、境外出差补贴。

(3) 外籍个人取得的探亲费、语言训练费、子女教育费等,经当地税务机关审核批准为合理的部分。

(4) 外籍个人从外商投资企业取得的股息、红利所得。

(5) 符合条件的外籍专家取得的工资、薪金所得。

(6) 个人举报、协查各种违法、犯罪行为而获得的奖金。

(7) 个人办理代扣代缴手续,按规定取得的扣缴手续费。

(8) 个人转让自用达5年以上并且是唯一的家庭生活用房取得的所得。

(9) 对个人购买福利彩票、赈灾彩票、体育彩票,一次中奖收入在1万元以下的(含1万元)暂免征收个人所得税,超过1万元的,全额征收个人所得税。

(10) 达到离休、退休年龄,但确因工作需要,适当延长离休、退休年龄的高级专家,其在延长离休、退休期间的工资、薪金所得,视同离休、退休工资免征个人所得税。

(11) 城镇企业事业单位及其职工个人按照《失业保险条例》规定的比例,实际缴付的失业保险费,均不计入职工个人当期的工资、薪金收入,免予征收个人所得税。

企业和个人按照国家或地方政府规定的比例,提取并向指定金融机构实际缴付的住房公积金、医疗保险金、基本养老保险金。

(12) 个人领取原提存的住房公积金、医疗保险金、基本养老保险金,以及具备《失业保险条例》规定条件的失业人员领取的失业保险金。

(13) 生育妇女按照县级以上人民政府根据国家制定的生育保险办法,取得的生育津贴、生育医疗费或者其他属于生育保险性质的津贴、补贴。

(14) 符合地方政府规定条件的低收入住房保障家庭从地方政府领取的住房租赁补贴。

第五节 个人所得税征收管理

一、源泉扣缴

1. 扣缴义务人

个人所得税以取得应税所得的个人为纳税义务人,以支付所得的单位或者个人为扣缴义务人。

2. 扣缴义务人的法定义务

扣缴义务人在向个人支付应纳税所得(包括现金支付、汇拨支付、转账支付和以有价证券、实物以及其他形式支付)时,不论纳税人是否属于本单位人员,均应代扣代缴其应纳的个人所得税税款。扣缴义务人依法履行代扣代缴税款义务,纳税人不得拒绝。

扣缴义务人在扣缴税款时,必须向纳税人开具税务机关统一印制的代扣代收税款凭证,并详细注明纳税人姓名、工作单位、家庭住址和身份证或护照号码(无上述证件的,可用其他能有效证明身份的证件)等个人情况。对工资、薪金所得和股息、利息、红利所得等,因纳税人众多不便——开具代扣代收税款凭证的,经主管税务机关同意,可不开具,但应通过一定的形式告知纳税人已扣缴税款。纳税人为持有完税依据而向扣缴义务人索取代扣代收税款凭证的,扣缴义务人不得拒绝。扣缴义务人向纳税人提供非正式扣税凭证的,纳税人可以拒收。

扣缴义务人每月扣缴的税款,应当在次月15日内缴入国库,并向主管税务机关报送扣缴个人所得税报告表,代扣代收税款凭证和包括每一纳税人姓名、单位、职务、收入、税款等内容的支付个人收入明细表,以及税务机关要求报送的其他有关资料。

二、自行申报纳税

自行申报纳税是由纳税人自行在税法规定的纳税期限内,向税务机关申报取得的应税所得项目和数额,如实填写个人所得税纳税申报表,并按照税法规定计算应纳税额,据此缴纳个人所得税的一种方法。

思考与辨析 5-12

赵某2020年取得工资薪金所得8万元,稿酬所得3万元,专项扣除2万元。请问赵某需要自行到主管税务机关办理纳税申报吗?

解析 从两处以上取得综合所得,且综合所得年收入额减除专项扣除后的余额超过6万元。应当依法办理汇算清缴,因此赵某应当按照规定自行到主管税务机关办理纳税申报。

"税"眼看新闻

"地摊经济"火了,摆地摊到底要不要缴税

2020年6月1日上午,李克强总理在山东烟台考察时表示,地摊经济、小店经济是就业岗位的重要来源,是人间的烟火,是中国的生机。截至目前,至少已经有上海、陕西、辽宁、江西、甘肃、杭州等27个地方明确鼓励发展地摊经济。地摊经济火了,全国20余地区明确鼓励摆地摊。那么就有人问了,摆摊,要不要办营业执照?需不需要缴税?还有哪些要注意的?

摆摊,要不要办营业执照

国务院发布的《无证无照经营查处办法》(以下简称《办法》)自2017年10月1日起施行。根据该《办法》,任何单位或者个人不得违反法律、法规、国务院决定,从事无证无照经营。

这样看来,是不是个人摆地摊,都需要办理营业执照呢?也不是,《办法》也规定了一些可以不用办证办照的情形(图5-1)。根据规定,个人摆地摊售卖下面这些商品或服务,无须办证办照。

也就是说,不允许无证无照推个小车,走街串巷叫卖。换个角度想,这样规定也是合理的,例如你要卖苹果,如果苹果有问题,在指定场所和时间售卖,客户可以找到你,投诉"有门";沿街叫卖打游击,真的属于投诉无门了。

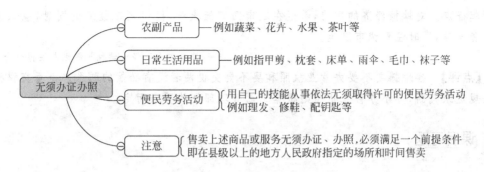

图 5-1 无须办证办照的情形

摆摊,需不需要缴税

1. 增值税

《增值税暂行条例》规定:"在中华人民共和国境内销售货物或者加工、修理修配劳务(以下简称劳务),销售服务、无形资产、不动产及进口货物的单位和个人,为增值税的纳税人,应当依照本条例缴纳增值税。"

对个人销售额未达到规定起征点的,免征增值税;达到起征点的,全额计算缴纳增值税。增值税起征点的适用范围限于按照小规模纳税人纳税的个体工商户和其他个人(自然人),不适用于登记为一般纳税人的个体工商户。

增值税起征点的规定如下。

(1) 销售货物的,起征点为月销售额 5 000~20 000 元。

(2) 销售应税劳务的,起征点为月营业额 5 000~20 000 元。

(3) 按次纳税的,起征点为每次(日)销售额 300~500 元。

个人视同小规模纳税人,通常适用 3% 的征收率。此外根据《关于实施小微企业普惠性税收减免政策的通知》(财税〔2019〕13 号)的规定,对月销售额 10 万元以下(含本数)的增值税小规模纳税人,免征增值税。

因此月销售额小于 10 万元的,增值税也是免征的。但如果摆地摊收入比较多,超过 10 万元,是要负担增值税纳税义务的。

2. 个人所得税

关于地摊收入的个人所得税,没有直接的减免税规定,国家税务总局 2020 年第 10 号公告,也只是规定缓交 2020 年的个人所得税,故摆地摊赚取的利润,除湖北以外,是要缴纳个人所得税的。

且摆地摊的收入,属于"经营所得"中的第 4 项"个人从事其他生产、经营活动取得的所得"。但在实际中由于经营所得个人所得税计算复杂,再加上一般个体工商户和地摊都是账务不健全,大部分都是实行核定征收。实行定税以后,摆地摊取得的所得,应缴纳的个人所得税一般按照核定的数额缴纳,但一般征收率仅为 0~1.4%,月收入小于 2 万元,很多地区还免征个人所得税。

此外,国家目前为了恢复经济,对相关的税收征管可能也会有所放松,税务部门对临时摆的地摊一般不征税,这也体现对弱势群体的一种照顾。另外地摊属于临时经营,一般很难达到起征点。对地摊经济的重启,希望在城市回归烟火气,提振国家经济的同时,也保证居民消费质量,同时注意城市卫生。

——摘自中央财经大学税收筹划与法律研究中心

【点评】 摆地摊要不要办营业执照和要不要交税两者没有必然的联系。是否交税根据税法规定来判断,办不办营业执照则根据工商管理部门的要求而定。

课后习题

一、单项选择题

1. 在中国境内有住所,或无住所而一个纳税年度内在中国境内居住累计满(　　)天的个人,为居民个人。
   A. 30　　　　　　B. 90　　　　　　C. 183　　　　　　D. 365

2. John是英国人,他于2019年7月15日来华工作,2020年5月15日回英国,则该纳税人(　　)。
   A. 2019年为我国非居民个人,2020年为我国居民个人
   B. 2019年为我国居民个人,2020年为我国非居民个人
   C. 2019年和2020年均为我国非居民个人
   D. 2019年和2020年均为我国居民个人

3. 居民纳税人取得的下列所得中,应按"工资、薪金所得"税目计算个人所得税的是(　　)。
   A. 出租闲置住房取得的所得
   B. 国债利息所得
   C. 单位全勤奖
   D. 参加商场有奖销售活动中奖取得的所得

4. 王某代销彩票取得的所得计征个人所得税时,适用的所得项目是(　　)。
   A. 劳务报酬所得
   B. 工资、薪金所得
   C. 对企事业单位的承包经营、承租经营所得
   D. 经营所得

5. 高校教师韩教授2020年8月取得的下列收入中,应计算缴纳个人所得税的是(　　)。
   A. 国债利息收入　　　　　　　　　B. 任职高校发放的误餐补助
   C. 为某企业开设讲座取得的酬金　　D. 任职高校为其缴付的住房公积金

6. 个体工商户发生的下列支出中,允许在个人所得税税前扣除的是(　　)。
   A. 用于家庭的支出
   B. 非广告性质赞助支出
   C. 已缴纳的增值税税款
   D. 生产经营过程中发生的财产转让损失

7. 某个体工商户发生的下列支出中,允许在个人所得税税前扣除的是(　　)。
   A. 家庭生活用电支出
   B. 直接向某灾区小学的捐赠

C. 已缴纳的城市维护建设税及教育费附加

D. 代公司员工负担的个人所得税税款

8. 个人取得的下列报酬,应按"稿酬所得"缴纳个人所得税的是( )。

　　A. 某财经杂志社记者在本社刊物发表文章取得的报酬

　　B. 书法家为企业题字获得的报酬

　　C. 高校教授为某杂志社审稿取得的报酬

　　D. 某网络小说家在出版社出版小说取得的报酬

9. 个人参加笔会,现场作画取得的所得属于( )。

　　A. 工资、薪金所得　　B. 稿酬所得　　C. 劳务报酬所得　　D. 经营所得

10. 以下不属于特许权使用费所得项目的是( )。

　　A. 转让商标权使用权取得的所得　　B. 转让非专利技术使用权取得的所得

　　C. 转让专利使用权取得的所得　　D. 转让土地使用权取得的所得

11. 下列属于劳务报酬所得的是( )。

　　A. 个人仅担任董事职务取得的董事费收入

　　B. 个人提供专有技术获得的收入

　　C. 个人发表书画作品取得的收入

　　D. 个人出租财产取得的收入

12. 下列关于子女教育专项附加扣除的说法不正确的是( )。

　　A. 子女包括婚生子女、非婚生子女、继子女,但不包括养子女和干子女

　　B. 包括年满3周岁至小学入学前处于学前教育阶段的子女

　　C. 父母可以选择由其中一方按扣除标准的100%扣除,也可以选择由双方分别按扣除标准的50%扣除,具体扣除方式在一个纳税年度内不能变更

　　D. 纳税人子女在中国境外接受教育的,纳税人应当留存境外学校录取通知书、留学签证等相关教育的证明资料备查

13. 2020年2月,小李取得财产租赁收入80 000元,从中拿出20 000元通过国家机关捐赠给武汉受灾地区。小李2月应纳个人所得税( )元。

　　A. 6 160　　B. 6 272　　C. 8 400　　D. 8 960

14. 中国公民张某取得勘查图纸设计收入20 000元,从中拿出5 000元,直接捐赠给农村义务教育,张某就该笔收入应预缴的个人所得税为( )元。

　　A. 0　　B. 1 400　　C. 3 200　　D. 3 800

15. 下列个人收入,应按照"财产转让所得"项目缴纳个人所得税的有( )。

　　A. 某书法家公开拍卖自己创作书画时使用过的毛笔取得的收入

　　B. 电视剧编剧从电视剧制作中心获得的剧本使用费收入

　　C. 作家公开拍卖自己的文字作品手稿原件的收入

　　D. 作者公开拍卖自己的文字作品复印件的收入

二、多项选择题

1. 下列各项中,属于"综合所得"项目按年计算征税的有( )。

　　A. 工资薪金所得　　　　　　　　　B. 劳务报酬所得

C. 经营所得　　　　　　　　　D. 财产租赁所得

2. 下列各项中,应当按照"工资、薪金"所得项目征收个人所得税的有(　　)。
   A. 劳动分红
   B. 独生子女补贴
   C. 差旅费津贴
   D. 超过规定标准的误餐费

3. 下列个人收入,属于纳税人应按"劳务报酬"所得缴纳个人所得税的有(　　)。
   A. 张某办理内退手续后,在其他单位重新就业取得的收入
   B. 王某由任职单位派遣到外商投资企业担任总经理取得的收入
   C. 陈某为供货方介绍业务,从供货方取得的佣金
   D. 演员江某外地演出取得由当地主办方支付的演出费

4. 下列各项中,适用5%~35%的五级超额累进税率征收个人所得税的有(　　)。
   A. 个体工商户的生产经营所得
   B. 合伙企业的生产经营所得
   C. 个人独资企业的生产经营所得
   D. 对企事业单位的承包经营、承租经营所得

5. 小明在足球世界杯期间参加下列活动所获得的收益中,应当缴纳个人所得税的有(　　)。
   A. 参加某电商的秒杀活动,以200元购得原价2 000元的足球鞋一双
   B. 为赴巴西看球,开通手机全球漫游套餐,获赠价值1 500元的手机一部
   C. 参加某电台举办的世界杯竞猜活动,获得价值6 000元的赴巴西机票一张
   D. 作为某航空公司金卡会员被邀请参加世界杯抽奖活动,抽得价值500元球衣一套

6. 下列个人所得税税率说法正确的有(　　)。
   A. 承包、承租人对企业经营成果不拥有所有权,仅是按合同(协议)规定取得一定所得的按五级超额累进税率
   B. 稿酬所得按应纳税额减征30%
   C. 对一次取得的劳务报酬收入20 000元至50 000元的部分,税率为30%
   D. 偶然所得和其他所得适用20%的比例税率

7. 下列关于个人所得税的"次"的说法正确的有(　　)。
   A. 劳务报酬所得只有一次性收入的,以取得该项收入为一次
   B. 同一作品再版取得的所得,应视为另一次稿酬所得计征个税
   C. 同一作品先在报刊上连载,然后再出版,或者先出版,再在报刊上连载的,应合并为一次计税
   D. 财产租赁所得,以1个月内取得的收入为一次

8. 下列各项所得应按个体工商户生产经营所得项目征税的是(　　)。
   A. 因从事彩票代销业务取得的所得
   B. 工商户对外投资取得的股利
   C. 合伙企业的投资者从合伙企业取得的所得
   D. 开设诊所的所得

三、计算题

某高校李教授 2020 年取得的收入项目如下。

(1) 每月工资收入 17 500 元。个人负担三险一金 2 800 元,专项附加扣除信息如下:一个 15 岁在上初中的女儿;作为独生子的李教授还有一个年满 80 周岁的父亲;夫妻约定女儿教育费用全额由李教授扣除。

(2) 5 月出版了一本书,获得稿酬 15 000 元,后因出版社添加印数,当月获得追加稿酬 5 000 元。

(3) 9 月,教师节期间获得全国教学名师奖,获得教育部颁发的资金 50 000 元。

(4) 10 月取得 5 年期国债利息收入 8 700 元,一年期储蓄存款利息收入 500 元,某上市公司发行的企业债券利息收入 1 500 元。

(5) 11 月因持有两年前购买的某上市公司股票 10 000 股,取得该公司年中股票分红所得 2 000 元,随后将该股票卖出,获得股票转让所得 50 000 元。

(6) 12 月应 A 公司邀请其给公司财务人员培训,取得收入 30 000 元。

试计算李教授 2020 年应缴纳的个人所得税。

第六章

小 税 种

第一节 资 源 税

【案例导入】 徐州丰成盐化工有限公司是一家主要从事盐矿开采、制盐、纯碱和氯化铵生产等业务的大型盐化工企业,是徐州市重点税源企业。该公司财务负责人徐一军表示,资源税改革给企业转型升级带来了转机,资源税从量计征改为从价计征,税率下降3%,企业一年就能享受资源税优惠320多万元。税收负担减轻了,资金周转的加速,也使环保设备技术更新有了更大的空间。

江苏瑞丰盐业有限公司是徐州市一家规模较大的制盐企业,主要生产加碘精制盐、非碘精制盐和工业用盐等产品,是全国99家具有生产食用盐资质的企业之一。资源税改革以来,该公司累计实现资源税减免260多万元,企业计划2020年投资4亿元更新生产设备,进行产品升级和产能提升,实现智能化生产。

——摘自中国税务报"徐州盐企:减负转型阔步前行"

思考:

(1) 我国的资源税属于什么税种?

(2) 资源税从量计征改为从价计征为什么会减轻企业负担?

资源税是对在中华人民共和国领域和中华人民共和国管辖的其他海域开发应税资源的单位和个人征收的一种税。

1984年9月18日,财政部发布《中华人民共和国资源税条例(草案)》,开始对原油、天然气和煤炭征收资源税,同时公布《中华人民共和国盐税条例(草案)》,开始对生产、经营和进口盐的单位征收盐税。1993年11月26日国务院发布《中华人民共和国资源税暂行条例》,将盐税纳入资源税中,并将征税范围扩大为原油、天然气、煤炭、其他非金属矿原矿、黑色金融原矿、有色金属原矿和盐,于1994年1月1日起开始执行。为了贯彻绿色发展和落实税收法定原则,2019年8月26日第十三届全国人民代表大会常务委员会第十二次会议通过《中华人民共和国资源税法》(以下简称《资源税法》)并于2020年9月1日起施行。

一、纳税义务人

在中华人民共和国领域和中华人民共和国管辖的其他海域开发应税资源的单位和个

人,为资源税的纳税人。

资源税仅对在我国领域及管辖海域开采或生产应税产品的单位或个人征收,而对进口应税产品的单位或个人不征资源税;对开采或生产应税产品进行销售或自用的单位和个人,在出厂销售或自用时一次性征收,而对已税产品批发、零售的单位和个人不再征收资源税。

二、征税范围及税率

1. 征税范围

我国资源税的征税范围仅涉及矿产品和盐两大类。

(1) 能源矿产。其包括原油(指开采的天然原油,不包括人造石油);天然气、页岩气、天然气水合物;煤炭(原煤和以未税原煤加工的洗选煤);煤成(层)气;铀、钍;油页岩、油砂、天然沥青、石煤;地热。

(2) 金属矿产。其包括黑色金属和有色金属。

(3) 非金属矿产。其包括矿物类、岩石类、宝玉石类等。

(4) 水气矿产。其包括二氧化碳气、硫化氢气、氦气、氡气;矿泉水。

(5) 盐。其包括钠盐、钾盐、镁盐、锂盐;天然卤水海盐。

2. 税率

资源税实行从价计征或者从量计征的"级差调节"税率,资源税的税目、税率,依照税目税率表执行,如表6-1所示。

表6-1 资源税税目税率表

序号	税目		征税对象	税率
1	能源矿产	原油	原矿	6%
2		天然气、页岩气、天然气水合物	原矿	6%
3		煤	原矿或者选矿	2%~10%
4		煤成(层)气	原矿	1%~2%
5		铀、钍	原矿	4%
6		油页岩、油砂、天然沥青、石煤	原矿或者选矿	1%~4%
7		地热	原矿	1%~20%或者每立方米1~30元
8	金属矿产	黑色金属 铁、锰、铬、钒、钛	原矿或者选矿	1%~9%
9		有色金属 铜、铅、锌、锡、镍、锑、镁、钴、铋、汞	原矿或者选矿	2%~10%
10		铝土矿	原矿或者选矿	2%~9%
11		钨	选矿	6.5%
12		钼	选矿	8%
13		金、银	原矿或者选矿	2%~6%
14		铂、钯、钌、锇、铱、铑	原矿或者选矿	5%~10%
15		轻稀土	选矿	7%~12%
16		中重稀土	选矿	20%
17		铍、锂、锆、锶、铷、铯、铌、钽、锗、镓、铟、铊、铪、铼、镉、硒、碲	原矿或者选矿	2%~10%

续表

序号	税目		征税对象	税率
18	非金属矿产	高岭土	原矿或者选矿	1%～6%
19		石灰岩	原矿或者选矿	1%～6%或者每吨（或者每立方米）1～10元
20		磷	原矿或者选矿	3%～8%
21		石墨	原矿或者选矿	3%～12%
22		萤石、硫铁矿、自然硫	原矿或者选矿	1%～8%
23		矿物类	天然石英砂、脉石英、粉石英、水晶、工业用金刚石、冰洲石、蓝晶石、硅线石（矽线石）、长石、滑石、刚玉、菱镁矿、颜料矿物、天然碱、芒硝、钠硝石、明矾石、砷、硼、碘、溴、膨润土、硅藻土、陶瓷土、耐火粘土、铁钒土、凹凸棒石粘土、海泡石粘土、伊利石粘土、累托石粘土	原矿或者选矿	1%～12%
24		叶蜡石、硅灰石、透辉石、珍珠岩、云母、沸石、重晶石、毒重石、方解石、蛭石、透闪石、工业用电气石、白垩、石棉、蓝石棉、红柱石、石榴子石、石膏	原矿或者选矿	2%～12%
25		其他粘土（铸型用粘土、砖瓦用粘土、陶粒用粘土、水泥配料用粘土、水泥配料用红土、水泥配料用黄土、水泥配料用泥岩、保温材料用粘土）	原矿或者选矿	1%～5%或者每吨（或者每立方米）0.1～5元
26		岩石类	大理岩、花岗岩、白云岩、石英岩、砂岩、辉绿岩、安山岩、闪长岩、板岩、玄武岩、片麻岩、角闪岩、页岩、浮石、凝灰岩、黑曜岩、霞石正长岩、蛇纹岩、麦饭石、泥灰岩、含钾岩石、含钾砂页岩、天然油石、橄榄岩、松脂岩、粗面岩、辉长岩、辉石岩、正长岩、火山灰、火山渣、泥炭	原矿或者选矿	1%～10%
27		砂石	原矿或者选矿	1%～5%或者每吨（或者每立方米）0.1～5元
28		宝玉石类	宝石、玉石、宝石级金刚石、玛瑙、黄玉、碧玺	原矿或者选矿	4%～20%

续表

序号	税目		征税对象	税率
29	水气矿产	二氧化碳气、硫化氢气、氦气、氡气	原矿	2%～5%
30		矿泉水	原矿	1%～20%或者每立方米1～30元
31	盐	钠盐、钾盐、镁盐、锂盐	选矿	3%～15%
32		天然卤水	原矿	3%～15%或者每吨(或者每立方米)1～10元
33		海盐		2%～5%

资源税税目税率表中规定征税对象为原矿或者选矿的,应当分别确定具体适用税率。纳税人开采或者生产不同税目应税产品的,应当分别核算不同税目应税产品的销售额或者销售数量;未分别核算或者不能准确提供不同税目应税产品的销售额或者销售数量的,从高适用税率。

思考与辨析6-1

根据资源税的有关规定,下列哪些属于资源税纳税人?

① 在中国境内开采原煤销售的国有企业。
② 在中国管辖海域开采原油销售的油田。
③ 在中国境内生产食用盐销售的工业企业。
④ 进口天然原油的军事单位。
⑤ 出口自产铜矿原矿的独立矿山。

解析 食用盐不属于资源税征税范围,因此,生产食用盐销售的工业企业不是资源税纳税人。进口应税产品的单位或个人不征资源税,因此,进口天然原油的军事单位不是资源税纳税人。故①、②、⑤项属于资源税纳税人。

三、计税依据

(一)从价定率征收的计税依据

1. 销售额的一般规定

从价定率征收的计税依据为计税销售额。计税销售额是指纳税人销售应税产品向购买方收取的全部价款和价外费用,不包括增值税税额。

计入销售额中的相关运杂费用,凡取得增值税发票或者其他合法有效凭据的,准予从销售额中扣除。相关运杂费用是指应税产品从坑口或者洗选(加工)地到车站、码头或者购买方指定地点的运输费用、建设基金以及随运输产生的装卸、仓储、港杂费用。

2. 特殊情形下销售额的确定

(1) 纳税人开采应税矿产品由其关联单位对外销售的,按其关联单位的销售额征收资源税。

(2) 纳税人将其开采的应税产品直接出口的,按其不含增值税的离岸价格计算销售额征收资源税。

（3）纳税人自用应税产品应当缴纳资源税的情形，包括纳税人以应税产品用于非货币性资产交换、捐赠、偿债、赞助、集资、投资、广告、样品、职工福利、利润分配或者连续生产非应税产品等。

纳税人有视同销售应税产品行为而无销售价格的，或者申报的应税产品销售价格明显偏低且无正当理由的，税务机关应按下列顺序确定其应税产品计税价格。

① 按纳税人最近时期同类产品的平均销售价格确定。
② 按其他纳税人最近时期同类产品的平均销售价格确定。
③ 按后续加工非应税产品销售价格，减去后续加工环节的成本利润后确定。
④ 按应税产品组成计税价格确定。

$$组成计税价 = 成本 \times (1 + 成本利润率) \div (1 - 资源税税率)$$

式中，成本利润率由省、自治区、直辖市税务机关确定。

【例6-1】 某油气田开采企业9月开采天然气450万立方米（适用税率6%），开采成本为600万元，全部销售给关联企业，价格明显偏低并且无正当理由。当地无同类天然气售价，主管税务机关确定的成本利润率为10%。计算该油气田企业当月应纳资源税的计税价格。

解析 组成计税价 = 成本 × (1 + 成本利润率) ÷ (1 - 资源税税率)
   = 600 × (1 + 10%) ÷ (1 - 6%)
   = 702.127（万元）

（4）纳税人外购应税产品与自采应税产品混合销售或者混合加工为应税产品销售的，在计算应税产品销售额或者销售数量时，准予扣减外购应税产品的购进金额或者购进数量；当期不足扣减的，可结转下期扣减。纳税人应当准确核算外购应税产品的购进金额或者购进数量，未准确核算的，一并计算缴纳资源税。

纳税人核算并扣减当期外购应税产品购进金额、购进数量，应当依据外购应税产品的增值税发票、海关进口增值税专用缴款书或者其他合法有效凭据。

（5）纳税人开采或者生产同一税目下适用不同税率应税产品的，应当分别核算不同税率应税产品的销售额或者销售数量；未分别核算或者不能准确提供不同税率应税产品的销售额或者销售数量的，从高适用税率。纳税人开采或者生产同一应税产品，其中既有享受减免税政策的，又有不享受减免税政策的，按照免税、减税项目的产量占比等方法分别核算确定免税、减税项目的销售额或者销售数量。

（6）纳税人开采或者生产同一应税产品同时符合两项或者两项以上减征资源税优惠政策的，除另有规定外，只能选择其中一项执行。

（7）纳税人以自采原矿（经过采矿过程采出后未进行选矿或者加工的矿石）直接销售，或者自用于应当缴纳资源税情形的，按照原矿计征资源税。

（二）从量定额征收的计税依据

实行从量定额征收的依据是计税销售数量。应税产品的销售数量，包括纳税人开采或者生产应税产品的实际销售数量和自用于应当缴纳资源税情形的应税产品数量。纳税人不能准确提供应税产品销售数量的，以应税产品的产量或主管税务机关确定的折算比换算成的数量为计征资源税的销售数量。

四、应纳税额的计算

1. 从价定率方式应纳税额的计算

实行从价定率方式征收资源税的,根据应税产品的销售额和规定的适用税率计算应纳税额。其计算公式为

$$应纳税额 = 销售额 \times 税率$$

【例6-2】 某石化企业为增值税一般纳税人,原油的资源税税率为6%。2020年12月发生以下业务。

① 从国外某石化公司进口原油25 000t,支付不含税价款折合人民币4 500万元,其中包含包装费、保险费折合人民币5万元。

② 开采原油10 000t,并将开采的原油对外销售6 000t,取得含税销售额2 260万元,同时向购买方收取延期付款利息2.26万元,包装费1.13万元。

③ 用开采的原油2 000t加工生产汽油1 300t。

计算该石化企业2020年12月应缴纳的资源税。

解析 ① 进口环节不征资源税。

② 从价定率征收的计税销售额包括纳税人销售应税产品向购买方收取的全部价款和价外费用。

$$应缴纳资源税 = (2\,260 + 2.26 + 1.13) \div (1 + 13\%) \times 6\% = 120.18(万元)$$

③ 纳税人将应税产品自用于连续生产应税产品的,视同销售。

$$原油的销售单价 = 2\,260 \div (1 + 13\%) \div 6\,000 = 0.33(万元/t)$$

$$应缴纳资源税 = 2\,000 \times 0.33 \times 6\% = 39.6(万元)$$

④ 该石化公司当月应缴纳的资源税 = 120.18 + 39.6 = 159.78(万元)。

2. 从量定额方式应纳税额的计算

实行从量定额方式征收资源税的,根据应税产品的课税数量和规定的单位税额计算应纳税额。其计算公式为

$$应纳税额 = 课税数量 \times 单位税额$$

【例6-3】 某矿场开采企业2020年10月销售石灰岩5 000t,资源税税率为8元/t。计算该企业10月资源税税额。

解析 销售石灰岩应纳税额 = 课税数量 × 单位税额 = 5 000 × 8 = 40 000(元)

五、减税、免税项目

1. 免征资源税

有下列情形之一的,免征资源税。

(1) 开采原油以及在油田范围内运输原油过程中用于加热的原油、天然气。

(2) 煤炭开采企业因安全生产需要抽采的煤成(层)气。

2. 减征资源税

有下列情形之一的,减征资源税。

(1) 从低丰度油气田开采的原油、天然气,减征百分之二十资源税。

(2) 高含硫天然气、三次采油和从深水油气田开采的原油、天然气,减征百分之三十资

源税。

(3) 稠油、高凝油减征百分之四十资源税。

(4) 从衰竭期矿山开采的矿产品,减征百分之三十资源税。

3. 由省、自治区、直辖市人民政府决定的减税或者免税

有下列情形之一的,省、自治区、直辖市可以决定免征或者减征资源税。

(1) 纳税人开采或者生产应税产品过程中,因意外事故或者自然灾害等原因遭受重大损失。

(2) 纳税人开采共伴生矿、低品位矿、尾矿。

纳税人的免税、减税项目,应当单独核算销售额或者销售数量;未单独核算或者不能准确提供销售额或销售数量的,不予免税或者减税。

【例6-4】 某油田2020年3月生产原油6 400t,当月销售6 100t,对外赠送5t,另有2t在运输原油过程中用于加热,每吨原油的不含增值税销售价格为5 000元,增值税650元。当地规定原油的资源税税率为6%,计算油田当月应缴纳资源税。

解析 油田范围内运输原油过程中用于加热的原油、天然气,免征资源税。

当月应缴纳资源税=(6 100+5)×5 000×6%=1 831 500(元)

(3) 自2014年12月1日至2023年8月31日,对充填开采置换出来的煤炭,资源税减征50%。

六、征收管理

1. 纳税义务发生时间

纳税人销售应税产品,纳税义务发生时间为收讫销售款或者取得索取销售款凭据的当日;自用应税产品的,纳税义务发生时间为移送应税产品的当日。

2. 纳税期限

(1) 资源税按月或者按季申报缴纳;不能按固定期限计算缴纳的,可以按次申报缴纳。

(2) 纳税人按月或者按季申报缴纳的,应当自月度或者季度终了之日起十五日内,向税务机关办理纳税申报并缴纳税款;按次申报缴纳的,应当自纳税义务发生之日起十五日内,向税务机关办理纳税申报并缴纳税款。

3. 纳税环节

(1) 资源税在应税产品销售或者自用环节计算缴纳。纳税人以自采原矿加工精矿产品的,在原矿移送使用时不缴纳资源税,在精矿销售或者自用时缴纳资源税。

(2) 纳税人以自采原矿直接加工为非应税产品或者以自采原矿加工的精矿连续生产非应税产品的,在原矿或者精矿移送环节计算缴纳资源税。

(3) 以应税产品投资、分配、抵债、赠与、以物易物等,在应税产品所有权转移时计算缴纳资源税。

(4) 纳税人以自采原矿加工金锭的,在金锭销售或自用时缴纳资源税。纳税人销售自采原矿或者自采原矿加工的金精矿、粗金,在原矿或者金精矿、粗金销售时缴纳资源税,在移送使用时不缴纳资源税。

4. 纳税地点

纳税人应当在矿产品的开采地或者海盐的生产地缴纳资源税。

"税"眼看新闻　　　　我国将扩大资源税征收范围 将从量计征改为从价计征

在2016年3月22日举行的"2016中国发展高层论坛"上,财政部部长楼继伟表示,今年我国将扩大资源税的征收范围,将从量计征改为从价计征。有业内人士表示,此项改革在某种程度上可谓救中国矿业于"水火之中",对于在目前的市场环境下减轻矿企负担有着十分重要的意义。

据了解,我国自1984年开始征收资源税。经过调整后,目前征收的税种包括原油、天然气、煤炭、其他非金属矿原矿、黑色金属矿原矿、有色金属矿原矿、盐等7个品目。其中,煤炭、石油、天然气3个矿种的资源税为从价计征,但其余黑色、有色、贵金属、非金属等近百个矿种依旧是从量计征方式。

——摘自中国矿业报

【点评】 资源税将"从量计征"改为"从价计征"对于开采资源不同(如富矿、贫矿)的企业所承担的税负不同,从而避免对资源开发上采富矿、弃贫矿现象,有利于促进资源节约。

七、水资源税改革试点实施办法

为全面贯彻落实党的十九大精神,加强水资源管理和保护,促进水资源节约与合理开发利用,推进资源全面节约和循环利用,推动形成绿色发展方式和生活方式,财政部、国家税务总局和水利部于2017年11月28日发布《扩大水资源税改革试点实施办法》(以下简称《试点实施办法》),自2017年12月1日起在北京、天津、山西、内蒙古、山东、河南、四川、陕西、宁夏等9个省(自治区、直辖市)纳入水资源税改革试点,由征收水资源费改征收水资源税。

(一)纳税义务人

除规定情形外,直接取用地表水、地下水的单位和个人为水资源税纳税人。下列情形,不缴纳水资源税。

(1) 农村集体经济组织及其成员从本集体经济组织的水塘、水库中取用水的。
(2) 家庭生活和零星散养、圈养畜禽饮用等少量取用水的。
(3) 水利工程管理单位为配置或者调度水资源取水的。
(4) 为保障矿井等地下工程施工安全和生产安全必须进行临时应急取用(排)水的。
(5) 为消除对公共安全或者公共利益的危害临时应急取水的。
(6) 为农业抗旱和维护生态与环境必须临时应急取水的。

(二)征税对象

水资源税的征税对象为地表水和地下水。地表水是陆地表面上动态水和静态水的总称,包括江、河、湖泊(含水库)等水资源。地下水是埋藏在地表以下各种形式的水资源。

(三)税率

除中央直属和跨省(区、市)水力发电取用水外,由试点省份省级人民政府统筹考虑本地区水资源状况、经济社会发展水平和水资源节约保护要求,在《试点实施办法》所附试点省份水资源税最低平均税额表规定的最低平均税额基础上,分类确定具体适用税额。

试点省份的中央直属和跨省(区、市)水力发电取用水税额为 0.005 元/(kW·h)。跨省(区、市)界河水电站水力发电取用水水资源税税额,与涉及的非试点省份水资源费征收标准不一致的,按较高一方标准执行,如表 6-2 所示。

表 6-2　试点省份水资源税最低平均税额表　　　　　单位:元/m³

省(区、市)	地表水最低平均税额	地下水最低平均税额
北京	1.6	4
天津	0.8	4
山西	0.5	2
内蒙古	0.5	2
山东	0.4	1.5
河南	0.4	1.5
四川	0.1	0.2
陕西	0.3	0.7
宁夏	0.3	0.7

(四)应纳税额的计算

1. 一般规定

水资源税实行从量计征,除水力发电和火力发电贯流式(不含循环式)冷却取用水外,应纳税额的计算公式为

$$应纳税额 = 实际取用水量 \times 适用税额$$

2. 水力发电和火力发电贯流式(不含循环式)冷却取用水

水力发电和火力发电贯流式(不含循环式)冷却取用水应纳税额的计算公式为

$$应纳税额 = 实际发电量 \times 适用税额$$

(五)税收减免

下列情形,予以免征或者减征水资源税。

(1)规定限额内的农业生产取用水,免征水资源税。

(2)取用污水处理再生水,免征水资源税。

(3)除接入城镇公共供水管网以外,军队、武警部队通过其他方式取用水的,免征水资源税。

(4)抽水蓄能发电取用水,免征水资源税。

(5)采油排水经分离净化后在封闭管道回注的,免征水资源税。

(6)财政部、税务总局规定的其他免征或者减征水资源税情形。

(六)征收管理

1. 纳税义务时间

水资源税的纳税义务发生时间为纳税人取用水资源的当日。

2. 纳税期限

除农业生产取用水外,水资源税按季或者按月征收,由主管税务机关根据实际情况确

定。对超过规定限额的农业生产取用水水资源税可按年征收。不能按固定期限计算纳税的,可以按次申报纳税。纳税人应当自纳税期满或者纳税义务发生之日起 15 日内申报纳税。

3. 纳税地点

纳税人应当向生产经营所在地的税务机关申报缴纳水资源税;跨省(区、市)调度的水资源,由调入区域所在地的税务机关征收水资源税;在试点省份内取用水,其纳税地点需要调整的,由省级财政、税务部门决定。

第二节 土地增值税

【案例导入】 据央视《每周质量报告》2013 年 11 月 24 日报道,调查发现,2005—2012 年,多家知名房地产公司应缴而未缴的土地增值税总额超过 3.8 万亿元,其中有 45 家上市房企,包括 SOHO 中国、富力、万科、招商地产、合生创展、金地集团等。房地产企业欠缴 3.8 万亿土地增值税,这一消息引发社会热议。

2013 年 11 月 26 日,国家税务总局财产行为税司负责人就此问题给予回应。这位负责人指出,土地增值税征管力度是逐步加大的,近日对欠税的巨额推算,是对税收政策和征管方式的误解误读。

土地增值税类似于资本利得税,其初衷是防止暴利引发更大的房地产泡沫。根据土地增值税条例、细则规定,目前对房地产开发企业土地增值税实行销售时预征、项目终了进行清算、多退少补的制度。

在项目竣工结算前由于涉及的成本确定等原因,而无法据以计算土地增值税的,可以实行预征。预征一般按照销售收入的一定比例征收,预征率由各省级税务机关按照规定区分不同类型房地产确定。待项目达到清算条件后,土地增值税将进行清算,得出房地产项目实际应缴的税款,与预征的税款比较后,多退少补。在这两者之间,有个时间差。开发企业并非欠缴,而是时间未到,因此造成了误读。

——摘自文摘报土地增值税"欠缴"为何被误读

思考:

(1) 土地增值税是怎样一个税种?

(2) 我国对于土地增值税的征管状况如何?

土地增值税是以纳税人转让国有土地使用权、地上的建筑物及其附着物(以下简称转让房地产)所取得的增值额为征税对象,依照规定税率征收的一种税。国务院在 1993 年 12 月 13 日发布了《中华人民共和国土地增值税暂行条例》,财政部于 1995 年 1 月 27 日颁布了《中华人民共和国土地增值税暂行条例实施细则》,从 1994 年 1 月 1 日起在全国开征。2019 年 7 月 16 日,财政部和国家税务总局联合发布了《土地增值税法(征求意见稿)》。这意味着从 1993 年施行至今的《土地增值税暂行条例》已正式进入了立法程序。

开征土地增值税,主要是国家运用税收杠杆引导房地产经营的方向,规范房地产市场的交易秩序,合理调节土地增值收益分配,维护国家权益,促进房地产开发的健康发展。

一、纳税义务人和征税范围

(一) 纳税义务人

有偿转让国有土地使用权、地上建筑物和其他附着物并取得收入的单位和个人,包括各类企业单位、事业单位、国家机关和社会团体、个体工商户及其他单位和个人。

(二) 征税范围

1. 基本征税范围

土地增值税是对转让国有土地使用权及其地上建筑物和附着物的行为征税,不包括国有土地使用权出让行为。

国有土地是指按国家法律规定属于国家所有的土地。地上的建筑物是指建于土地上的一切建筑物,包括地上地下的各种附属设施。附着物是指附着于土地上的不能移动,一经移动即遭损坏的物品。

国有土地使用权出让是指国家以土地所有者的身份将国有土地使用权在一定年限内出让给土地使用者,由土地使用者向国家支付土地使用权出让金的行为。由于土地使用权的出让方是国家,出让收入在性质上属于政府凭借所有权在土地一级市场上收取租金,因此,政府出让土地的行为及取得的收入不在土地增值税的征税之列。国有土地使用权转让是指首次从国家取得土地使用权的个人或者集体将其土地使用权以有偿方式在一定时期内出让、租借给他人的经济行为。

2. 不属于土地增值税的征税范围

(1) 房地产的继承。
(2) 房地产的赠与、公益性赠与。
(3) 房地产的出租。
(4) 房地产在抵押期间内。但以房地产抵债而发生房地产权属转让应列入房地产征税范围。
(5) 代建房和房地产的重新评估增值。

3. 免征或暂免征收

(1) 个人之间互换自有居住用房地产,免征。
(2) 合作建房,建成后按比例分房自用,暂免征税;建成后转让,应征收土地增值税。

二、税率

土地增值税实行四级超率累进税率,见表 6-3。

表 6-3 土地增值税税率

级数	增值额与扣除项目金额的比率	税率/%	速算扣除系数/%
1	不超过 50% 的部分	30	0
2	超过 50%~100% 的部分	40	5
3	超过 100%~200% 的部分	50	15
4	超过 200% 的部分	60	35

三、计税依据

土地增值税的计税依据是纳税人转让房地产所取得的土地增值额,即纳税人转让房地产所取得的收入减除规定的扣除项目金额后的余额。

1. 应税收入的确定

转让房地产所取得的收入是指转让房地产的全部价款及有关的经济利益。从收入形式看,包括货币收入、实物收入和其他收入。

纳税人将开发产品用于职工福利、奖励、对外投资、分配给股东或投资人、抵偿债务、换取其他单位和个人的非货币性资产等,发生所有权转移时应视同销售房地产。

2. 扣除项目的确定

(1) 取得土地使用权所支付的金额。取得土地使用权所支付的金额包括纳税人为取得土地使用权所支付的地价款和按国家统一规定交纳的有关费用。

(2) 房产地产的开发成本。房产地产的开发成本包括土地征用及拆迁补偿费、前期工程费、建筑安装工程费、基础设施费、公共设施配套费、开发间接费用。

(3) 房地产的开发费用。纳税人能按转让房地产项目分摊利息支出,并提供金融机构证明的,最多允许扣除的房地产开发费用为利息+(取得土地使用权所支付的金额+房地产开发成本)×5%以内。凡不能按转让房地产项目分摊利息支出或不能提供金融机构证明的,开发费用按取得土地使用权所支付的金额及房地产开发成本的10%以内计算扣除。

(4) 与转让房地产有关的税金。在转让房地产时缴纳城市维护建设税、印花税等。教育费附加可视同税金予以扣除。

(5) 财政部规定的其他扣除项目。对从事房地产开发的纳税人,可按取得土地使用权所支付的金额与房地产开发成本之和加计20%的扣除。

(6) 转让旧房,应按旧房及建筑物的评估、取得土地使用权所支付的地价款和按国家统一规定缴纳的有关费用以及在转让环节缴纳的税金作为扣除项目金额计征土地增值税。

$$评估价格 = 重置成本价 \times 成新度折扣率$$

【例6-5】某国有企业2010年5月在市区购置一栋办公楼,支付价款8 000万元。2020年5月,该企业将办公楼转让,取得含增值税收入10 000万元,该企业增值税选择简易计税。办公楼经税务机关认定的重置成本价为12 000万元,成新度折扣率70%。计算该企业在缴纳土地增值税时的增值额。城建及教育费附加、地方教育附加税率分别为7%、3%、2%。

解析 房屋及建筑物的评估价格=12 000×70%=8 400(万元)

转让环节缴纳的增值税=(10 000−8 000)÷(1+5%)×5%=95.24(万元)

城建及教育费附加、地方教育附加=95.24×(7%+3%+2%)=11.43(万元)

应纳印花税=10 000×0.05%=5(万元)

增值额=(10 000−95.24)−(8 400+11.43+5)=1 488.33(万元)

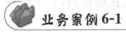
业务案例 6-1

某房地产开发企业进行一个房地产项目开发,为取得土地使用权而支付金额300万元,房地产开发成本为 500 万元。企业在开发费用项目扣除时进行了两种不同计算模式的测算。

① 该企业利息费用能够按转让房地产项目计算分摊并提供金融机构证明,则其他可扣除项目＝利息费用＋(300＋500)×5％＝利息费用＋40(万元)。

② 该企业利息费用无法按转让房地产项目计算分摊,或无法提供金融机构证明,则其他可扣除项目＝(300＋500)×10％＝80(万元)。

请问该房地产企业进行两种模式测算的目的是什么?

解析 按照以上测算,该房地产企业如果预计利息费用高于 40 万元,则力争按转让房地产项目计算分摊利息支出,并取得有关金融机构证明,以便据实扣除有关利息费用,从而增加扣除项目金额;否则,可采用第二种计算模式。以上测算使企业的土地增值额处于一个对企业相对有利节约税负的水平。

四、应纳税额的计算

计算土地增值税的步骤如下。

(1) 计算收入总额。

(2) 计算扣除项目金额。

(3) 用收入总额减除扣除项目金额计算增值额。

(4) 计算土地增值额与扣除项目金额之间的比例,以确定适用税率和速算扣除系数。

(5) 计算应纳税额,其公式如下。

应纳税额＝土地增值额×税率－扣除项目金额×速算扣除系数

【例 6-6】 某服装厂 2020 年 7 月 1 日转让其位于市区的一栋办公楼,取得不含增值税销售收入 24 000 万元。2010 年建造该办公楼时,为取得土地使用权支付金额 6 000 万元,发生建造成本 8 000 万元。转让时,经政府批准的房地产评估机构评估确定该办公楼的重置成本价为 16 000 万元,成新度折扣率为 60％,允许扣除相关税金及附加 1 356 万元。

试计算该服装厂转让办公楼应缴纳的土地增值税。

解析 转让收入＝24 000(万元)

评估价格＝16 000×60％＝9 600(万元)

扣除项目金额合计数＝6 000＋9 600＋1 356＝16 956(万元)

增值额＝24 000－16 956＝7 044(万元)

增值额与扣除项目金额的比率＝7 044÷16 956×100％＝41.54％

应纳土地增值税＝7 044×30％＝2 113.2(万元)

五、土地增值税税收优惠

(1) 纳税人建造普通标准住宅出售,增值额未超过扣除项目金额 20％(含 20％)的,免征土地增值税。如果超过 20％的,应就其全部增值额按规定计税。

(2) 因国家建设需要依法征用、收回的房地产,免征土地增值税。

(3) 对企事业单位、社会团体以及其他组织转让旧房作为公共租赁住房房源,且增值额未超过扣除项目金额 20％的,免征土地增值税。

(4) 个人因工作调动或改善居住条件而转让原自用住房,经向税务机关申报核准,凡居住满五年或五年以上的,免予征收土地增值税;居住满三年未满五年的,减半征收土地增值税。居住未满三年的,按规定计征土地增值税。

六、征收管理

1. 纳税地点

当转让的房地产坐落地与其居住所在地一致时,则在住所所在地税务机关申报纳税;当转让的房地产坐落地与其居住所在地不一致时,在办理过户手续所在地的税务机关申报纳税。房地产所在地是指房地产的坐落地。纳税人转让房地产坐落在两个或两个以上地区的,应按房地产所在地分别申报纳税。

2. 纳税申报

(1) 纳税人按照税务机关核定的税额及规定的期限缴纳土地增值税。纳税人应当自转让房地产合同签订之日起7日内向房地产所在地主管税务机关办理纳税申报,并在税务机关核定的期限内缴纳土地增值税。

(2) 土地管理部门、房产管理部门应当向税务机关提供有关资料,并协助税务机关依法征收土地增值税。纳税人未按照规定缴纳土地增值税的,土地管理部门、房产管理部门不得办理有关的权属变更手续。

(3) 纳税人因经常发生房地产转让而难以在每次转让后申报的,经税务机关审核同意后,可以定期进行纳税申报,具体期限由税务机关根据情况确定。

(4) 纳税人在项目全部竣工结算前转让房地产取得的收入,由于涉及成本确定或其他原因,而无法据以计算土地增值税的,可以预征土地增值税,待该项目全部竣工、办理结算后再进行清算,多退少补。具体办法由各省、自治区、直辖市地方税务局根据当地情况制定。

(5) 土地增值税以人民币为计算单位。转让房地产所取得的收入为外国货币的,以取得收入当天或当月1日国家公布的市场汇价折合成人民币,据以计算应纳土地增值税税额。

第三节 城镇土地使用税

【案例导入】 为贯彻国家和省关于新冠肺炎疫情防控的决策部署,支持纳税人缓解疫情影响,经省政府同意,江苏省应对疫情影响有关房产税、城镇土地使用税困难性减免政策公告如下。

(1) 对受疫情影响严重的住宿餐饮、文体娱乐、交通运输、旅游等行业纳税人,暂免征收2020年上半年房产税、城镇土地使用税。

(2) 对增值税小规模纳税人,暂免征收2020年上半年房产税、城镇土地使用税。

(3) 为方便相关纳税人及时享受上述房产税、城镇土地使用税优惠政策,在2020年4月、7月办理房产税、城镇土地使用税纳税申报前,采取由纳税人在网上填报申请资料,税务机关即时核准的方式予以实施。税务机关在后续核查中发现不符合减免税规定的,将依法予以处理。

(4) 本公告自2020年1月1日起实施。

疫情期间,各地都出台了房产税、城镇土地使用税优惠政策。

思考:为什么同样类型的纳税人在有的省可以享受优惠政策,有的省就不能享受?

城镇土地使用税是以纳税人实际占用土地面积为计税依据,依照规定的税额计算征收的一种税。开征城镇土地使用税有利于合理利用城镇土地,调节土地级差收入,提高土地使用效益,加强土地管理,同时也有利于筹集地方财政资金。

现行的城镇土地使用税的基本规范是1988年9月27日国务院发布的《中华人民共和国城镇土地使用税暂行条例》,自11月1日起施行。2006年12月31日国务院发布《国务院关于修改〈中华人民共和国城镇土地使用税暂行条例〉的决定》,对城镇土地使用税进行第一次修订,于2007年1月1日起施行;2011年1月8日国务院颁布自公布之日起施行的《国务院关于废止和修改部分行政法规的决定》对城镇土地使用税做第二次修改;2013年12月7日国务院颁布自公布之日起施行的《国务院关于修改部分行政法规的决定》对城镇土地使用税进行第三次修正;2019年3月2日国务院颁布自公布之日实施的《国务院关于修改部分行政法规的决定》对城镇土地使用税进行第四次修订。

一、纳税义务人

在城市、县城、建制镇、工矿区范围内使用土地的单位和个人,为城镇土地使用税(以下简称土地使用税)的纳税人。

单位包括国有企业、集体企业、私营企业、股份制企业、外商投资企业、外国企业以及其他企业和事业单位、社会团体、国家机关、军队以及其他单位;个人包括个体工商户以及其他个人。

根据"谁使用、谁受益、谁纳税"的原则,土地使用权纳税人具体规定如下。

(1)城镇土地使用税由拥有土地使用权的单位或个人缴纳。拥有土地使用权的纳税人不在土地所在地的,由代管人或实际使用人纳税。

(2)土地使用权未确定或权属纠纷未解决的,由实际使用人纳税。

(3)土地使用权共有的,由共有各方分别纳税。土地使用权共有的各方,应按其实际使用的土地面积占总面积的比例,分别计算缴纳土地使用税。

(4)在城镇土地使用税征税范围内,承租集体所有建设用地的,由直接从集体经济组织承租土地的单位和个人缴纳。

二、征税范围及税率

城镇土地使用税的征税范围是税法规定的纳税区域内的土地,即城市、县城、建制镇、工矿区范围内土地,不论是国家所有还是集体所有的土地。

城镇土地使用税采用定额税率,采用有幅度的差额税额,按大、中、小城市和县城、建制镇、工矿区分别规定每平方米年应纳税额。

大、中、小城市以公安部门登记在册的非农业正式户口人数为依据,按照国务院颁布的《城市规划条例》中规定的标准划分。现行的划分标准是:市区及郊区非农业人口总计在50万以上的,为大城市;市区及郊区非农业人口总计在20~50万的,为中等城市;市区及郊区非农业人口总计在20万以下的,为小城市。城镇土地使用税税率如表6-4所示。

表 6-4　城镇土地使用税税率

级　　别	人口/人	每平方米税额/元
大城市	50万以上	1.5～30
中等城市	20万～50万	1.2～24
小城市	20万以下	0.9～18
县城、建制镇、工矿区		0.6～12

经省、自治区、直辖市人民政府批准，经济落后地区土地使用税的适用税额标准可以适当降低，但降低额不得超过规定最低税额的30%。

三、应纳税额的计算

城镇土地使用税的计税依据为纳税人实际占用的土地面积，实际占用的土地面积一般按下列方法确定。

(1) 凡有由省、自治区、直辖市人民政府确定的单位组织测定土地面积的，以测定的面积为准。

(2) 尚未组织测量，但纳税人持有政府部门核发的土地使用证书的，以证书确认的土地面积为准。

(3) 尚未核发土地使用证书的，应由纳税人申报土地面积，据以纳税，等到核发土地使用证以后再做调整。

土地使用税以纳税人实际占用的土地面积乘以该土地所在地的适用税额计算应纳税额。其计算公式如下。

全年应纳税额 = 纳税人实际占用的土地面积 × 该土地所在地的适用税额

【例6-7】某企业2020年拥有位于市郊的一宗地块，其土地面积为1万平方米。该市规定的城镇土地使用税税率为 $2元/m^2$。试计算该企业2020年应缴纳的城镇土地使用税。

解析　应纳城镇土地使用税 = 1×2 = 2(万元)

四、税收优惠

(1) 国家机关、人民团体、军队自用的土地(仅指这些单位本身的办公用地和公务用地)免缴城镇土地使用税。

(2) 由国家财政部门拨付事业经费的单位自用的土地，免缴城镇土地使用税。

(3) 宗教寺庙、公园、名胜古迹自用的土地，免缴城镇土地使用税。

宗教寺庙自用的土地是指举行宗教仪式等的用地和寺庙内的宗教人员生活用地。

公园、名胜古迹自用的土地是指供公共参观游览的用地及其管理单位的办公用地。公园、名胜古迹中附设的营业单位，如影剧院、饮食部、茶社、照相馆等使用的土地，索道公司经营用地，应征收土地使用税。

(4) 市政街道、广场、绿化地带等公共用地，免缴城镇土地使用税。

(5) 直接用于农、林、牧、渔业的生产用地，免缴城镇土地使用税。

(6) 企业办的各类学校、托儿所、幼儿园自用的土地，其用地能与企业其他用地明确区分的，免征城镇土地使用税。

(7) 对非营利性医疗机构、疾病控制机构和妇幼保健机构等卫生机构自用的土地,免征城镇土地使用税。

(8) 经批准开山填海整治的土地和改造的废弃土地,从使用的月份起免缴土地使用税5~10年。

(9) 免税单位无偿使用纳税单位的土地,免征城镇土地使用税。纳税单位无偿使用免税单位的土地,纳税单位应照章缴纳城镇土地使用税。纳税单位与免税单位共同使用、共有使用权土地上的多层建筑,对纳税单位可按其占用的建筑面积占建筑总面积的比例计征城镇土地使用税。

(10) 对行使国家行政管理职能的中国人民银行总行(含国家外汇管理局)所属分支机构自用的土地,免征城镇土地使用税。

(11) 对石油、电力、煤炭等能源用地,民用港口、铁路等交通用地和水利设施用地,三线调整企业、盐业、采石场、邮电等一些特殊用地划分了征免税界限和给予政策性减免税照顾。

① 对石油天然气生产建设中用于地质勘探、钻井、井下作业、油气田地面工程等施工临时用地暂免征收城镇土地使用税。

② 对企业的铁路专用线、公路等用地,在厂区以外、与社会公用地段未加隔离的,暂免征收城镇土地使用税。

③ 对企业厂区以外的公共绿化用地和向社会开放的公园用地,暂免征收城镇土地使用税。

④ 对盐场的盐滩、盐矿的矿井用地,暂免征收城镇土地使用税。

(12) 对公租房建设期间用地及公租房建成后占地,免征城镇土地使用税。在其他住房项目中配套建设公租房,按公租房建筑面积占总建筑面积的比例免征建设、管理公租房涉及的城镇土地使用税。

(13) 国家机关、军队、人民团体、财政补助事业单位、居民委员会、村民委员会拥有的体育场馆,用于体育活动的土地,免征城镇土地使用税。

经费自理事业单位、体育社会团体、体育基金会、体育类民办非企业单位拥有并运营管理的体育场馆,同时符合下列条件的,其用于体育活动的房产、土地,免征城镇土地使用税。

① 向社会开放,用于满足公众体育活动需要。

② 体育场馆取得的收入主要用于场馆的维护、管理和事业发展。

③ 拥有体育场馆的体育社会团体、体育基金会及体育类民办非企业单位,除当年新设立或登记的以外,前一年度登记管理机关的检查结论为"合格"。

【例6-8】 某企业2020年年初占用土地20 000m^2,其中幼儿园占地400m^2,其余为生产经营用地,该企业所在地城镇土地使用税年税额6元/m^2。计算该企业2020年应缴纳城镇土地使用税。

解析 根据企业办的各类学校、托儿所、幼儿园自用的土地,其用地能与企业其他用地明确区分的,免征城镇土地使用税可得

该企业应纳城镇土地使用税额=(20 000-400)×6=117 600(元)

本节的导入案例所描述的问题就是由于疫情对各地的影响程度不完全一样,各地的经济发展情况也不完全一致,因此,各地政府结合自身实际出台的税收政策在适用对象、执行期限、管理方式上也存在差异,纳税人需根据当地适用的相关规定享受优惠政策。

五、征收管理

1. 纳税期限

土地使用税按年计算、分期缴纳。缴纳期限由省、自治区、直辖市人民政府确定。

2. 纳税义务发生时间

(1) 购置新建商品房,自房屋交付使用之次月起,缴纳城镇土地使用税。

(2) 购置存量房,自办理房屋权属转移、变更登记手续,房地产权属登记机关签发房屋权属证书之次月起,缴纳城镇土地使用税。

(3) 出租、出借房产,自交付出租、出借房产之次月起缴纳城镇土地使用税。

(4) 以出让或转让方式有偿取得土地使用权的,应由受让方从合同约定交付土地时间的次月起缴纳城镇土地使用税;合同未约定交付土地时间的,由受让方从合同签订的次月起缴纳城镇土地使用税。

(5) 新征用的土地,依照下列规定缴纳土地使用税:

① 征用的耕地,自批准征用之日起满1年时开始缴纳土地使用税;

② 征用的非耕地,自批准征用次月起缴纳土地使用税。

(6) 纳税人因房产、土地的实物或权利状态发生变化而依法终止房产税、城镇土地使用税纳税义务的,其应纳税款的计算应截止到房产、土地的实物或权利状态发生变化的当月月末。

3. 纳税地点和征收机构

(1) 土地使用税由土地所在地的税务机关征收。土地管理机关应当向土地所在地的税务机关提供土地使用权属资料。

(2) 纳税人使用的土地不属于同一省(自治区、直辖市)管辖范围的,应由纳税人分别向土地所在地的税务机关缴纳土地使用税。

(3) 在同一省(自治区、直辖市)管辖范围内,纳税人跨地区使用的土地,如何确定纳税地点,由各省、自治区、直辖市税务局确定。

第四节 耕地占用税

【案例导入】 2020年2月,河北省廊坊市中石油管道有限责任公司迎来远在1800多千米外的国家税务总局黑河市税务局的6名"客人",此行的目的是协调解决中俄东线天然气管道建设项目耕地占用税相关问题。

中俄东线天然气管道工程项目于2016年6月立项,属于国家"一带一路"重点项目。工程分为黑河—长岭、长岭—永清、永清—上海三段,其中,黑河—长岭段工程是目前我国规模最大的天然气长输管道工程。管道铺设从黑河入境,途经黑河市爱辉区、孙吴县和五大连池市,是黑河市重点税源项目之一。项目成立以来,黑河市税务局高度重视,成立项目管理工作专班,定向精准服务企业,在电话沟通为企业进行纳税辅导的同时,定期向企业邮寄服务"一带一路"企业税收政策宣传品,辅导耕地占用税相关政策。

通过长期的远程辅导,税务干部敏锐地发现,由于企业远在河北廊坊,距离黑河市较远,远程培训虽能在一定程度上为企业解答疑惑,但企业对中俄东线天然气管道项目耕地占用税税款、滞纳金缴纳及退税工作还存在疑问。于是,黑河市税务局组织政策宣讲团,一行6人来到廊坊,为企业人员辅导"一带一路"项目耕地占用税相关政策,当场为企业解答土地复垦验收政策及退税问题,使纳税人进一步了解耕地占用税政策和法律责任,提升了纳税人税法遵从度。

——摘自中国税务报"税收服务送到'千里之外'"

思考:
(1) 企业在什么情况下需缴纳耕地占用税?
(2) 为什么廊坊的公司要在黑河缴纳税款?

耕地占用税是为合理利用土地资源,加强土地管理,保护耕地,对占用耕地建设建筑物、构筑物或者从事非农业建设的单位和个人,就其实际占用的耕地面积征收的一种税。我国在1987年就出台了《中华人民共和国耕地占用税暂行条例》,对占用耕地建房者征收耕地占用税。暂行条例实施20多年来,对保护我国农村耕地资源起到很大的积极作用。经财政部、国家税务总局审议通过,《中华人民共和国耕地占用税暂行条例实施细则》于2008年2月26公布,自公布之日起实施。现行的耕地占用税的基本规范是2018年12月29日第十三届全国人民代表大会常务委员会第七次会议通过的《中华人民共和国耕地占用税法》,自2019年9月1日起施行。

一、纳税义务人

在中华人民共和国境内占用耕地建设建筑物、构筑物或者从事非农业建设的单位和个人,为耕地占用税的纳税人,应当依照本法规定缴纳耕地占用税。

经批准占用耕地的,纳税人为农用地转用审批文件中标明的建设用地人;农用地转用审批文件中未标明建设用地人的,纳税人为用地申请人,其中用地申请人为各级人民政府的,由同级土地储备中心、自然资源主管部门或政府委托的其他部门、单位履行耕地占用税申报纳税义务。未经批准占用耕地的,纳税人为实际用地人。

二、征税范围

耕地占用税范围包括纳税人占用耕地建设建筑物、构筑物或者从事非农业建设而占用的国家所有和集体所有的耕地。耕地是指种植农业作物的土地,包括菜地、园地(包括花圃、苗圃、茶园、果园、桑园和其他种植经济林木的土地)。

占用农用地建设直接为农业生产服务的生产设施的,不缴纳耕地占用税。占用园地、林地、草地、农田水利用地、养殖水面、渔业水域滩涂以及其他农用地建设建筑物、构筑物或者从事非农业建设的,依照规定缴纳耕地占用税。

三、税率

耕地占用税的税额采用地区差别定额税率,其适用的税率如表6-5所示。

表6-5　各省、自治区、直辖市耕地占用税平均税额表

省、自治区、直辖市	平均税额/(元/m²)
上海	45
北京	40
天津	35
江苏、浙江、福建、广东	30
辽宁、湖北、湖南	25
河北、安徽、江西、山东、河南、重庆、四川	22.5
广西、海南、贵州、云南、陕西	20
山西、吉林、黑龙江	17.5
内蒙古、西藏、甘肃、青海、宁夏、新疆	12.5

在人均耕地低于0.5亩的地区,省、自治区、直辖市可以根据当地经济发展情况,适当提高耕地占用税的适用税额,但提高的部分不得超过税法规定适用税额的50%。占用基本农田的,应按当地适用税额,加按150%征收。

各地区耕地占用税的适用税额,由省、自治区、直辖市人民政府根据人均耕地面积和经济发展等情况,在前款规定的税额幅度内提出,报同级人民代表大会常务委员会决定,并报全国人民代表大会常务委员会和国务院备案。

四、计税依据和应纳税额的计算

(一)计税依据

耕地占用税以纳税人实际占用的耕地面积为计税依据,按照规定的适用税额一次性征收。

(二)应纳税额计算

1. 一般耕地占用税的计算

耕地占用税的应纳税额为纳税人实际占用的耕地面积(平方米)乘以适用税额。其计算公式为

$$应纳税额 = 应税土地面积 \times 适用税额$$

应税土地面积包括经批准占用面积和未经批准占用面积,以平方米为单位。当地适用税额是指省、自治区、直辖市人民代表大会常务委员会决定的应税土地所在地县级行政区的现行适用税额。

2. 加征耕地占用税的计算

$$应纳税额 = 应税土地面积 \times 适用税额 \times 150\%$$

【例 6-9】 某企业占用 10 000m² 耕地用于工业建设,占用基本农田 15 000m² 修建别墅,当地规定的耕地占用税适用税额为 25 元。计算该企业应缴纳的耕地占用税。

解析 应纳税额＝10 000×25＋15 000×25×150％＝812 500(元)

五、税收优惠

1. 免征耕地占用税

(1) 军事设施占用耕地。

(2) 学校、幼儿园、社会福利机构、医疗机构占用耕地。

(3) 农村烈士遗属、因公牺牲军人遗属、残疾军人以及符合农村最低生活保障条件的农村居民,在规定用地标准以内新建自用住宅。

2. 减征耕地占用税

(1) 铁路线路、公路线路、飞机场跑道、停机坪、港口、航道、水利工程占用耕地,减按每平方米 2 元的税额征收耕地占用税。

(2) 农村居民在规定用地标准以内占用耕地新建自用住宅,按照当地适用税额减半征收耕地占用税;其中农村居民经批准搬迁,新建自用住宅占用耕地不超过原宅基地面积的部分,免征耕地占用税。

(3) 纳税人因建设项目施工或者地质勘查临时占用耕地,应当依照本法的规定缴纳耕地占用税。纳税人在批准临时占用耕地期满之日起一年内依法复垦,恢复种植条件的,全额退还已经缴纳的耕地占用税。临时占用耕地是指经自然资源主管部门批准,在一般不超过 2 年内临时使用耕地并且没有修建永久性建筑物的行为。依法复垦应由自然资源主管部门会同有关行业管理部门认定并出具验收合格确认书。

(4) 因挖损、采矿塌陷、压占、污染等损毁耕地属于税法所称的非农业建设,应依照税法规定缴纳耕地占用税;自自然资源、农业农村等相关部门认定损毁耕地之日起 3 年内依法复垦或修复,恢复种植条件的,可按照规定办理退税。

(5) 在农用地转用环节,用地申请人能证明建设用地人符合税法有关免税情形的,免征用地申请人的耕地占用税;在供地环节,建设用地人使用耕地用途符合规定的免税情形的,由用地申请人和建设用地人共同申请,按退税管理的规定退还用地申请人已经缴纳的耕地占用税。

根据国民经济和社会发展的需要,国务院可以规定免征或者减征耕地占用税的其他情形,报全国人民代表大会常务委员会备案。

业务案例 6-2

某公司是建筑施工企业,因施工需要经自然资源主管部门批准临时占用耕地,请问该公司临时占用耕地是否需要缴纳耕地占用税?

解析 临时占用耕地是指经自然资源主管部门批准,在一般不超过 2 年内临时使用耕地并且没有修建永久性建筑物的行为。依法复垦应由自然资源主管部门会同有关行业管理部门认定并出具验收合格确认书。纳税人在批准临时占用耕地期满之日起一年内依法复垦,恢复种植条件的,全额退还已经缴纳的耕地占用税。

因此,该公司临时占用耕地需要缴纳耕地占用税,如果能在批准临时占用耕地期满之日起一年内依法复垦,可以全额退还已经缴纳的耕地占用税。

六、征收管理

1. 纳税义务发生时间

(1) 耕地占用税的纳税义务发生时间为纳税人收到自然资源主管部门办理占用耕地手续的书面通知的当日。

(2) 纳税人改变原占地用途,需要补缴耕地占用税的,其纳税义务发生时间为改变用途当日,具体如下:经批准改变用途的,纳税义务发生时间为纳税人收到批准文件的当日;未经批准改变用途的,纳税义务发生时间为自然资源主管部门认定纳税人改变原占地用途的当日。

(3) 未经批准占用应税土地的纳税人,其纳税义务发生时间为自然资源主管部门认定其实际占地的当日。

(4) 因挖损、采矿塌陷、压占、污染等损毁耕地的纳税义务发生时间为自然资源、农业农村等相关部门认定损毁耕地的当日。

2. 纳税地点

纳税人占用耕地,应当在耕地所在地申报纳税。

3. 纳税期限

纳税人应当自纳税义务发生之日起30日内申报缴纳耕地占用税。

第五节 房 产 税

【案例导入】 新大地公司财务小王接到了税务局的通知,新大地公司2017年1月购买的新建商品房存在少缴房产税的疑点问题,税务局将依法开展纳税评估工作。财务小王内心不解:公司购买的该商品房,在2017年11月取得房产证时,于次月(12月)申报缴纳了房产税,怎么还会存在少缴房产税的问题呢?

经过调查得知,新大地公司2017年1月购买的新建商品房已于2017年2月交付使用,房产税应于房屋交付使用之次月,即2017年3月开始计征。而财务小王以为购置新建商品房是在取得房屋权属证书之次月才开始缴纳房产税。公司应按规定补缴2017年3—11月房产税及相应滞纳金。

原来,纳税义务时间搞错也会给企业带来不小的税收风险。

思考:房产税的申报时间是什么时候?

房产税是以房屋为征税对象,按房屋的计税余值或租金收入为计税依据,向产权所有人征收的一种财产税。现行的房产税是1986年9月15日国务院正式发布《中华人民共和国房产税暂行条例》,从1986年10月1日开始实施的。

一、纳税义务人

房产税的纳税人是指在城市、县城、建制镇和工矿区内拥有房屋产权的单位和个人。

(1) 产权属于国家所有的,经营管理的单位为纳税人。

(2) 产权属于集体和个人所有的,集体和个人为纳税人。

(3) 产权出典的,承典人为纳税人。

(4) 产权所有人、承典人不在房产所在地的,或者产权未确定及租典纠纷未解决的,由房产代管人或者使用人缴纳为纳税人。

二、征税范围

房产税的征税范围为城市、县城、建制镇和工矿区的房产,不包括农村。房屋是指有屋面和围护结构(有墙或两边有柱),能够遮风避雨,可供人们在其中生产、工作、学习、娱乐、居住或储藏物资的场所。房产是以房屋形态表现的财产,独立于房屋之外的建筑物,如围墙、烟囱、水塔、变电塔、油池油柜、酒窖菜窖、酒精池、糖蜜池、室外游泳池、玻璃暖房、砖瓦石灰窑以及各种油气罐等,不属于房产。

三、税率与计税依据

(一) 房产税的税率

房产税采用比例税率,依照房产余值计算缴纳的,税率为1.2%;依照房产租金收入计算缴纳的,税率为12%。对个人按市场价格出租的居民住房,房产税暂减按4%的税率征收。

(二) 计税依据

1. 从价计征为计税依据的确定

从价计征的计税依据按照房产原值一次减除10%~30%后的余值计算缴纳。具体减除幅度,由省、自治区、直辖市人民政府规定。

(1) 房产原值是指纳税人按照会计制度规定,在账簿中记载房屋原价的,即应以房屋原价按规定减除一定比例后作为房产余值计征房产税;没有记载房屋原价的,参照同类房屋,按规定调整或重新评估,计征房产税。

房产原值应包括与房屋不可分割的各种附属设备或一般不单独计算价值的配套设施。主要包括:暖气、卫生、通风、照明、煤气等设备;各种管线,如蒸汽、压缩空气、石油、给水排水等管道及电力、电讯、电缆导线;电梯、升降机、过道、晒台等。属于房屋附属设备的水管、下水道、暖气管、煤气管等从最近的探视井或三通管算起计算原值;电灯网、照明线从进线盒连接管算起计算原值。

(2) 对按照房产原值计税的房产,无论会计上如何核算,房产原值均应包含地价,包括为取得土地使用权支付的价款、开发土地发生的成本费用等。宗地容积率低于0.5的,按房产建筑面积的2倍计算土地面积并据此确定计入房产原值的地价。

【例6-10】某企业2020年3月投资1500万元取得5万平方米的土地使用权,缴纳契税60万元,用于建造面积为4万平方米的厂房,建造成本和费用为2000万元,2020年能竣工验收并投入使用。请问根据上述规定,该厂房征收房产税所确定的房产原值如何确定?

解析 房产原值包含地价,包括为取得土地使用权支付的价款、开发土地发生的成本费用等。

该企业征收房产税的房产原值＝1 500＋60＋2 000＝3 560(万元)

(3) 凡在房产税征收范围内具备房屋功能的地下建筑,包括与地上房屋相连的地下建筑,如房屋的地下室、地下停车场、商场的地下部分等,以及完全建在地面以下的建筑、地下人防设施等,均应当将地下部分与地上房屋视为一个整体,按照地上房屋建筑的有关规定计算征收房产税。

上述具备房屋功能的地下建筑是指有屋面和维护结构,能够遮风避雨,可供人们在其中生产、经营、工作、学习、娱乐、居住或储藏物资的场所。

2. 从租计征计税依据的确定

根据房产税暂行条例规定,房产出租的,以房产租金收入为房产税的计税依据。对出租房产,租赁双方签订的租赁合同约定有免收租金期限的,免收租金期间由产权所有人按照房产原值缴纳房产税。

出租的地下建筑,按照出租地上房屋建筑的有关规定计算征收房产税。

承租人使用房产,以支付修理费抵交房产租金,仍应由房产的产权所有人依照规定缴纳房产税。

房屋大修停用在半年以上的,经纳税人申请,税务机关审核,在大修期间可免征房产税。

纳税单位与免税单位共同使用的房屋,按各自使用的部分划分,分别征收或免征房产税。

鉴于房地产开发企业开发的商品房在出售前,对房地产开发企业而言是一种产品,因此,对房地产开发企业建造的商品房,在售出前,不征收房产税;但对售出前房地产开发企业已使用或出租、出借的商品房应按规定征收房产税。

个人出租房屋,应按房屋租金收入征税。

四、应纳税额的计算

1. 以房产余值计税的应纳税税额的计算

全年应纳税额＝应税房产原值×(1－扣除比例)×1.2%

2. 以租金收入计税的应纳税税额的计算

全年应纳税额＝租金收入×12%(或4%)

【例6-11】 甲公司2020年房产原值为8 000万元,3月与乙公司签订租赁合同,约定自2020年4月起将原值500万元的房产租赁给乙公司,租期3年,月租金2万元,2020年7—9月为免租使用。甲公司所在地计算房产税余值减除比例为30%,试计算甲公司2020年应缴纳的房产税。

解析 4—6月、10—12月为租期,需按租金收入计税。

应纳房产税＝2×6×12%＝1.44(万元)

1—3月未出租,7—9月免租期间,需要按房产余值计税。

应纳房产税＝500×(1－30%)×1.2%×6÷12＝2.1(万元)

未出租部分需要按房产余值计税。

应纳房产税=(8 000—500)×(1—30%)×1.2%=63(万元)

该公司合计应纳房产税=1.44+2.1+63=66.54(万元)

 业务案例6-3

甲物业公司将一幢老商业门头房对外出租,签订房屋租赁合同,一年租金1 200万元(含物业费200万元),每年一次性收取。按增值税相关规定,出租房屋适用5%的税率,租金按12%缴纳房产税。计算甲物业公司应缴纳的税费。

房租增值税=1 200×5%=60(万元)

房租房产税=1 200×12%=144(万元)

合计税费=60+144=204(万元)

该公司财务部门了解情况后,提出改变合同的签订方式。建议将房租和物业费分别签订合同:签订房屋租赁合同,一年租金1 000万元,签订物业管理合同,一年物业费200万元。财务部为什么要做出如此建议?

解析 根据房产税相关规定,企业出租房屋时,会附带房屋内部或外部的一些附属设施及配套服务费,例如机器设备、办公用具、附属用品、物业管理服务等。税法对这些设施并不征收房产税。因此,财务部建议将房租和物业费分别签订合同。甲物业公司在这一合同模式下,应缴纳各种税费如下:

房租增值税=1 000×5%=50(万元)

物业费增值税=200×6%=12(万元)

房租房产税=1 000×12%=120(万元)

合计税费=50+12+120=182(万元)

可以看出,合同签订方式不同,税收负担就不一样。

五、税收优惠

(1) 国家机关、人民团体、军队自用的房产免征房产税,仅指这些单位本身的办公用房和公务用房。

(2) 由国家财政部门拨付事业经费的单位(全额或差额预算管理的事业单位)自用的房产免征房产税。

(3) 宗教寺庙、公园、名胜古迹自用的房产免征房产税。

(4) 个人所有非营业用的房产免征房产税。

(5) 对国家拨付事业经费和企业办的各类学校、医院、托儿所、幼儿园自用的房产,可以比照由国家财政部门拨付事业经费的单位自用的房产,免征房产税。

(6) 对政府部门和企事业单位、社会团体以及个人等社会力量投资兴办的福利性、非营利性的老年服务机构,暂免征收。

(7) 对非营利性医疗机构自用的房产,免征房产税。对疾病控制机构和妇幼保健机构等卫生机构自用的房产,免征房产税。

(8) 经有关部门鉴定,对毁损不堪居住的房屋和危险房屋,在停止使用后,可免征房产税。

（9）对按政府规定价格出租的公有住房和廉租住房，包括企业和自收自支事业单位向职工出租的单位自有住房；房管部门向居民出租的公有住房；落实私房政策中带户发还产权并以政府规定租金标准向居民出租的私有住房等，暂免征收房产税。

（10）凡是在基建工地为基建工地服务的各种工棚、材料棚、休息棚和办公室、食堂、茶炉房、汽车房等临时性房屋，不论是施工企业自行建造还是由基建单位出资建造交施工企业使用的，在施工期间，一律免征房产税。但是，如果在基建工程结束以后，施工企业将这种临时性房屋交还或者估价转让给基建单位的，应当从基建单位接收的次月起，依照规定征收房产税。

六、征收管理

1. 纳税期限

房产税按年征收、分期缴纳。纳税期限由省、自治区、直辖市人民政府规定。

（1）纳税人自建的房屋，自建成之次月起征收房产税。

（2）纳税人委托施工企业建设的房屋，从办理验收手续之次月起征收房产税。

（3）纳税人在办理验收手续前已使用或出租、出借的新建房屋，应按规定征收房产税。

（4）购置新建商品房，自房屋交付使用之次月起计征房产税和城镇土地使用税。

（5）购置存量房，自办理房屋权属转移、变更登记手续，房地产权属登记机关签发房屋权属证书之次月起计征房产税和城镇土地使用税。

（6）出租、出借房产，自交付出租、出借房产之次月起计征房产税和城镇土地使用税。

（7）房地产开发企业自用、出租、出借本企业建造的商品房，自房屋使用或交付之次月起计征房产税和城镇土地使用税。

2. 纳税地点

房产税由房产所在地的税务机关征收。房产不在一地的纳税人，应按房产的坐落地点，分别向房产所在地的税务机关缴纳房产税。

第六节 车 船 税

【案例导入】 2018年年底，浙江省财政厅、国家税务总局浙江省税务局联合发布通知，明确从2019年1月1日起，浙江境内的货车、挂车、专用作业车、轮式专用机械车等车辆车船税适用税额标准降低到法定税率最低水平。

杭州市桐庐县素有"快递之乡"称号，全国闻名的"四通一达"早期都发迹于此。浙江中吉物流有限公司是桐庐县一家注册资本2 000万元的运输企业，2018年营业额达9亿多元，该公司拥有运输车辆3 000余辆，按原来政策规定今年应缴车船税23万多元，2019年1月1日起，车船税下调后，一年能减税17万元。企业负责人表示，原来货车适用税额为60元/t（整备质量），今年起降为16元/t（整备质量），降幅达到了73%。

中国邮政速递物流股份有限公司是从杭州邮政系统改制分离出来的专业从事快递业务的企业，近年来速递业务发展迅猛，2018年企业全年收寄业务量达1.01亿件，现拥有自有运输车辆1 156辆，适用新政策预计全年减免税款16万元，减免幅度高达70%。

截至 7 月底，浙江省车船税税额标准下调已为企业减轻税收负担 1.11 亿元，预计全年将超过 1.92 亿元。

——摘自中国税务报"车船税下调 7 个月 浙江企业减负超亿元"

思考：车船税的适用税率有什么特点？

车船税是在中华人民共和国境内车船的所有人或者管理人按照法律规定应缴纳的一种税，在我国已经征收多年。新中国成立后，1951 年原政务院就颁布了《车船使用牌照税暂行条例》，在全国范围内征收车船使用牌照税；1986 年国务院颁布了《中华人民共和国车船使用税暂行条例》，开征车船使用税，但对外商投资企业、外国企业及外籍个人仍征收车船使用《牌照税》；2006 年 12 月，国务院制定了《中华人民共和国车船税暂行条例》，对包括外资企业和外籍个人在内的各类纳税人统一征收车船税。2011 年 2 月 25 日，第十一届全国人大常委会第十九次会议通过《中华人民共和国车船税法》(简称《车船税法》)，自 2012 年 1 月 1 日起施行，原暂行条例同时废止。

车船税立法是为适应形势变化的要求，以科学发展观为指导，对暂行条例进行改革完善并提升税收法律级次，以引导车辆、船舶的生产和消费，体现国家在促进节能减排、保护环境等方面的政策导向。

一、纳税义务人

中华人民共和国境内车辆、船舶(以下简称车船)的所有人或者管理人，为车船税的纳税人。其中，所有人是指在我国境内拥有车船的单位和个人；管理人是指对车船具有管理权或者使用权，不具有所有权的单位。上述单位，包括在中国境内成立的行政机关、企业、事业单位、社会团体以及其他组织；上述个人，包括个体工商户以及其他个人。

境内单位和个人租入外国籍船舶的，不征收车船税。境内单位和个人将船舶出租到境外的，应依法征收车船税。

在机场、港口以及其他企业内部场所行驶或者作业，并在车船管理部门登记的车船，应当缴纳车船税。

从事机动车交通事故责任强制保险(以下简称交强险)业务的保险机构为机动车车船税的扣缴义务人，应当在收取保险费时按照规定的税目税额代收车船税，并在机动车交强险的保险单以及保费发票上注明已收税款的信息，作为代收税款凭证。

二、征税范围

《车船税法》规定的征税范围是指依法应当在车船登记管理部门登记的机动车辆和船舶，以及依法不需要在车船登记管理部门登记的在单位内部场所行驶或者作业的机动车辆和船舶。

(1) 乘用车是指在设计和技术特性上主要用于载运乘客及随身行李，核定载客人数包括驾驶员在内不超过 9 人的汽车。

(2) 商用车是指除乘用车外，在设计和技术特性上用于载运乘客、货物的汽车，划分为客车(核定载客人数 9 人以上，包括电车)和货车(包括半挂牵引车、三轮汽车和低速载货汽车等)。

(3) 挂车是指就其设计和技术特性需由汽车或者拖拉机牵引，才能正常使用的一种无动力的道路车辆。

(4) 其他车辆包括专用作业车和轮式专用机械车,不包括拖拉机。

(5) 摩托车是指无论采用何种驱动方式,最高设计车速大于 50km/h,或者使用内燃机,其排量大于 50mL 的两轮或者三轮车辆。

(6) 船舶是指各类机动、非机动船舶以及其他水上移动装置,但是船舶上装备的救生艇筏和长度小于 5m 的艇筏除外。

三、税率

车船税采用定额税率,又称为固定税额。车船税税目税额如表 6-6 所示。

表 6-6 车船税税目税额表

税 目		计税单位	年基准税额	备 注
乘用车[按发动机气缸容量(排气量)分档]	1.0L(含)以下的	每辆	60 元至 360 元	核定载客人数 9 人(含)以下
	1.0L 以上至 1.6L(含)的		300 元至 540 元	
	1.6L 以上至 2.0L(含)的		360 元至 660 元	
	2.0L 以上至 2.5L(含)的		660 元至 1 200 元	
	2.5L 以上至 3.0L(含)的		1 200 元至 2 400 元	
	3.0L 以上至 4.0L(含)的		2 400 元至 3 600 元	
	4.0L 以上的		3 600 元至 5 400 元	
商用车	客车	每辆	480 元至 1 440 元	核定载客人数 9 人以上,包括电车
	货车	整备质量每吨	16 元至 120 元	包括半挂牵引车、三轮汽车和低速载货汽车等
挂车		整备质量每吨	按照货车税额的 50% 计算	
其他车辆	专用作业车	整备质量每吨	16 元至 120 元	不包括拖拉机
	轮式专用机械车		16 元至 120 元	
摩托车		每辆	36 元至 180 元	
船舶	机动船舶	净吨位每吨	3 元至 6 元	拖船、非机动驳船分别按照机动船舶税额的 50% 计算
	游艇	艇身长度每米	600 元至 2 000 元	

《车船税法》和实施条例所涉及的排气量、整备质量、核定载客人数、净吨位、千瓦、艇身长度,以车船登记管理部门核发的车船登记证书或者行驶证所载数据为准。

依法不需要办理登记的车船和依法应当登记而未办理登记或者不能提供车船登记证书、行驶证的车船,以车船出厂合格证明或者进口凭证标注的技术参数、数据为准;不能提供车船出厂合格证明或者进口凭证的,由主管税务机关参照国家相关标准核定,没有国家相关标准的参照同类车船核定。

《车船税法》及其实施条例涉及的整备质量、净吨位、艇身长度等计税单位,有尾数的一律按照含尾数的计税单位据实计算车船税应纳税额。计算得出的应纳税额小数点后超过两位的可四舍五入保留两位小数。

四、应纳税额的计算

(1) 车船税各税目应纳税额的计算公式为

$$应纳车船税 = 计税单位 \times 适用年基准税额$$

【例 6-12】 某机械制造厂 2020 年拥有货车 3 辆,每辆货车的整备质量均为 1.499t;挂车 1 部,其整备质量为 1.2t;小汽车 2 辆。已知货车车船税税率为整备质量每吨年基准税额 16 元,小汽车车船税税率为每辆年基准税额 360 元。计算该厂 2020 年应纳车船税。

解析 挂车按照货车税额的 50% 计算纳税。整备质量、净吨位等计税单位,有尾数的一律按照含尾数的计税单位据实计算应纳税额。

$$应纳车船税 = 1.499 \times 3 \times 16 + 1.2 \times 16 \times 50\% + 2 \times 360 = 801.55(元)$$

(2) 新购置的车船,购置当年的应纳税额自纳税义务发生时间起至该年度终了按月计算。计算公式为

$$应纳税额 = 年应纳税额 \times \frac{应纳税月份数}{12}$$

【例 6-13】 某船运公司 2020 年 7 月购置新机动船 6 艘,每艘净吨位 3 000t。该公司船舶适用的车船税年税额为净吨位 201～2 000t 的,每吨 4 元;净吨位 2 001～10 000t 的,每吨 5 元。计算该公司 2020 年应缴纳的车船税。

解析 购置的新车船,购置当年的应纳税额自纳税义务发生的当月起按月计算。

$$应纳车船税 = 3 000 \times 6 \times 5 \times 6 \div 12 = 45 000(元)$$

(3) 在一个纳税年度内,已完税的车船被盗抢、报废、灭失的,纳税人可以凭有关管理机关出具的证明和完税证明,向纳税所在地的主管税务机关申请退还自被盗抢、报废、灭失月份起至该纳税年度终了期间的税款;已办理退税的被盗抢车船失而复得的,纳税人应当从公安机关出具相关证明的当月起计算缴纳车船税。

【例 6-14】 某企业 2020 年 1 月缴纳了 5 辆客车车船税,其中一辆 9 月被盗,已办理车船税退还手续;11 月由公安机关找回并出具证明,企业补缴车船税。假定该类型客车年基准税额为 480 元,计算该企业 2020 年实缴的车船税。

已办理退税的被盗抢车船,失而复得的,纳税人应当从公安机关出具相关证明的当月起计算缴纳车船税。因此,被盗车辆 1—8 月未失盗前,11—12 月均需缴纳车船税。

$$实缴的车船税 = 4 \times 480 + 480 \div 12 \times 10 = 2 320(元)$$

(4) 在同一纳税年度内,已缴纳车船税的车船办理转让过户的,不另纳税,也不退税。

(5) 扣缴义务人已代收代缴车船税的,纳税人不再向车辆登记地的主管税务机关申报缴纳车船税。没有扣缴义务人的,纳税人应当向主管税务机关自行申报缴纳车船税。

五、税收优惠

1. 车船税法规定的法定免税车船

(1) 捕捞、养殖渔船是指在渔业船舶登记管理部门登记为捕捞船或者养殖船的船舶。

(2) 军队、武装警察部队专用的车船是指按照规定在军队、武装警察部队车船登记管理部门登记,并领取军队、武警牌照的车船。

(3) 警用车船是指公安机关、国家安全机关、监狱、劳动教养管理机关和人民法院、人民检察院领取警用牌照的车辆和执行警务的专用船舶。

(4) 依照法律规定应当予以免税的外国驻华使领馆、国际组织驻华代表机构及其有关人员的车船。

(5) 对节约能源车船,减半征收车船税。

(6) 对使用新能源车船,免征车船税。

免征车船税的使用新能源汽车是指纯电动商用车、插电式(含增程式)混合动力汽车、燃料电池商用车。纯电动乘用车和燃料电池乘用车不属于车船税征税范围,对其不征车船税。

(7) 国家综合性消防救援车辆由部队号牌改挂应急救援专用号牌的,一次性免征改挂当年车船税。

2. 特定减免

(1) 按照规定缴纳船舶吨税的机动船舶,自车船税法实施之日起5年内免征车船税。

(2) 依法不需要在车船登记管理部门登记的机场、港口、铁路站场内部行驶或者作业的车船,自车船税法实施之日起5年内免征车船税。

(3) 临时入境的外国车船和我国香港特别行政区、澳门特别行政区、台湾地区的车船,不征收车船税。

3. 授权省、自治区、直辖市人民政府规定的减免税项目

(1) 省、自治区、直辖市人民政府根据当地实际情况,可以对公共交通车船,农村居民拥有并主要在农村地区使用的摩托车、三轮汽车和低速载货汽车定期减征或者免征车船税。

(2) 对受地震、洪涝等严重自然灾害影响纳税困难以及其他特殊原因确需减免税的车船,可以在一定期限内减征或者免征车船税。

六、征收管理

1. 纳税地点

车船税由地方税务机关负责征收。车船税的纳税地点为车船的登记地或者车船税扣缴义务人所在地。依法不需要办理登记的车船,车船税的纳税地点为车船的所有人或者管理人所在地。

2. 纳税义务时间

车船税纳税义务发生时间为取得车船所有权或者管理权的当月。

3. 纳税期限及申报

车船税按年申报缴纳。车船税按年申报,分月计算,一次性缴纳。纳税年度为公历1月1日至12月31日。由保险机构代收代缴机动车车船税的,纳税人应当在购买机动车交强险的同时缴纳车船税。

第七节 契 税

【**案例导入**】 北京的王奶奶夫妇共有2个子女,2020年王奶奶不幸因病离世,经过家里人商讨,王奶奶名下的某房产由其配偶和2个子女共同继承。

上海的朱爷爷夫妇共有2个子女,2020年朱爷爷不幸因病离世,朱爷爷生前立有遗嘱,将自己名下的某房屋留给其孙子一人所有。

思考: 上述两种情况下,王奶奶的子女和朱爷爷的孙子是否要缴纳契税?

契税是以在中华人民共和国境内转移土地、房屋权属为征税对象,向产权承受人征收的一种财产税。

契税起源于东晋时期的"估税",至今已有1 600多年的历史。中华人民共和国成立后,政务院于1950年发布《契税暂行条例》,规定对土地、房屋的买卖、典当、赠与和交换征收契税。1954年财政部经政务院批准,对《契税暂行条例》的个别条款进行了修改,规定对公有制单位承受土地、房屋权属转移免征契税。为适应形势的要求,从1990年开始,全国契税征管工作全面恢复。恢复征收后,契税收入连年大幅度增加,从1990年的1.34亿元增加到1997年的36亿元,成为地方税收中最具增长潜力的税种。1997年7月7日国务院发布并于同年10月1日开始实施《中华人民共和国契税暂行条例》。2020年8月11日,第十三届全国人民代表大会常务委员会第二十一次会议通过了《中华人民共和国契税法》,自2021年9月1日起施行。

一、纳税义务人

契税的纳税人是在中华人民共和国境内转移土地、房屋权属,承受的单位和个人。

(1)土地、房屋权属,是指土地使用权、房屋所有权。

(2)承受,是指以受让、购买、受赠、交换等方式取得土地、房屋权属的行为。

(3)单位,是指企业单位、事业单位、国家机关、军事单位和社会团体以及其他组织;个人,是指个体经营者及其他个人。

二、征税范围

契税是以在中华人民共和国境内转移土地、房屋权属为征税对象。转移土地、房屋权属是指下列行为。

(1)土地使用权出让。

(2)土地使用权转让,包括出售、赠与、互换。

土地使用权转让,是指土地使用者以出售、赠与、交换或者其他方式将土地使用权转移给其他单位和个人的行为,不包括土地承包经营权和土地经营权的转移。

(3)房屋买卖、赠与、互换。

以作价投资(入股)、偿还债务、划转、奖励等方式转移土地、房屋权属的,应当依照本法规定征收契税。

【导入案例解析】 王奶奶的房子继承情况属于由配偶和子女继承房屋权属,不征收契税。因为法定继承人(包括配偶、子女、父母、兄弟姐妹、祖父母、外祖父母)继承土地、房屋权属,不征契税。

上海的朱爷爷房子继承情况属于孙子根据遗嘱承受朱爷爷生前的房屋权属,应该征收契税。因为非法定继承人根据遗嘱承受死者生前的土地、房屋权属,属于赠与行为,应征收契税。

三、税率

契税实行3%~5%的幅度税率。契税的适用税率，由省、自治区、直辖市人民政府在前款规定的幅度内提出，报同级人民代表大会常务委员会决定。省、自治区、直辖市可以依照前款规定的程序对不同主体、不同地区、不同类型的住房的权属转移确定差别税率。

四、计税依据及应纳税额的计算

契税的计税依据为不动产的价格，具体情况如下。

(1) 土地使用权出让、出售，房屋买卖，计税依据为土地、房屋转移合同确定的成交价格。包括承受者应交付的货币、实物、其他经济利益对应的价款。因此，合同确定的成交价格中包含的所有价款都属于计税依据范围。

(2) 土地使用权赠与、房屋赠与以及其他没有价格的转移土地、房屋权属行为，由税务机关参照土地使用权出售、房屋买卖的市场价格核定。

(3) 土地使用权交换、房屋交换，为所交换的土地使用权、房屋的价格的差额。

土地使用权交换、房屋交换，交换价格不相等的，由多交付货币、实物、无形资产或者其他经济利益的一方缴纳税款。交换价格相等的，免征契税。

上述成交价格、互换价格差额明显低于市场价格并且无正当理由的，由税务机关依照有关规定核定。

契税应纳税额为契税计税依据乘以适用税率。应纳税额计算公式为

$$应纳税额 = 计税依据 \times 税率$$

【例6-15】 甲企业将一套住房出售给乙企业，成交价格为2 000 000元；与丙企业交换一套房产，并支付丙企业换房价差500 000元。假定税率为3%，试计算甲、乙、丙分别缴纳的契税税额。

解析 甲企业出售房屋给乙企业，乙企业应缴纳契税。

$$乙企业应缴纳契税税额 = 2\ 000\ 000 \times 3\% = 60\ 000(元)$$

甲企业与丙企业交换房产，并支付丙企业房价差，由支付方交纳契税。

$$甲企业应缴纳契税税额 = 500\ 000 \times 3\% = 15\ 000(元)$$

丙企业不用缴纳契税税额。

五、税收优惠

(1) 有下列情形之一的，免征契税。

① 国家机关、事业单位、社会团体、军事单位承受土地、房屋权属用于办公、教学、医疗、科研和军事设施。

② 非营利性的学校、医疗机构、社会福利机构承受土地、房屋权属用于办公、教学、医疗、科研、养老、救助等。

③ 承受荒山、荒沟、荒丘、荒滩土地使用权，并用于农、林、牧、渔业生产。

④ 婚姻关系存续期间夫妻之间变更土地、房屋权属。

⑤ 法定继承人通过继承土地、房屋权属。

⑥ 依照我国有关法律规定以及我国缔结或参加的双边和多边条约或协定,应当予以免税的外国驻华使馆、领事馆、国际组织驻华机构承受土地、房屋权属。

(2) 省、自治区、直辖市可以决定下列情形免征或减征契税。

① 土地、房屋被县级以上人民政府征用、占用后,重新承受土地、房屋权属。

② 因不可抗力灭失住房而重新承受住房权属;不可抗力是指自然灾害、战争等不能预见、不能避免,并不能克服的客观情况。

③ 对个人购买家庭唯一住房(家庭成员范围包括购房人、配偶以及未成年子女),面积为90m² 及以下的,减按1%的税率征收契税;面积为90m² 以上的,减按1.5%的税率征收契税。

④ 对个人购买家庭第二套改善性住房,面积为90m² 及以下的,减按1%的税率征收契税;面积为90m² 以上的,减按2%的税率征收契税。

(3) 纳税人改变土地、房屋的用途或者有其他不再属于免征、减征情形的,应当缴纳已经免征、减征的税款。

根据国民经济和社会发展的需要,国务院对居民住房需求保障、企业改制重组、灾后重建等情形可以规定免征或者减征契税,报全国人民代表大会常务委员会备案。

六、征收管理

1. 纳税义务发生时间

契税的纳税义务发生时间,为纳税人签订土地、房屋权属转移合同的当天,或者纳税人取得其他具有土地、房屋权属转移合同性质凭证的当天。

2. 纳税期限

纳税人应当在依法办理土地、房屋权属登记手续前申报缴纳契税。

3. 纳税地点

契税纳税地点为土地、房屋所在地的征收机关。

第八节 车辆购置税

【案例导入】 为进一步降低实体经济的物流成本,2018年7月1日—2021年6月30日,挂车享受减半征收车辆购置税优惠。该政策施行一年多以来,南京市区约有1 500辆挂车享受到减半征收车辆购置税优惠政策,累计减免税653万元。江苏苏宁物流有限公司是依托苏宁电器的自建物流公司,企业购买了22辆挂车。受益于挂车减半征收车辆购置税政策,企业的这单挂车采购直接减税9万多元。

——摘自中国税务报"南京物流企业'跑'出加速度"

思考:

(1) 车辆购置税的征税范围有哪些?

(2) 车辆购置税有什么税收优惠?

车辆购置税是以在中国境内购置规定的车辆为课税对象、在特定的环节向车辆购置者征收的一种税。

车辆购置税是由车辆购置附加费演变而来,是"费改税"的产物。1985 年 4 月,国务院印发《关于发布〈车辆购置附加费征收办法〉的通知》(国发〔1985〕50 号),决定从 1985 年 5 月 1 日开征车辆购置附加费;2000 年 10 月 22 日,国务院颁布《中华人民共和国车辆购置税暂行条例》(以下简称《暂行条例》),从 2001 年 1 月 1 日起,开征车辆购置税,取代车辆购置附加费;2018 年 12 月 29 日,中华人民共和国第十三届全国人大常务委员会第七次会议通过了《中华人民共和国车辆购置税法》,自 2019 年 7 月 1 日起施行,原《暂行条例》同时废止。

一、纳税义务人

在中华人民共和国境内购置汽车、有轨电车、汽车挂车、排气量超过 150mL 的摩托车(以下统称应税车辆)的单位和个人为车辆购置税的纳税人。

其中,购置是指以购买、进口、自产、受赠、获奖或者其他方式,如拍卖、抵债、走私、罚没等取得并使用应税车辆的行为。车辆购置税实行一次性征收,购置已征车辆购置税的车辆,不再征收车辆购置税。单位包括各类企业、事业单位,社会团体,国家机关,部队以及其他单位。个人包括中华人民共和国公民和外国公民。

思考与辨析 6-2

试分析下列行为中,哪些不属于车辆购置税应税行为。
① 销售应税车辆的行为。
② 购买自用应税车辆的行为。
③ 进口自用应税车辆的行为。
④ 自产自用应税车辆的行为。
⑤ 获奖自用应税车辆的行为。
⑥ 购买使用二手车辆的行为。

解析 车辆购置是指以购买、进口、自产、受赠、获奖或者其他方式,如拍卖、抵债、走私、罚没等取得并使用应税车辆的行为。因此,上述业务中,销售应税车辆的行为不属于征税范围,并且车辆购置税实行一次课征制,购买使用二手车辆的行为,不缴纳车辆购置税。

二、征税范围

车辆购置税的征收范围为在中国境内购置或自用的汽车、有轨电车、汽车挂车、排气量超过 150mL 的摩托车。

地铁、轻轨等城市轨道交通车辆,装载机、平地机、挖掘机、推土机等轮式专用机械车,以及起重机(吊车)、叉车、电动摩托车,不属于应税车辆。

纳税人进口自用应税车辆是指纳税人直接从境外进口或者委托代理进口自用的应税车辆,不包括在境内购买的进口车辆。

购置税征收范围的调整由国务院决定并公布。

三、税率

车辆购置税的税率为统一比例税率,税率为 10%。

四、计税依据及应纳税额的计算

车辆购置税的计税依据为应税车辆的计税价格,按照下列规定确定。

(1) 纳税人购买自用应税车辆的计税价格,为纳税人实际支付给销售者的全部价款和价外费用,不包括增值税税款。应纳车辆购置税的计算公式为

$$应纳车辆购置税 = 支付的不含增值税价款 \times 10\%$$

【例6-16】 2020年11月王某从汽车4S店购置了一辆小汽车,支付购车款(含增值税)226 000元并取得"机动车销售统一发票",支付代收保险费5 000元并取得保险公司开具的票据。计算王某应缴纳的车辆购置税。

解析 根据"纳税人购买自用应税车辆的计税价格,为纳税人实际支付给销售者的全部价款,不包括增值税税款"可得

$$王某应纳车辆购置税 = 226\ 000 \div 1.13 \times 10\% = 20\ 000(元)$$

(2) 纳税人进口自用应税车辆的计税价格,以组成计税价格作为计税依据,如果进口车辆是属于消费税征收范围的小汽车、摩托车等,则其组成价格为

$$计税价格 = 关税完税价格 + 关税 + 消费税$$

如果进口车辆是不属于消费税征收范围的大卡车、大客车等,则其组成价格为

$$计税价格 = 关税完税价格 + 关税$$

纳税人进口自用缴纳的车辆的购置税计算公式为

$$应纳车辆购置税 = 计税价格 \times 10\%$$
$$= (关税完税价格 + 关税 + 消费税) \times 10\%$$

【例6-17】 某企业从境外购买一辆自用的小汽车,报关进口时缴纳关税7.5万元,缴纳消费税12.5万元,海关进口关税专用缴款书注明的关税完税价格为30万元。计算该企业应缴纳的车辆购置税。

解析 计税价格 = 关税完税价格 + 关税 + 消费税 = 30 + 7.5 + 12.5 = 50(万元)

应纳车辆购置税 = 计税价格 × 10% = 50 × 10% = 5(万元)

(3) 纳税人自产自用应税车辆的计税价格,按照同类应税车辆(即车辆配置序列号相同的车辆)的销售价格确定,不包括增值税税款;没有同类应税车辆销售价格的,按照组成计税价格确定。组成计税价格计算公式为

$$组成计税价格 = 成本 \times (1 + 成本利润率)$$

属于应征消费税的应税车辆,其组成计税价格中应加计消费税税额。上述公式中的成本利润率,由国家税务总局各省、自治区、直辖市和计划单列市税务局确定。

【例6-18】 某汽车生产企业将本企业生产的A型非消费税汽车作为本企业办公用车,该类型车辆不含增值税售价280 000元,生产成本200 000元,成本利润率8%,另将B型非消费税汽车作为本企业接送员工上下班用车,该类型车辆尚未在市场上销售,生产成本200 000元,成本利润率8%。根据以上资料,计算该企业应纳车辆购置税。

解析 A型汽车应纳车辆购置税 = 同类应税车辆的销售价格 × 10%
$$= 280\ 000 \times 10\%$$
$$= 28\ 000(元)$$

B型汽车应纳车辆购置税＝组成计税价格×10%
　　　　　　　　　＝200 000×(1＋8%)×10%
　　　　　　　　　＝21 600(元)

(4) 纳税人以受赠、获奖或者其他方式取得自用应税车辆的计税价格，按照购置应税车辆时所取得相关凭证载明的价格确定，不包括增值税税款。

(5) 纳税人申报的应税车辆计税价格明显偏低，又无正当理由的，由税务机关依照《中华人民共和国税收征收管理法》的规定核定其应纳税额。

核定计税价格＝销售企业车辆进价(进货合同或者发票注明的价格)×(1＋成本利润率)

纳税人以外汇结算应税车辆价款的，按照申报纳税之日的人民币汇率中间价折合成人民币计算缴纳税款。

(6) 已经办理免税、减税手续的车辆因转让、改变用途等原因不再属于免税、减税范围的，纳税人、纳税义务发生时间、应纳税额按以下规定执行。

① 发生转让行为的，受让人为车辆购置税纳税人；未发生转让行为的，车辆所有人为车辆购置税纳税人。

② 纳税义务发生时间为车辆转让或者用途改变等情形发生之日。

③ 应纳税额计算公式为

$$应纳税额＝初次办理纳税申报时确定的计税价格×(1－使用年限×10\%)×10\%－已纳税额$$

应纳税额不得为负数。使用年限的计算方法是，自纳税人初次办理纳税申报之日起，至不再属于免税、减税范围的情形发生之日止。使用年限取整计算，不满一年的不计算在内。

(7) 已征车辆购置税的车辆退回车辆生产或销售企业，纳税人申请退还车辆购置税的，应退税额计算公式为

$$应退税额＝已纳税额×(1－使用年限×10\%)$$

应退税额不得为负数。使用年限的计算方法是，自纳税人缴纳税款之日起，至申请退税之日止。

五、税收优惠

下列车辆免征车辆购置税。

(1) 依照法律规定应当予以免税的外国驻华使馆、领事馆和国际组织驻华机构及其有关人员自用的车辆。

(2) 中国人民解放军和中国人民武装警察部队列入装备订货计划的车辆。

(3) 设有固定装置的非运输车辆。

(4) 悬挂应急救援专用号牌的国家综合性消防救援车辆。

(5) 城市公交企业购置的公共汽电车辆。

(6) 自2021年1月1日至2022年12月31日，对购置的新能源汽车免征车辆购置税。自2018年7月1日至2021年6月30日，对购置挂车减半征收车辆购置税。挂车是指由汽车牵引才能正常使用且用于载运货物的无动力车辆。

六、征收管理

1. 纳税地点

车辆购置税由税务机关负责征收。车辆购置税实行一车一申报制度。购置应税车辆的纳税人,应当到下列地点申报纳税。

(1) 需要办理车辆登记的,向车辆登记地的主管税务机关申报纳税。

(2) 不需要办理车辆登记的,单位纳税人向其机构所在地的主管税务机关申报纳税,个人纳税人向其户籍所在地或者经常居住地的主管税务机关申报纳税。

2. 纳税义务发生时间

车辆购置税的纳税义务发生时间为纳税人购置应税车辆的当日,以纳税人购置应税车辆所取得的车辆相关凭证上注明的时间为准,具体按照下列情形确定。

(1) 购买自用应税车辆的为购买之日,即车辆相关价格凭证的开具日期。

(2) 进口自用应税车辆的为进口之日,即海关进口增值税专用缴款书或者其他有效凭证的开具日期。

(3) 自产、受赠、获奖或者以其他方式取得并自用应税车辆的为取得之日,即合同、法律文书或者其他有效凭证的生效或者开具日期。

3. 纳税期限

纳税人应当自纳税义务发生之日起60日内申报缴纳车辆购置税。纳税人应当在向公安机关交通管理部门办理车辆注册登记前,缴纳车辆购置税。

第九节 船舶吨税

一、征税范围

自中华人民共和国境外港口进入境内港口的船舶(以下称应税船舶)应缴纳船舶吨税。

二、税率

1. 优惠税率

我国国籍的应税船舶,船籍国(地区)与我国签订含有相互给予船舶税费最惠国待遇条款的条约或者协定的应税船舶,适用优惠税率。

2. 普通税率

其他应税船舶,拖船和非机动驳船分别按相同净吨位船舶税率的50%计征税款,拖船按照发动机功率每1kW折合净吨位0.67t。

三、应纳税额的计算

吨税按照船舶净吨位和吨税执照期限征收。

$$应纳税额 = 船舶净吨位 \times 定额税率(元)$$

应税船舶在进入港口办理入境手续时,应当向海关申报纳税领取吨税执照,或交验吨税执照。应税船舶在离开港口办理出境手续时,应当交验吨税执照。

【例6-19】 2020年3月20日,B国某运输公司一艘货轮驶入我国某港口,该货轮净吨位为30 000t,货轮负责人已向我国海关领取了吨税执照,在港口停留期为30天,B国已与我国签订有相互给予船舶税费最惠国待遇条款。请计算该货轮负责人应向我国海关缴纳的船舶吨税。

解析 根据船舶吨税的相关规定,该货轮应享受优惠税率,每净吨位为3.3元。

应缴纳的船舶吨税＝30 000×3.3＝99 000(元)

四、税收优惠

1. 直接优惠

下列船舶免征吨税。

(1) 应纳税额在人民币50元以下的船舶。

(2) 自境外以购买、受赠、继承等方式取得船舶所有权的初次进口到港的空载船舶。

(3) 吨税执照期满后24小时内不上下客货的船舶。

(4) 非机动船舶(不包括非机动驳船)。

(5) 捕捞、养殖渔船。

(6) 避难、防疫隔离、修理、终止运营或者拆解,并不上下客货的船舶。

(7) 军队、武装警察部队专用或者征用的船舶。

(8) 警用船舶。

(9) 依照法律规定应当予以免税的外国驻华使领馆、国际组织驻华代表机构及其有关人员的船舶。

(10) 国务院规定的其他船舶。本条免税规定,由国务院报全国人大常委会备案。

2. 延期优惠

在吨税执照期限内,应税船舶发生下列情形之一的,海关按照实际发生的天数批注延长吨税执照期限。

(1) 避难、防疫隔离、修理,并不上下客货。

(2) 军队、武装警察部队征用。

五、征收管理

(1) 吨税由海关负责征收。

(2) 吨税纳税义务发生时间为应税船舶进入港口的当日。

(3) 应税船舶在吨税执照期满后尚未离开港口的,应当申领新的吨税执照,自上一次执照期满的次日起续缴吨税。

(4) 应税船舶负责人应当自海关填发吨税缴款凭证之日起15日内向指定银行缴清税款。未按期缴清税款的,自滞纳税款之日起,按日加税收滞纳税款0.5‰的滞纳金。

(5) 应税船舶到达港口前,经海关核准先行申报并办结出入境手续的,应税船舶负责人应当向海关提供与其依法履行吨税缴纳义务相适应的担保;应税船舶到达港口后,依规定向海关申报纳税。

(6) 少征或漏征、多征税款的处理。

① 少征或漏征税款的。海关发现少征或者漏征税款的,应当自应税船舶应当缴纳税款

之日起1年内,补征税款。

因应税船舶违反规定造成少征或者漏征税款的,海关可以自应当缴纳税款之日起3年内追征税款,并自应当缴纳税款之日起按日加征少征或者漏征税款0.5‰的滞纳金。

② 多征税款的。海关发现多征税款的,应当24小时内通知应税船舶办理退还手续,并加算银行同期活期存款利息。应税船舶发现多缴税款的,可以自缴纳税款之日起3年内以书面形式要求海关退还多缴的税款并加算银行同期活期存款利息。海关应当自受理退税申请之日起30日内查实并通知应税船舶办理退还手续。

(7) 应税船舶有下列行为之一的,由海关责令限期改正,处2 000元以上3万元以下罚款;不缴或者少缴应纳税款的,处不缴或者少缴税款50%以上5倍以下的罚款,但罚款不得低于2 000元。

① 未按照规定申报纳税、领取吨税执照的。

② 未按照规定交验吨税执照及其他证明文件的。

(8) 吨税税款、滞纳金、罚款以人民币计算。

第十节 印 花 税

【案例导入】 安信联行(S09267.OC)于2018年2月7日发布挂牌反馈意见,披露石家庄分公司存在收取租赁费未申报印花税、以收据代替发票等行为,被稽查补税并处罚。其中:

(1) 石家庄分公司2015年出租场地收取租赁费915 713.22元,未申报缴纳印花税,2015年与石家庄新天际教育投资有限公司签订合同1份,合同金额2 094 720元,未全额申报缴纳印花税,2015年应补缴印花税2 779.30元,并处补缴金额50%的罚款。

(2) 2015年收取的场地租赁费应开具发票而仅出具收据10份,属于以其他行为代替发票使用行为,处罚款金额1 000元。罚款金额总计2 389.65元。石家庄市桥西区地方税务局稽查局对河北安信联行物业服务有限公司石家庄分公司出具了《税务行政处罚决定书》(冀石桥西地税稽罚字〔2016〕5404号)。

——摘自河北安信联行物业股份有限公司反馈意见回复

思考:

(1) 河北安信联行物业服务有限公司石家庄分公司签订的租赁合同为什么要交印花税?

(2) 印花税是一种什么性质的税?

印花税是以经济活动和经济交往中,书立、使用、领受应税凭证的行为为征税对象征收的一种税。

随着市场经济的发展和经济法制的逐步健全,依法书立经济凭证的现象越来越普遍。印花税具有凭证性质,任何一种应税经济凭证反映的都是某种特定的经济行为,因此,对凭证征税,实质上是对经济行为的课税,印花税兼具凭证税和行为税的特征。

印花税与其他税种相比较,税率要低得多,其税负较轻,具有广集资金、积少成多的财政效应。而且纳税人通过自行计算、购买并粘贴印花税票并在印花税票和凭证的骑缝处自行盖戳注销或划销的方法完成纳税义务。所以,印花税在广泛增加财政收入,有利于配合经济合同的监督管理,有利于培养公民纳税意识的同时,还有利于配合对其他应纳税种的监督管理。

新中国成立后,中央政府于1950年1月30日公布了《全国税政实施要则》,于12月公布了《印花税暂行条例》,并于1951年1月公布了《印花税暂行条例施行细则》,统一印花税法。1958年,全国施行税改,中央取消了印花税并将其并入工商统一税。1988年8月6日,中华人民共和国国务院11号令发布《中华人民共和国印花税暂行条例》,规定重新在全国统一开征印花税,并于当年10月1日正式实施。2021年1月4日,国务院常务会议正式通过《中华人民共和国印花税法(草案)》。

一、纳税义务人

印花税的纳税义务人是指在中国境内书立、使用、领受印花税所列举的凭证,并应依法履行纳税义务的单位和个人。

中国境内书立、领受印花税法所列举的凭证是指在中国境内具有法律效力,受中国法律保护的凭证。这些凭证无论在中国境内或者境外书立,均应依法缴纳印花税。

单位和个人是指国内各类企业、事业、机关、团体、部队以及中外合资企业、合作企业、外资企业、外国公司企业和其他经济组织及其在华机构等单位和个人。这些单位和个人,按照书立、使用、领受应税凭证的不同,可以分别确定为立合同人、立据人、立账簿人、领受人和使用人和电子应税凭证的签订人。

对于同一应税凭证,由两方或者两方以上当事人签订并各执一份的,其当事人各方都是印花税的纳税人,应当各自就所执一份凭证履行纳税义务。但合同的担保人、证人、鉴定人不属于立合同人,不缴纳印花税。

二、征税范围

印花税的征税范围包括10个经济合同和3个证照。

1. 经济合同

购销、加工承揽、建设工程勘察设计、建筑安装工程承包、财产租赁、货物运输、仓储保管、借款、财产保险、技术合同或者具有合同性质的单据、凭证。

2. 证照

(1) 产权转移书据。产权转移书据是指单位和个人产权的买卖、继承、赠与、交换、分割等所立的书据。

(2) 营业账簿。营业账簿是指单位或者个人记载生产经营活动的财务会计核算账簿。营业账簿分为记载金额的营业账簿和其他账簿。记载资金的营业账簿是指反映生产经营的单位资本金数额增减变化的账簿。其他账簿是指除上述账簿以外的账簿,包括日记账簿和各明细分类账簿。

(3) 权利、许可证照,包括政府部门发给的房屋产权证、工商营业执照、商标注册证、专利证和土地使用证。

三、税目和税率

纳税人根据应纳税凭证的性质,分别按比例税率或者按件定额计算应纳税额。

1. 比例税率

印花税的比例税率有 0.05‰、0.3‰、0.5‰ 和 1‰ 4 档。

2. 定额税率

其他营业账簿,权利。许可证照实行定额税率,税额为每件 5 元。

印花税税目税率如表 6-7 所示。

表 6-7 印花税税目税率表

序号	税目	具体内容	税率
1	购销合同	包括供应、预购、采购、购销结合及协作、调剂、补偿、易货等合同	购销金额万分之三
2	加工承揽合同	包括加工、定作、修缮、修理、印刷广告、测绘、测试等合同	加工或承揽收入万分之五
3	建设工程勘察设计合同	包括勘察、设计合同	收取费用万分之五
4	建筑安装工程承包合同	包括建筑、安装工程承包合同	承包金额万分之三
5	财产租赁合同	包括租赁房屋、船舶、飞机、机动车辆、机械、器具、设备等	租赁金额千分之一。税额不足一元的按一元贴花
6	货物运输合同	包括民用航空、铁路运输、海上运输、内河运输、公路运输和联运合同	运输费用万分之五
7	仓储保管合同	包括仓储、保管合同	仓储保管费用千分之一
8	借款合同	银行及其他金融组织和借款人(不包括银行同业拆借)所签订的借款合同	借款金额万分之零点五
9	财产保险合同	包括财产、责任、保证、信用等保险合同	投保金额万分之零点三
10	技术合同	包括技术开发、转让、咨询、服务等合同(一般的法律、会计、审计等方面的咨询不属于技术咨询)	所载金额万分之三
11	产权转移书据	包括财产所有权和版权、商标专用权、专利权、专有技术使用权等转移书据、土地使用权出让合同、土地使用权转让合同、商品房销售合同	所载金额万分之五
12	营业账簿	生产经营用账册	记载资金的账簿,"实收资本"和"资本公积"两项合计金额的万分之五;其他账簿按件五元
13	权利、许可证照	包括政府部门发给的房屋产权证、工商营业执照、商标注册证、专利证、土地使用证	按件五元

思考与辨析 6-3

下列合同，哪些需要缴纳印花税？

① 与快递公司签订的快递服务合同。
② 与供电公司签订的供电合同。
③ 劳务派遣合同。
④ 为车辆提供非广告性质的绘画服务合同。
⑤ 保洁服务合同。
⑥ 物业管理合同。

解析 与快递公司签订的快递服务合同不属于货物运输合同，不征收印花税。但凡直接办理承、托运的，运费结算凭证的双方均为货运凭证印花税的纳税人，按货物运输合同税目缴纳。用户与供电公司签订的供电合同不属于印花税列举征税的凭证，不征收印花税；劳务派遣合同、非广告性质的绘画服务合同、保洁服务合同、物业管理合同均不属于印花税征税范围。因此，上述①～⑥种合同均不征收印花税。

业务案例 6-4

广州市 A 公司与 C 会计师事务所签订审计以及咨询义务合同书，合同金额为 100 万元。当月与 B 电视台签订广告播放委托书，委托书金额为 200 万元。A 公司就上述 300 万元全部申报缴纳了印花税。

解析 在中华人民共和国境内书立、领受所列举凭证的单位和个人，都是印花税的纳税义务人，应当按照本条例规定缴纳印花税。因此，未在上述文件列举范围的应税凭证不应当缴纳印花税。

本案例中"审计以及咨询义务合同"就不属于印花税所列举的合同，不应缴纳印花税。而对于 A 公司与 B 电视台签订"广告播放委托书"，是一种具有合同性质凭证，应按印花税条例规定计算贴花。因此，该企业多缴了 100 万元所对应的印花税。

四、应纳税额的计算

纳税人根据应纳税凭证的性质，分别按各种应税凭证上所记载的计税金额乘以比例税率或者按件定额计算应纳税额。

（一）计税依据的一般规定

（1）购销合同的计税依据为合同记载的购销金额。

商品购销合同应按合同所记载的购、销合计金额计税贴花。合同未列明金额的，应按合同所记载购、销数量依照国家牌价或市场价格计算应纳税金额。

合同所记载金额是含税金额，则需要按含税金额计算印花税；如合同所记载金额为不含税金额，则不需按含税金额计算印花税；如果购销合同中既有不含税金额又有增值税金额，且分别记载的，以不含税金额作为印花税的计税依据。

商品购销中以货易货，交易双方既购又销，均按其购销合计金额贴花。

思考与辨析 6-4

A 公司与 B 公司签订了以货易货合同,由 A 公司向 B 公司提供价值 100 000 元的钢材,B 公司向 A 公司提供价值 150 000 元的机器设备,货物差价由 A 公司付款补足。请问 A、B 公司缴纳印花税的计税依据如何确定?

解析 根据商品购销中以货易货,交易双方既购又销,均按其购销合计金额贴花,A 公司和 B 公司缴纳印花税的计税依据均为 250 000 元(100 000+150 000)。

业务案例 6-5

某技术有限公司与福州电器销售公司签订了一笔电器购销合同,在合同中注明的货物含税金额总计 11 300 万元。根据印花税是以合同所记载金额(即含税金额)作为计税依据,因此,企业应缴纳印花税 11 300×0.03‰=33 900(元)。

该公司财务部得知此事,提出改变合同签订方式,即在合同中注明的货物不含税金额 10 000 万元,增值税税额 1 300 万元。请问财务部改变合同签订方式的理由是什么?

解析 因购销合同印花税的计税依据是不含税金额,在这一方式下,企业应缴纳印花税 10 000×0.03‰=30 000(元)。所以,财务部提出改变合同的签订方式。

(2) 加工承揽合同的计税依据是加工或承揽收入的金额。

① 由受托方提供原材料的加工、定做合同,凡在合同中分别记载加工费金额与原材料金额的,应分别按"加工承揽合同""购销合同"计税,两项税额相加数,即为合同应贴印花;合同中不划分加工费金额与原材料金额的,应按全部金额,依照"加工承揽合同"计税贴花。

② 对于由委托方提供主要材料或原料,受托方只提供辅助材料的加工合同,无论加工费和辅助材料金额是否分别记载,均以辅助材料与加工费的合计数,依照加工承揽合同计税贴花。对委托方提供的主要材料或原料金额不计税贴花。

如某工厂委托一服装厂加工工作服,合同约定布料由工厂提供,价值 60 万元,工厂另支付加工费 20 万元,则服装厂应以 20 万元加工费为计税依据,按加工承揽合同的税率计算印花税。

(3) 建设工程勘察设计合同计税依据为收取的费用。

(4) 建筑安装工程承包合同,计税依据为承包金额,不得剔除任何费用。

施工单位将自己承包的建设项目,分包或转包给其他施工单位所签订的分包合同、转包合同,应以新的分包或转包合同所载金额为依据计算应纳税额。

思考与辨析 6-5

某建筑工程公司具备建筑业施工(安装)资质,2020 年发生经营业务如下:总承包一项工程,承包合同记载总承包额 9 000 万元,该公司将总承包额的 1/3(即 3 000 万元)分包给某安装公司。该建筑公司如何计算印花税?

解析 该建筑公司应该按照总承包合同 9 000 万元和分包合同 3 000 万元合计计税贴花。

(5) 财产租赁合同计税依据为租赁金额(即租金收入)。

① 税额不足 1 元的按照 1 元贴花。

② 财产租赁合同只规定(月)天租金而不确定租期的,先按定额 5 元贴花,结算时再按实际补贴印花。

例如,甲公司2020年1月将闲置厂房出租给乙公司,合同约定每月租金3 000元,租期未定。签订合同时,预收租金5 000元,双方已按定额贴花。5月底合同解除,甲公司收到乙公司补交租金10 000元。因为合同在签订时无法确定计税金额,甲公司可在签订时先按定额5元贴花,以后结算时再按实际金额计税。

(6) 货物运输合同的计税依据为取得的运输费金额(即运费收入),不包括所运货物的金额、装卸费和保险费等。

(7) 仓储保管合同,计税依据为收取的仓储保管费用。

(8) 借款合同,计税依据为借款金额(即借款本金)。

(9) 财产保险合同,计税依据为支付(收取)的保险费金额,不包括所保财产的金额。

(10) 技术合同,计税依据为合同所载的价款、报酬或使用费。对技术开发合同,只对合同所载的报酬金额计税,研究开发经费不作为计税依据。

 思考与辨析6-6

甲企业与乙企业签订一份技术开发合同,记载金额共计800万元,其中研究开发经费为500万元。该合同由甲、乙企业各持一份。甲、乙企业应缴纳印花税的计税依据如何确定?

解析 根据技术合同的计税依据为合同所载的价款、报酬或使用费。对技术开发合同,只对合同所载的报酬金额计税,研究开发经费不作为计税依据,甲、乙企业应缴纳印花税的计税依据均为300万元(800-500)。

(11) 产权转移书据,计税依据为所载金额。

(12) 营业账簿。

① 记载资金的营业账簿以实收资本和资本公积的两项合计金额为计税依据,自2018年5月1日起减半征收。

凡"资金账簿"在次年度的实收资本和资本公积未增加的,对其不再计算贴花。

② 其他营业账簿计税依据为应税凭证件数,自2018年5月1日起免征。

(13) 权利、许可证照,计税依据为应税凭证件数,每件5元。

(二)计税金额特殊规定

(1) 以"金额""收入""费用"作为计税依据的,应当全额计税,不得作任何扣除。

(2) 同一凭证,载有两个或两个以上经济事项而适用不同税目税率,分别记载金额的,分别计算,未分别记载金额的,按税率高的计税。

(3) 按金额比例贴花的应税凭证,未标明金额的,应按照凭证所载数量及国家牌价计算金额;没有国家牌价的,按市场价格计算金额,然后按规定税率计算应纳税额。

(4) 应税凭证所载金额为外国货币的,应按凭证书立当日国家外汇管理局公布的外汇牌价折合成人民币,然后计算应纳税额。

(5) 应纳税额不足1角的,免纳印花税;1角以上的,四舍五入。

(6) 有些合同在签订时无法确定计税金额,可在签订时先按定额5元贴花,以后结算时再按实际金额计税,补贴印花。

(7) 应税合同在签订时纳税义务即已产生,应计算应纳税额并贴花。所以不论合同是否兑现或是否按期兑现,均应贴花完税。对已履行并贴花的合同,所载金额与合同履行后实际结算金额不一致的,只要双方未修改合同金额,一般不再办理完税手续。

"税"眼看新闻

某地税务局在对其辖区内某商贸企业检查时发现,该企业2019年签订的购销合同金额为2 600万元,其中500万元的合同由于种种原因没有兑现履行。当年该企业在申报印花税时,仅就已兑现的2 100万元合同申报缴纳了印花税,而未兑现的500万元的合同却没有及时申报缴纳。税务人员根据税法规定要求企业补缴该笔500万元合同应纳的印花税,并承担相应的滞纳金。

【点评】 根据上述"应税合同在签订时纳税义务即已产生,应计算应纳税额并贴花。所以不论合同是否兑现或是否按期兑现,均应贴花完税"的规定,纳税人应当按比例税率计征的印花税,应按合同记载的应税金额,而不取决于该合同是否兑现或兑现多少来贴花。从上述案例可以看出,印花税税种虽小,但混淆点较多,纳税人较容易忽视,故日常应当引起重视,以避免出现不必要的纳税错误或损失。

(三) 应纳税额的计算方法

印花税的应纳税额计算公式如下。

$$应纳税额 = 应税凭证计税金额 \times 比例税率$$

或

$$应纳税额 = 应税凭证件数 \times 固定税额(5元)$$

【例6-20】 某公司主要从事建筑工程机械的生产制造,2020年发生以下业务。

① 签订钢材采购合同一份,采购金额8 000万元;签订以货换货合同一份,用库存的3 000万元A型钢材换取对方相同金额的B型钢材;签订销售合同一份,销售金额15 000万元。

② 公司作为受托方签订甲、乙两份加工承揽合同。甲合同约定:由委托方提供主要材料(金额300万元),受托方只提供辅助材料(金额20万元),受托方另收取加工费50万元。乙合同约定:由受托方提供主要材料(金额200万元),并收取加工费40万元。

③ 公司作为受托方签订技术开发合同一份。合同约定:技术开发金额共计1 000万元,其中研究开发费用与报酬金额之比为3∶1。

④ 公司作为承包方签订建筑安装工程承包合同一份,承包金额300万元,公司随后又将其中的100万元业务分包给另一单位,并签订相关合同。

⑤ 公司2020年9月新增实收资本2 000万元、资本公积500万元。

⑥ 公司2020年5月启用其他账簿10本。

按上述业务依次计算应缴纳的印花税。

解析

① 公司签订的购销合同应缴纳的印花税 $= (80\,000\,000 + 30\,000\,000 \times 2 + 150\,000\,000)$
$\times 0.3‰$
$= 87\,000(元)$。

② 签订的加工承揽合同应缴纳的印花税 $= (500\,000 + 200\,000) \times 0.5‰ + 2\,000\,000$
$\times 0.3‰ + 400\,000 \times 0.5‰$
$= 1\,150(元)$。

③ 公司签订的技术合同应缴纳的印花税 $= 10\,000\,000 \div 4 \times 0.3‰ = 750(元)$。

④ 建筑安装工程承包合同应缴纳的印花税=(3 000 000+1 000 000)×0.3‰
=1 200(元)。

⑤ 新增记载资金的营业账簿应纳印花税=(20 000 000+5 000 000)×0.5‰×50%
=6 250(元)。

⑥ 公司启用其他账簿应缴纳的印花税为0。

五、税收优惠

(1) 已缴纳印花税的凭证的副本或者抄本免税。已缴纳印花税的凭证的副本或者抄本免纳印花税,是指凭证的正式签署本已按规定缴纳了印花税,其副本或者抄本对外不发生权利义务关系,仅留存备查的免贴印花。以副本或者抄本视同正本使用的,应另贴印花。

(2) 财产所有人将财产赠给政府、社会福利单位、学校所立的书据免税。其中,社会福利单位是指抚养孤老伤残的社会福利单位。

(3) 国家指定的收购部门与村民委员会、农民个人书立的农副产品收购合同免税。

(4) 无息、贴息贷款合同免税。

(5) 自2008年11月1日起,对个人销售或购买住房暂免征收印花税。

(6) 对公租房经营管理单位建造公租房涉及的印花税予以免征。

对公租房经营管理单位购买住房作为公租房,免征契税、印花税;对公租房租赁双方签订租赁协议涉及的印花税予以免征。

在其他住房项目中配套建设公租房,依据政府部门出具的相关材料,可按公租房建筑面积占总建筑面积的比例免征建造、管理公租房涉及的印花税。

(7) 对廉租住房、经济适用住房经营管理单位与廉租住房、经济适用住房相关的印花税以及廉租住房承租人、经济适用住房购买人涉及的印花税予以免征。

开发商在经济适用住房、商品住房项目中配套建造廉租住房,在商品住房项目中配套建造经济适用住房,如能提供政府部门出具的相关材料,可按廉租住房、经济适用住房建筑面积占总建筑面积的比例免征开发商应缴纳的印花税。

(8) 自2018年5月1日起,对按万分之五税率贴花的资金账簿减半征收印花税,对按件贴花5元的其他账簿免征印花税。

(9) 2019年1月1日至2021年12月31日对与高校学生签订的高校学生公寓租赁合同,免征印花税。其中,高校学生公寓是指为高校学生提供住宿服务,按照国家规定的收费标准收取住宿费的学生公寓。

(10) 对社保基金会、社保基金投资管理人管理的社保基金转让非上市公司股权,免征社保基金会、社保基金投资管理人应缴纳的印花税。

六、征收管理

(一) 纳税义务发生时间

印花税应当于书立或者领受时贴花,即在合同的签订时、书据的立据时、账簿的启用时和证照领受时贴花。如果合同在国外签订的,应在国内使用时贴花。

(二) 纳税地点

印花税由税务机关负责征收管理。

(1) 跨地区经营的分支机构使用的营业账簿,应由各分支机构在其所在地缴纳印花税。对上级单位核拨资金的分支机构,其记载资金的账簿按核拨的账面资金数额计税贴花,其他账簿按定额贴花;对上级单位不核拨资金的分支机构,只就其他账簿按定额贴花。为避免对同一资金重复计税贴花,上级单位记载资金的账簿,应按扣除拨给下属机构资金数额后的其余部分计税贴花。

(2) 对于全国性商品物资订货会上所签订合同应纳的印花税,由纳税人回其所在地后及时办理贴花完税手续;对地方主办,不涉及省际关系的订货会、展销会上所签合同的印花税,纳税地点由各省、自治区、直辖市人民政府自行确定。

(三) 纳税申报

(1) 同一种类应纳税凭证,需频繁贴花的,纳税人可以根据实际情况自行决定是否采用按期汇总缴纳印花税的方式。汇总缴纳的期限为一个月。采用按期汇总缴纳方式的纳税人应事先告知主管税务机关。缴纳方式一经选定,一年内不得改变。

(2) 同一凭证,由两方或者两方以上当事人签订并各执一份的,应当由各方就所执的一份各自全额贴花。

(3) 产权转移书据由立据人贴花,如未贴或者少贴印花,书据的持有人应负责补贴印花。所立书据以合同方式签订的,应由持有书据的各方分别按全额贴花。

(4) 在营业账簿上贴印花税票,须在账簿首页右上角粘贴,不准粘贴在账夹上。

(四) 纳税方式

1. 自行贴花

自行计算应纳税额,自行购买印花税票,自行一次贴足印花税票并加以注销或划销。

对于已贴花的凭证,修改后所载金额增加的,其增加部分应当补贴印花税票,但多贴印花税票者,不得申请退税或者抵用。

2. 汇贴或汇缴

为简化贴花手续,应纳税额较大或者贴花次数频繁的,纳税人可向税务机关提出申请,采取以缴款书代替贴花或者按期汇总缴纳的办法。

一份凭证应纳税额超过 500 元的,应向当地税务机关申请填写缴款书或者完税凭证,将其中一联粘贴在凭证上或者由税务机关在凭证上加注完税标记代替贴花。

3. 委托代征法

税务机关委托由发放或者办理应纳税凭证的单位代为征收印花税。

应纳税凭证粘贴印花税票由纳税人在每枚税票的骑缝处盖戳注销或者划销。纳税人有印章的,加盖印章注销;纳税人没有印章的,可用钢笔(圆珠笔)划几条横线注销。

(五) 违章与处罚

(1) 在应纳税凭证上未贴或少贴印花税票的或者已粘贴在应税凭证上的印花税票未注销或者未划销的(无追究刑事责任的规定),由税务机关追缴其不缴或者少缴的税款、滞纳金,并处不缴或者少数的税款 50% 以上 5 倍以下的罚款。

(2) 已贴用的印花税票揭下重用造成未缴或少缴印花税的,按期汇总缴纳印花税的纳税人,超过税务机关核定的纳税期限,未缴或少缴印花税的税款 50% 以上 5 倍以下的罚款。

(3) 伪造印花税票的,由税务机关责令改正,处以 2 000 元以上 1 万元以下的罚款;情节严重的,处以1万元以上5万元以下的罚款。

(4)汇总缴纳印花税的,未将已贴印花或缴款书盖章注销;未按规定保存纳税凭证(无追究刑事责任的规定)由税务机关责令限期改正,处以2 000元以下的罚款;情节严重的,处以2 000元以上1万元以下的罚款。

第十一节 城市维护建设税

【案例导入】 2017年6月,税务人员在核查H公司财务报告时发现,该公司2015年收到出口退税8 976万元,年末应缴增值税2 178 403元,应缴营业税21 193元,应缴城建税149 249元,应缴教育费附加和地方教育费附加106 606元;2016年收到出口退税8 034万元,年末应缴增值税2 314 919元、应缴城建税161 459元、应缴教育费附加和地方教育费附加115 328元。

据此计算,2015年年末和2016年年末城建税与流转税之比分别为6.79%和6.97%;教育费附加(含地方教育费附加)与流转税之比分别为4.85%和4.98%。财报显示,该公司适用的城建税税率为7%,教育费附加率为3%,地方教育费附加率为2%。对生产型出口企业而言,当一个年度存在出口退税事项,且不存在流转税或附加税费多缴或延迟缴纳的情况时,企业年度期末应缴的附加税费与应缴流转税之比,通常应高于法定的附加税费与流转税的比率,而该企业财报中的附加税费额与流转税额的比例与法定附加税费比率如此接近,是巧合,还是另有隐情?

带着疑问,税务人员到H公司了解经营情况和附加税费计算方法,发现该公司多年来按当期实缴的流转税额和当地的附加税费率标准计算缴纳附加税费,没有将核准的出口货物当期免抵的增值税税额纳入附加税费计征范围。《财政部 国家税务总局关于生产企业出口货物实行免抵退税办法后有关维护建设税教育费附加政策的通知》(财税〔2005〕25号)规定,自2005年1月1日起,经税务机关正式审核批准的当期免抵的增值税税额,应纳入城建税和教育费附加的计征范围,分别按规定的税(费)率征收附加税费。

经过税务人员的辅导,H公司开展了税收自查,发现自2005年年初以来,企业各期出口退税计算的当期免抵税额合计3.9亿元没有缴纳附加税费。目前,该公司已分3次补缴了应纳未纳的附加税费4 500余万元,并缴纳了2 000余万元滞纳金。

——摘自http://www.ctaxnews.net.cn

思考:为什么对生产型出口企业而言,"当一个年度存在出口退税事项,且不存在流转税或附加税费多缴或延迟缴纳的情况时,企业年度期末应缴的附加税费与应缴流转税之比,通常应高于法定的附加税费与流转税的比率"?

城市维护建设税是对从事经营活动、缴纳增值税、消费税的单位和个人征收的一种税。为了加强城市的维护建设,扩大和稳定城市维护建设资金的来源,国务院于1985年2月8日发布了《中华人民共和国城市维护建设税暂行条例》,并于同年1月1日开始实施。2020年8月11日第十三届全国人民代表大会常务委员会第二十一次会议通过《中华人民共和国城市维护建设税法》。

一、纳税义务人

在中华人民共和国境内缴纳增值税、消费税的单位和个人,是城市维护建设税的纳税人。单位包括国有企业、集体企业、私营企业、股份制企业、其他企业和行政单位、事业单位、军事单位、社会团体、其他单位,以及个体工商户及其他个人。

增值税、消费税的代扣代缴、代收代缴义务人同时也是城市维护建设税的代扣代缴、代收代缴义务人。

二、税率、计税依据和应纳税额的计算

1. 税率

城市维护建设税按纳税人所在地的不同,设置了三档地区差别比例税率,特殊规定除外。

(1) 纳税人所在地在市区的,税率为7%。
(2) 纳税人所在地在县城、镇的,税率为5%。
(3) 纳税人所在地不在市区、县城或镇的,税率为1%。

纳税人所在地是指纳税人住所地或者与纳税人生产经营活动相关的其他地点,具体地点由省、自治区、直辖市确定。

2. 计税依据

城市维护建设税,以纳税人实际缴纳的增值税、消费税税额为计税依据,分别与增值税、消费税同时缴纳。城市维护建设税的计税依据应当按照规定扣除期末留抵退税退还的增值税税额。如果要免征增值税、消费税,同时也要免征或者减征城市维护建设税。纳税人违反增值税、消费税有关规定被加收滞纳金和罚款时,也要对其未缴纳的城市维护建设税进行补税、征收滞纳金和罚款;但违反增值税、消费税有关规定而加收的滞纳金和罚款,不作为城市维护建设税的计税依据。

对进口货物或者境外单位和个人向境内销售劳务、服务、无形资产缴纳的增值税、消费税税额,不征收城市维护建设税;对增值税,消费税实行先征后返、先征后退、即征即退办法的,除另有规定外,对随增值税,消费税附征的城市维护建设税一律不退(返)还。对出口产品退还增值税、消费税的,不退还已缴纳的城市维护建设税。

3. 应纳税额的计算

城市维护建设税纳税人应缴纳税额是由纳税人缴纳的增值税、消费税税额决定的,其计算公式如下:

应纳税额=(实纳增值税税额+实纳消费税税额)×适用税率

【例6-21】 位于某县城的甲企业2020年7月缴纳增值税160万元,其中含进口环节增值税40万元,缴纳消费税80万元,其中含进口环节消费税40万元。计算甲企业当月缴纳的城市维护建设税。

解析 应缴纳的城市维护建设税额=[(160−40)+(80−40)]×5%=8(万元)

三、征收管理

1. 纳税义务时间

城市维护建设税的纳税义务发生时间与增值税、消费税的纳税义务发生时间一致,分别

与增值税、消费税同时缴纳。

2. 纳税环节

城市维护建设税的纳税环节,实际就是纳税人缴纳增值税、消费税的环节。纳税人只要发生增值税、消费税的纳税义务,就要在同样环节分别计算缴纳城市维护建设税。

3. 纳税地点

因城市维护建设税与增值税、消费税同时缴纳,所以,纳税人缴纳增值税、消费税的地点,就是该纳税人缴纳城市维护建设税的地点。下列情况的纳税地点另行规定。

(1) 代扣代缴、代收代缴增值税、消费税的单位和个人,同时也是城建税的扣缴义务人,城市维护建设税的纳税地点在代扣代收地。

(2) 跨省开采的油田,下属生产单位与核算单位不在一个省内的,在油井所在地缴纳增值税,同时一并缴纳城市维护建设税。

(3) 纳税人跨地区提供建筑服务、销售和出租不动产的,应在建筑服务发生地、不动产所在地预缴增值税时,以预缴增值税税额为计税依据,并按预缴增值税所在地的城市维护建设税适用税率和教育费附加征收率就地缴纳城建和教育费附加。

(4) 对流动经营等无固定纳税地点的单位和个人,应随同增值税、消费税在经营地按适用税率缴纳。

四、教育费附加和地方教育附加

教育费附加和地方教育附加是对缴纳增值税、消费税的单位和个人,就其实际缴纳的税额为计算依据征收的一种附加费。

1. 征收范围及计征依据

教育费附加和地方教育费附加对缴纳增值税、消费税的单位和个人征收,以各单位和个人实际缴纳的增值税、消费税的税额为计税依据,分别与增值税、消费税同时缴纳。

现行的教育费附加征收比例为3%,地方教育费附加征收率从2010年统一为2%。

2. 教育费附加和地方教育附加的计算

教育费附加和地方教育附加的计算公式为

应纳教育费附加或地方教育附加＝实际缴纳的增值税、消费税×征收比率(3%或2%)

【例6-22】 某企业是增值税一般纳税人,2020年11月实际缴纳增值税400 000元,实际缴纳消费税200 000元。计算该企业应缴纳的教育费附加和地方教育费附加。

解析 应缴纳的教育费附加＝实际缴纳的增值税、消费税×征收比率
＝(400 000＋200 000)×3%＝18 000(元)

应缴纳的地方教育费附加＝实际缴纳的增值税、消费税×征收比率
＝(400 000＋200 000)×2%＝12 000(元)

3. 教育费附加和地方教育附加的减免规定

(1) 对于海关进口的产品征收的增值税、消费税,不征收教育费附加。

(2) 对由于减免增值税、消费税而发生的退税,可同时退还已征收的教育费附加;但对于出口产品退还的增值税、消费税的,不退还已征得的教育费附加。

(3) 对国家重大水利工程建设基金免征教育费附加。

(4) 自2016年2月1日起,按月纳税的月销售额不超过10万元(按季度纳税的季度销售额不超过30万元)的缴纳义务人,免征教育费附加、地方教育附加、水利建设基金。

第十二节 烟 叶 税

【案例导入】 在陕西,提起种烟不能不说旬阳。旬阳县目前已成为"国家优质烟叶示范基地县""西北烤烟第一县"。陕西省旬阳县10万亩烤烟喜获丰收,全县共收购烟叶18.18万担,实现产值2.28亿元,实现烟叶税收入4170万元。烟叶税已成为地方税收主导产业,占到该县地方税收入的15.62%。近年来,旬阳县将烤烟产业作为农民致富和地方税收的一项主导产业,充分发挥政府引导、企业带动、税收扶持、科技推动的作用,实现了烟草面积、产量、产值、税收四项指标新突破。2015年全县10万亩烤烟喜获丰收,计划收购烟叶20万担,实现产值2.3亿元,实现烟叶税5500万元。

——摘自 http://www.ctaxnews.net.cn

思考:烟叶税如何计算?

烟叶税是以纳税人收购烟叶的收购金额为计税依据征收的一种税。

烟叶税是随着新中国税制改革而逐渐发展和成熟的,《中华人民共和国烟叶税法》由第十二届全国人民代表大会常务委员会第三十一次会议通过,自2018年7月1日起施行。根据《中华人民共和国烟叶税法》规定,2006年4月28日国务院公布的《中华人民共和国烟叶税暂行条例》同时废止。

一、纳税义务人和征税范围

1. 纳税义务人

在中华人民共和国境内,依照《中华人民共和国烟草专卖法》的规定收购烟叶的单位为烟叶税的纳税人。

2. 征税范围

烟叶税的征税范围是指烟叶,即烤烟叶、晾晒烟叶。

3. 计税依据

烟叶税的计税依据为纳税人收购烟叶实际支付的价款总额。

二、税率和应纳税额的计算

1. 税率

烟叶税实行比例税率,税率为20%。

2. 应纳税额的计算

烟叶税的应纳税额按照纳税人收购烟叶实际支付的价款总额乘以税率计算。纳税人收购烟叶实际支付的价款总额包括纳税人支付给烟叶生产销售单位和个人的烟叶收购价款和价外补贴。其中,价外补贴统一按烟叶收购价款的10%计算。其计算公式为

$$应纳税额 = 收购烟叶实际支付价款总额 \times 税率(20\%)$$
$$= 收购价款 \times (1+10\%) \times 20\%$$

【例6-23】 2020年7月,甲市某烟草公司向乙县某烟叶种植户收购了一批烟叶,收购价款90万元。计算该烟草公司7月收购烟叶应缴纳的烟叶税。

解析 应缴纳烟叶税=900 000×(1+10%)×20%=198 000(元)

三、征收管理

烟叶税由税务机关依照《中华人民共和国烟叶税法》和《中华人民共和国税收征收管理法》的有关规定征收管理。

1. 纳税义务发生时间

烟叶税的纳税义务发生时间为纳税人收购烟叶的当天。收购烟叶的当天是指纳税人向烟叶销售者付讫收购烟叶款项或者开具收购烟叶凭据的当天。

2. 纳税地点

纳税人应当向烟叶收购地的主管税务机关申报缴纳烟叶税。烟叶收购地的主管税务机关是指烟叶收购地的县级地方税务局或者所指定的税务分局、所。

3. 纳税期限

烟叶税按月计征,纳税人应当于纳税义务发生月终了之日起15日内申报并缴纳税款。

【**例6-24**】 某烟草公司2020年8月8日到邻县收购烟草支付价款88万元,另向烟农支付了10%价外补贴。请计算该烟草公司8月收购烟叶应缴纳烟叶税,确定纳税义务发生时间和纳税申报地。

解析

(1) 烟草公司8月收购烟叶应缴纳烟叶税。

$$应纳烟叶税=88×(1+10\%)×20\%=19.36(万元)$$

(2) 烟草公司收购烟叶的纳税义务发生时间为纳税人收购烟叶的当天,即8月8日。

(3) 烟草公司应向烟叶收购地的主管税务机关申报缴纳烟叶税,即向邻县所在地主管税务机关申报缴纳烟叶税。

第十三节 环境保护税

【**案例导入**】 新冠肺炎疫情发生以来,各地新建了很多专门用于收治新冠肺炎确诊病人及疑似病人的专门性医院和病房,或对现有病房进行负压式改造,以抑制新冠肺炎疫情的蔓延趋势。医疗机构不仅要关注疫情防控,而且应意识到,在病房建设、改建以及救治期间,有可能会产生大量的应税污染物,涉及环保税的相应处理。

医疗机构在病房建设、改建以及具体病患救治的过程中,通常会发生向环境排放应税大气污染物、水污染物、固体废物和噪声的行为,须按照《环境保护税法》的相关规定,就其所排放的应税污染物计算缴纳环保税。

根据《环境保护税法》及其实施条例以及配套文件的相关规定,在符合政策规定的情况下,医疗机构可享受一定的环保税减免税优惠。

——摘自中国税务报"缴纳环保税,医疗机构需要注意什么?"

思考:企业如何规范自身行为降低环保税的税收负担?

环境保护税是对在我国领域以及管辖的其他海域直接向环境排放应税污染物的企事业单位和其他生产经营者征收的一种税。现行环境保护税法是2016年12月25日第十二届全国人民代表大会常务委员会第二十五次会议通过的《中华人民共和国环境保护税法》，自2018年1月1日起实施，同时停征排污费。

一、纳税义务人

在中华人民共和国领域和中华人民共和国管辖的其他海域直接向环境排放应税污染物的企业、事业单位和其他生产经营者，不包括个人和家庭。

二、征税范围及税目与税率

环境保护税的征税范围包括大气污染物、水污染物、固体废物和噪声四大类。

环境保护税采用定额税率，其中应税大气污染物和水污染物的具体适用税额的确定和调整，由省、自治区、直辖市人民政府统筹考虑本地区环境承载能力、污染物排放现状和经济社会生态发展目标要求，在本法所附环境保护税税目税额表规定的税额幅度内提出，报同级人民代表大会常务委员会决定，并报全国人民代表大会常务委员会和国务院备案。环境保护税税目税额如表6-8所示。

表6-8 环境保护税税目税额表

税 目		计税单位	税额	备 注
大气污染物		每污染当量	1.2至12元	
水污染物		每污染当量	1.4元至14元	
固体废物	煤矸石	每吨	5元	
	尾矿	每吨	15元	
	危险废物	每吨	1 000元	
	冶炼渣、粉煤灰、炉渣、其他固体废物（含半固态、液态废物）	每吨	25元	
噪声	工业噪声	超标1~3dB	每月350元	① 一个单位边界上有多处噪声超标，根据最高一处超标升级计算应纳税额；当沿边界长度超过100m有两处以上噪声超标，按照两个单位计算应纳税额。② 一个单位有不同地点作业场所的，应当分别计算应纳税额，合并计征。③ 昼、夜均超标的环境噪声，昼、夜分别计算应纳税额，累计计征。④ 声源一月内超标不足15天的，减半计算应纳税额。⑤ 夜间频繁突发和夜间偶然突发厂界超标噪声，按等效声级和峰值噪声两种指标中超标分贝值高的一项计算应纳税额
		超标4~6dB	每月700元	
		超标7~9dB	每月1 400元	
		超标10~12dB	每月2 800元	
		超标13~15dB	每月5 600元	
		超标16dB以上	每月11 200元	

注意：燃烧产生废气中的颗粒物，按照烟尘征收环境保护税。排放的扬尘、工业粉尘等颗粒物，除可以确定为烟尘、石棉尘、玻璃棉尘、炭黑尘外，按照一般性粉尘征收环境保护税。

三、计税依据

（1）确定计税依据的基本方法。

① 应税大气污染物计税依据按照污染物排放量折合的污染当量数确定。

② 应税水污染物计税依据按照污染物排放量折合的污染当量数确定。

③ 应税固体废物计税依据按照固体废物的排放量确定。

④ 应税噪声计税依据按照超过国家规定标准的分贝数确定。

（2）应税大气污染物、水污染物、固体废物的排放量和噪声分贝数的确定按照下列方法和顺序计算。

① 纳税人安装使用符合国家规定和监测规范的污染物自动监测设备的，按照污染物自动监测数据计算。

② 纳税人未安装使用污染物自动监测设备的，按照监测机构出具的符合国家有关规定和监测规范的监测数据计算。

③ 因排放污染物种类多等原因不具备监测条件的，按照国务院环境保护主管部门规定的排污系数、物料衡算方法计算。

④ 按照省、自治区、直辖市人民政府环境保护主管部门规定的抽样测算的方法核定计算。

【例6-25】 某企业2020年3月向水体直接排放第一类水污染物总汞10kg，根据第一类水污染物污染当量值表，总汞的污染当量值为0.000 5kg。计算其污染当量数。

解析 污染当量数=10÷0.000 5=20 000

四、应纳税额的计算

（一）大气污染物应纳税额的计算

应税大气污染物应纳税额为污染当量数乘以具体适用税额。计算公式为

$$应税大气污染物的应纳税额=污染当量数×适用税额$$

（二）水污染物应纳税额的计算

应税水污染物的应纳税额为污染当量数乘以具体适用税额。

1. 适用监测数据法的水污染物应纳税额的计算

适用监测数据的水污染物（包括第一类水污染物和第二类水污染物）的应纳税额为污染当量数乘以具体适用的税额，计算公式为

$$水污染物的应纳税额=污染当量数×适用税额$$

【例6-26】 甲化工厂是环境保护税纳税人，该厂仅有1个污水排放口且直接向河流排放污水，已安装使用符合国家规定和监测规范的污染物自动监测设备。监测数据显示，该排放口2020年2月共排放污水6万吨（折合6万立方米），应税污染物为六价铬，浓度为六价铬0.5mg/L。计算甲化工厂2月应缴纳的环境保护税（该厂所在省的水污染物税率为2.8元/污染当量，六价铬的污染当量值为0.02）。

计算污染当量数（1L=0.001m^3）

六价铬污染当量数=排放总量×浓度值÷当量值
=60 000 000×0.5÷1 000 000÷0.02=1 500

应纳税额=1 500×2.8=4 200（元）

2. 适用抽样测算法的水污染物应纳税额的计算

适用抽样测算法的情形,纳税人按照环境保护税法所附的禽畜养殖业、小型企业和第三产业水污染物当量值表所规定的当量值计量污染当数量。

(1) 规模化禽畜养殖业排放的水污染物。禽畜养殖业的水污染物应纳税额为污染当量数乘以适用税额。其污染当量数以禽畜养殖数量除以污染当量值计算。

应纳税额=禽畜养殖数量÷污染当量值×禽畜养殖业的水污染物适用税额

【例6-27】某养殖场2020年2月养牛存栏量为100头,污染当量值为0.1头,假设当地水污染物适用税额为每污染当量2.8元,计算养殖场当月应纳环境保护税税额。

解析 水污染物当量数=100÷0.1=1 000

应纳税额=1 000×2.8=2 800(元)

(2) 小型企业和第三产业排放的水污染物。小型企业和第三产业排放的水污染物应纳税额为污染当量数乘以适用税额。其污染当量数以污水排放量除以污染当量值计算。

应纳税额=污水排放量(吨)÷污染当量值(吨)×适用税额

【例6-28】某餐饮公司,通过安装水流量计测得2020年2月排放污水量为60t,污染当量值为0.5t。假设当地水污染物适用税额为每污染当量2.8元,计算餐饮公司当月应纳环境保护税税额。

解析 水污染物当量数=60÷0.5=120

应纳税额=120×2.8=336(元)

(3) 医院排放的水污染物。医院排放的水污染物应纳税额为污染当量数乘以适用税额。其污染当量数以医院床位数或者污水排放量除以污染当量值计算。

应纳税额=医院床位数÷污染当量值×适用税额

应纳税额=污水排放量÷污染当量值×适用税额

【例6-29】某县医院有床位56张,每月按时消毒,无法计量月污水排放量,污染当量值为0.14床。假设当地水污染物适用税额为每污染当量2.8元,计算该医院当月应纳环境保护税税额。

解析 水污染物当量数=56÷0.14=400

应纳税额=400×2.8=1 120(元)

(三) 应税固体废物应纳税额的计算

固定废弃物应纳税额为固体废物排放量乘以适用税额。其排放量为当期固体废物的产生量减去当期应税固体废物的储存量、处置量、综合利用量的余额。

应税固体废物的应纳税额=(当期固体废物的产生量−当期固体废物的综合利用量
−当期固体废物的储存量−当期固体废物的处置量)
×适用税额

【例6-30】假设某企业2020年3月产生尾矿1 000t,其中综合利用的尾矿300t(符合国家相关规定),在符合国家和地方环境保护标准的设施储存300t。计算该企业当月尾矿应缴纳的环境保护税。

解析 环境保护税应纳税额=(1 000−300−300)×15=6 000(元)

(四) 应税噪声应纳税额的计算

应税噪声的应纳税额为超过国家规定标准的分贝数对应的具体适用税额。

【例 6-31】 假设某工业企业有一个生产场所,只在昼间生产,边界处声环境功能区类型为 1 类,生产时产生噪声为 60dB,《工业企业厂界环境噪声排放标准》规定 1 类功能区昼间的噪声排放限值为 55dB,当月超标天数为 18 天。计算该企业当月噪声污染应缴纳的环境保护税。

解析 超标分贝数 = 60 - 55 = 5(dB)
根据环境保护税税目税额表,该企业当月噪声污染应缴纳环境保护税 700 元。

五、税收减免

1. 暂免征税项目

下列情形,暂予免征环境保护税。

(1) 农业生产(不包括规模化养殖)排放应税污染物的。

(2) 机动车、铁路机车、非道路移动机械、船舶和航空器等流动污染源排放应税污染物的。

(3) 依法设立的城乡污水集中处理、生活垃圾集中处理场所排放相应应税污染物,不超过国家和地方规定的排放标准的。

(4) 纳税人综合利用的固体废物,符合国家和地方环境保护标准的。

(5) 依法设立的生活垃圾焚烧发电厂、生活垃圾填埋场、生活垃圾堆肥厂,属于生活垃圾集中处理场所,其排放应税污染物不超过国家和地方规定的排放标准的,依法予以免征环境保护税;纳税人任何一个排放口排放应税大气污染物、水污染物的浓度值,以及没有排放口排放应税大气污染物的浓度值,超过国家和地方规定的污染物排放标准的,依法不予减征环境保护税。

(6) 国务院批准免税的其他情形。

2. 减征税额项目

(1) 纳税人排放应税大气污染物或者水污染物的浓度值低于国家和地方规定的污染物排放标准 30% 的,减按 75% 征收环境保护税。

(2) 纳税人排放应税大气污染物或者水污染物的浓度值低于国家和地方规定的污染物排放标准 50% 的,减按 50% 征收环境保护税。

(3) 纳税人应税噪声的声源一个月内累计昼间超标不足 15 昼或者累计夜间超标不足 15 夜的,分别减半计算应纳税额。

六、征收管理

1. 纳税时间

(1) 纳税义务发生时间为纳税人排放应税污染物的当日。

(2) 环境保护税按月计算,按季申报缴纳。不能按固定期限计算缴纳的,可以按次申报缴纳。

纳税人按季申报缴纳的,应当自季度终了之日起 15 日内,向税务机关办理纳税申报并缴纳税款。纳税人按次申报缴纳的,应当自纳税义务发生之日起 15 日内,向税务机关办理纳税申报并缴纳税款。

2. 纳税地点

纳税人应当向应税污染物排放地的税务机关申报缴纳环境保护税。

纳税人从事海洋工程向中华人民共和国管辖海域排放应税大气污染物、水污染物或者固体废物,申报缴纳环境保护税的具体办法,由国务院税务主管部门会同国务院海洋主管部门规定。

第十四节 关 税

【案例导入】 2019年11月5日,第二届中国国际进口博览会将在上海如期举办,四海商贾将再赴这趟"东方之约",这个见证中国进一步扩大开放的平台再度令人期待。

一年前的上海,首届进博会上,习近平主席向世界承诺,中国将进一步降低关税,提升通关便利化水平,削减进口环节制度性成本,营造国际一流营商环境。

一年来,中国关税水平进一步降低,大规模减税降费激发了市场主体活力,市场化、法治化、国际化的营商环境正在建立,更大的开放力度、更低的关税水平、更便利的通关手续,让进口之路越来越平坦,中国的开放之门越开越大。

目前,中国关税总水平已降至7.5%,低于大部分发展中国家,接近发达国家、发达市场对外开放水平。目前中国已与25个国家和地区达成了17个自贸协定,关税水平还将进一步降低。与此同时,税收领域的国际合作进一步开展,"一带一路"税收征管合作机制成立,双边、多边税收协定陆续签订。这些都有利于进一步扩大开放,增加进口。

未来15年,中国预计将进口商品24万亿美元,这个数字吸引着更多外资将目光投向中国。税收的基石还将在"进口"的道路上继续发力。即将开幕的第二届进博会,也将继续向世界证明:一个开放的中国,欢迎全世界搭乘中国发展的快车,共享中国机遇。

——摘自中国税务报"税收,让'进口'之路越走越宽"

思考:关税如何影响国际贸易走向?

关税起源很早。在古代,统治者在其领地内对流通中的商品征税,是取得财政收入的一种最方便的手段和财源。新中国成立后,我国真正取得了关税自主权。自20世纪80年代实施对外开放政策后,国际的经济贸易往来大量增多,经济改革使关税的作用日益受到重视,国际的关税协定的有关关税的事务日益繁多,关税制度不断改革和完善,逐步实现了现代化和国际化。

我国目前现行的关税相关法律规范主要包括全国人民代表大会于2007年修订颁布的《中华人民共和国海关法》,国务院于2003年11月发布的《中华人民共和国进出口关税条例》以及由国务院关税税则委员会审定并报国务院批准,作为条例组成部分的《中华人民共和国海关进出口税则》和《中华人民共和国海关入境旅客行李物品和个人邮递物品征收进口办法》等基本法规,并由负责关税政策制定和征收管理的主管部门依据基本法规拟定的管理办法和实施细则为主要内容。

一、征税对象及纳税义务人

关税征税对象是进出我国关境的货物和物品。货物是指贸易性商品;物品是指非贸易性商品,包括入境旅客随身携带的行李和物品、个人邮递物品、各种运输工具上的服务人员携带进口的自用物品、馈赠物品以及其他方式进入国境的个人物品。

进口货物的收货人、出口货物的发货人、进境物品的所有人是关税的纳税义务人。

二、税率

进出口货物应当按照关税税则规定的归类原则归入合适的税号,并按照适用的税率计算关税。由于关税分类和计税方法不同,关税税率的表现形式也不相同。

1. 进口关税税率

进口关税是进口国海关对进口货物和物品征收的关税。目前我国进口税则设有最惠国税率、协定税率、特惠税率、普通税率、关税配额税率共5种税率,对进口货物在一定时期内可实行暂定税率。进境物品则自2016年4月8日起,调整进境物品进口税率表,三档税率为15%、30%、60%(针对烟、酒、贵重首饰及珠宝玉石,高尔夫球及球具,高档手表,化妆品)。

我国对进口商品多数实行从价税,对部分产品实行从量税、复合税、选择税和滑准税。选择税是指对同一种商品同时定有从价税和从量税两种税率,但征税时选择其税额较高的一种征税;滑准税是根据货物的不同价格适用不同税率的一类特殊的从价关——价高,税率低;价低,税率高。

目前我国对进口原油、啤酒、胶卷实行从量税;对录像机、放像机、摄像机、数字照相机和摄录一体机等实行复合税。

2. 出口关税税率

出口关税税率包括出口税率和年度暂定税率两类,出口税率实行差别比例税率,年度暂定税率实行差别比例税率和从量定额税率。

3. 特别关税

特别关税包括报复性关税、反倾销税与反补贴税、保障性关税。征收特别关税的货物、适用国别、税率、期限和征收办法,由国务院关税税则委员会决定,海关总署负责实施。

三、税率的运用

(1)进出口货物应适用海关接受该货物申报进口或者出口之日实施的税率。

(2)进口货物到达前,经海关核准先行申报的,应适用装载该货物的运输工具申报进境之日实施的税率。

(3)进出口货物的补税和退税,应按该进出口货物原申报进口或出口之日所实施的税率征收。

四、完税价格

(一)一般进口货物的完税价格

确定进口货物完税价格的方法主要有两类:成交价格估价方法和进口货物海关估价方法。

1. 成交价格估价方法

进口货物完税价格包括货物的货价、货物运抵我国境内输入地点起卸前的运输及其相关费用、保险费。应计入完税价格的调整项目有:①由买方负担的除购货佣金以外的佣金和经纪费;②由买方负担的与该货物视为一体的容器费用;③由买方负担的包装材料和包装劳务费用;④与该货物的生产和向我国境内销售有关的,由买方以免费或者低于成本的方式提供并可以按适当比例分摊的料件、工具、模具、消耗材料及类似货物的价款,以及在境外开发、设计等相关服务的费用;⑤与该货物有关并作为卖方向我国销售该货物的一项条件,应当由买方向卖方或有关方直接或间接支付的特许权使用费;⑥卖方直接或间接从买方对该货物进口后转售、处置或使用所得中获得的收益。

进口货物的价款中单独列明的下列税收、费用、不计入完税价格。

(1) 机械或设备等货物进口后的建设、安装、装配、维修或者技术服务的费用,但是保修费用除外。

(2) 进口货物运抵境内输入地点起卸后发生的运输及相关费用、保险费。

(3) 进口关税、进口环节海关代征税及其他国内税。

(4) 为在境内复制进口货物而支付的费用。

(5) 境内外技术培训及境外考察费用。

(6) 符合条件的利息费用。

2. 进口货物海关估价方法

如果进口货物的成交价格不符合规定条件或成交价格不能确定的,海关依次以下列方法确定的价格为基础估定完税价格。

(1) 相同货物成交价格估价方法。

(2) 类似货物成交价格估价方法。

(3) 倒扣价格估价方法。

(4) 计算价格估价方法。

(5) 其他合理方法。

3. 进口货物完税价格中的运输及相关费用、保险费的计算

(1) 进口货物的运输及相关费用,应当按照由买方实际支付或应当支付的费用计算,如果进口货物的运输及相关费用无法确定的,海关应当按照该货物进口同期的正常运输成本审查确定。

(2) 运输工具作为进口货物,利用自身动力进境的,海关在审查确定完税价格时,不再另行计入运输及相关费用。

(3) 进口货物的保险费应当按照实际支付的费用计算。如果进口货物的保险费无法确定或未实际发生,海关应当按照"货价加运费"的3‰计算保险费。

$$保费 = (货价 + 运费) \times 3‰$$

(4) 邮运进口的货物,应当以邮费作为运输及其相关费用、保险费。

【**例 6-32**】 某演出公司进口舞台设备一套,实付金额折合人民币185万元,其中包含单独列出的进口后设备安装费10万元、中介经纪费5万元;运输保险费无法确定,海关按同类货物同期同程运输费计算的运费为25万元。计算该公司进口舞台设备的完税价格。

解析

(1) 由买方负担的除购货佣金以外的佣金和经纪费计入完税价格。货物进口后的基建、安装、装配、维修和技术服务的费用,不得计入完税价格。

(2) 如果进口货物的保险费无法确定或未实际发生,海关应当按照"货价加运费"两者总额的3‰计算保险费。

该公司进口舞台设备的关税完税价格＝(185－10＋25)×(1＋3‰)＝200.60(万元)

(二) 出口货物的完税价格

1. 以成交价格为基础的完税价格

出口货物的完税价格由海关以该货物向境外销售的成交价格为基础审查确定。

(1) 包括货物运至我国境内输出地点装载前的运输及其相关费用、保险费。

(2) 不包括出口关税税额，出口关税税额＝离岸价格÷(1＋出口关税税率)。

(3) 不包括在货物价款中单独列明的货物运至我国境内输出地点装载后的运输及其相关费用、保险费。

2. 出口货物海关估价方法

出口货物的成交价格不能确定时，依次以下列价格审查确定该货物的完税价格。

(1) 同时或大约同时向同一国家或地区出口的相同货物的成交价格。

(2) 同时或大约同时向同一国家或地区出口的类似货物的成交价格。

(3) 根据境内生产相同或类似货物的成本、利润和一般费用、境内发生的运输及其相关费用、保险费计算所得的价格。

(4) 按照合理方法估定的价格。

【例6-33】 我国某公司2020年3月从国内甲港口出口一批矿石到国外，货物离岸价格180万元(含出口关税)，其中包括货物运抵甲港口装载前的运输费10万元。此外，甲港口到国外目的地港口之间还需另行支付运输保险费20万元。计算该公司出口矿石应缴纳的出口关税完税价格。

解析 出口货物的完税价格应包括货物运至我国境内输出地点装载前的运输及其相关费用、保险费，但其中包含的出口关税税额应当扣除。

该公司出口矿石应缴纳的出口关税完税价格＝180÷(1＋20%)＝150(万元)

五、应纳税额的计算

关税应纳税额的计算公式如下。

从价计税应纳税额：关税税额＝应纳进出口货物的数量×单位完税价格×税率

从量计税应纳税额：关税税额＝应纳进出口货物的数量×单位货物税额

复合计税应纳税额：关税税额＝应纳进出口货物的数量×单位完税价格×税率
　　　　　　　　　　　　＋应纳进出口货物的数量×单位货物税额

滑准税应纳税额：关税税额＝应纳进出口货物的数量×单位完税价格×滑准税率

【例6-34】 某市A商场于2020年2月进口一批化妆品。该批货物在国外的买价120万元，货物运抵我国关境前发生的运输费、保险费和其他费用分别为10万元、6万元、4万元。货物报关后，该商场按规定缴纳了进口环节的增值税和消费税并取得了海关开具的缴款书。从海关将化妆品运往商场所在地取得运费的增值税专用发票，注明运输费用5万元，增值税0.45万元。该批化妆品当月在国内全部销售，取得不含税销售额520万元。假定化妆品进口关税税率20%，增值税税率13%、消费税税率15%。

试计算该批化妆品进口环节应缴纳的关税、消费税、增值税。

解析 关税完税价格＝120＋10＋6＋4＝140(万元)

应纳进口关税＝140×20%＝28(万元)

组成计税价格＝(140＋28)÷(1－15％)＝197.65(万元)
进口环节应缴纳消费税＝197.65×15％＝29.65(万元)
进口环节应缴纳增值税＝197.65×13％＝25.69(万元)

六、跨境电子商务零售进口税收政策

跨境电子商务零售进口商品的单次交易限值为人民币5 000元,个人年度交易限值为人民币26 000元。在限值以内进口的跨境电子商务零售进口商品。

(1) 关税税率暂设为0％。
(2) 进口环节增值税、消费税暂按法定应纳税额的70％征收。
(3) 超过单次限值、累加后超过个人年度限值的单次交易,以及完税价格超过5 000元限值的单个不可分割商品,均按照一般贸易方式全额征税。

七、减免规定

关税减免分为法定减免税、特定减免税、临时减免税三种类型。

除法定减免税外的其他减免税均由国务院决定。在我国加入世界贸易组织后,减征关税以最惠国税率或者普通税率为基准。

1. 法定减免税

(1) 关税税额在人民币50元以下的一票货物,可免征关税。
(2) 无商业价值的广告品和货样,可免征关税。
(3) 外国政府、国际组织无偿赠送的物资,可免征关税。
(4) 进出境运输工具装载的途中必需的燃料、物料和饮食用品,可予免税。
(5) 在海关放行前损失的货物,可免征关税。
(6) 在海关放行前遭受损坏的货物,可根据海关认定的受损程度减征关税。
(7) 我国缔结或参加的国际条约规定减征、免征关税的货物、物品。
(8) 其他。

2. 特定减免税

(1) 科教用品。
(2) 残疾人专用品。
(3) 扶贫、慈善性捐赠物资。

3. 暂时免税

暂时进境或者暂时出境的下列货物,在进境或者出境时纳税义务人向海关缴纳相当于应纳税款的保证金或者提供其他担保的,可以暂不缴纳关税,并应当自进境或者出境之日起6个月内复运出境或者复运进境；需要延长复运出境或者复运进境期限的,纳税义务人应当根据海关总署的规定向海关办理延期手续。

(1) 在展览会、交易会、会议及类似活动中展示或者使用的货物。
(2) 文化、体育交流活动中使用的表演、比赛用品。
(3) 进行新闻报道或者摄制电影、电视节目使用的仪器、设备及用品。
(4) 开展科研、教学、医疗活动使用的仪器、设备及用品。
(5) 在上述第(1)项至第(4)项所列活动中使用的交通工具及特种车辆。

(6)货样。

(7)供安装、调试、检测设备时使用的仪器、工具。

(8)盛装货物的容器。

(9)其他用于非商业目的的货物。

4. 临时减免税

临时减免税是指以上法定和特定减免税以外的其他减免税,即由国务院根据《海关法》对某个单位、某类商品、某个项目或某批进出口货物的特殊情况,给予特别照顾,一案一批,专文下达的减免税。一般有单位、品种、期限、金额或数量等限制,不能比照执行。

八、征收管理

(一)关税缴纳

(1)申报时间。进口货物自运输工具申报进境之日起 14 日内;出口货物在运抵海关监管区后装货的 24 小时以前,应该向货物进(出)境地海关申报。

(2)纳税期限。纳税人应在海关填发税款缴纳书之日起 15 日内向指定银行缴纳。

(3)纳税人因不可抗力或在国家税收政策调整的情形下,不能按期缴纳税款,经海关批准,可延期缴纳,但最长不得超过 6 个月。

(二)关税的强制执行

1. 征收关税滞纳金

关税滞纳金金额＝滞纳关税税额×滞纳金征收比率(万分之五)×滞纳天数

2. 强制征收

如纳税义务人自缴款期限届满之日起 3 个月仍未缴纳税款,经海关关长批准,海关可以采取强制扣缴、变价抵缴等强制措施。

(三)关税退还

(1)海关多征的税款,海关发现后应当立即退还;纳税人发现多缴税款的,自缴纳税款之日起 1 年内,可以书面形式要求海关退还多缴的税款并加算银行同期活期存款利息。

(2)有下列情况之一,可自缴纳税款之日起 1 年内,申请退还关税。

① 已征进口关税的货物,因品种或规格原因,原状复运出境的。

② 已征出口关税的货物,因品种或规格原因,原状复运进境的。

③ 已征出口关税的货物,因故未装运出口,申报退关的。

(四)关税补征和追征

1. 关税补征

非因纳税人违反海关规定造成的少征或漏征关税,关税补征期为缴纳税款或货物、物品放行之日起 1 年内。

2. 关税追征

因纳税人违反规定造成少征或漏征关税,关税追征期为进出口货物应缴纳税款之日起 3 年内,并从缴纳税款之日起加征少征或漏征税款万分之五的滞纳金。

(五)关税纳税争议

在纳税义务人同海关发生纳税争议时,可以向海关申请复议,但同时应当在规定期限内按海关核定的税额缴纳关税,逾期则构成滞纳,海关有权按规定采取强制执行措施。

课后习题

一、单项选择题

1. 下列属于资源税征收范围的是(　　)。
   A. 人造石油　　　　　　　　　　B. 液体盐
   C. 煤层天然气　　　　　　　　　D. 已税的洗选煤

2. 应同时征收增值税和资源税的是(　　)。
   A. 生产销售人造石油　　　　　　B. 销售煤矿生产过程中生产的天然气
   C. 自产液体盐连续生产固体盐　　D. 开采的天然气用于职工食堂

3. 下列企业既是增值税纳税人又是资源税纳税人的是(　　)。
   A. 销售有色金属矿产品的贸易公司　　B. 进口有色金属矿产品的企业
   C. 在境内开采有色金属矿产品的企业　　D. 在境外开采有色金属矿产品的企业

4. 某油田2020年12月生产销售人造石油1万吨,取得不含增值税销售收入10万元;销售与原油同时开采的天然气2 000万立方米,取得不含增值税销售收入20万元。已知该油田适用的原油、天然气资源税税率为5%。则该油田12月应缴纳的资源税税额为(　　)万元。
   A. 1　　　　B. 1.5　　　　C. 2　　　　D. 0

5. 下列资源项目中,不属于资源税征收范围的是(　　)。
   A. 原油　　　B. 天然气　　　C. 液体盐　　　D. 成品油

6. 根据土地增值税法律制度的规定,下列各项中,不属于土地增值税纳税人的是(　　)。
   A. 出租住房的孙某　　　　　　　B. 转让国有土地使用权的甲公司
   C. 出售商铺的潘某　　　　　　　D. 出售写字楼的乙公司

7. 根据土地增值税法律制度的规定,下列行为中,应缴纳土地增值税的是(　　)。
   A. 甲企业将自有厂房出租给乙企业
   B. 丙企业转让国有土地使用权给戊企业
   C. 某市政府出让国有土地使用权给丁房地产开发商
   D. 戊软件开发公司将闲置房屋通过民政局捐赠给养老院

8. 根据土地增值税法律制度的规定,下列各项中,免征土地增值税的是(　　)。
   A. 由一方出地,另一方出资金,企业双方合作建房,建筑后转让的房地产
   B. 因城市实施规划、国家建设的需要而搬迁,企业自行转让原房地产
   C. 企业之间交换房地产
   D. 企业以房地产抵债而发生权属转移的房地产

9. 下列各项中,属于土地增值税征税范围的是(　　)。
   A. 房地产的出租　　　　　　　　B. 企业间房地产的交换
   C. 房地产的代建　　　　　　　　D. 房地产的抵押

10. 甲房地产公司2020年11月销售自行开发的商品房地产项目,取得不含增值税收

入20 000万元,准予从房地产转让收入额减除的扣除项目金额12 000万元。已知土地增值税率为40%,速算扣除数为5%,甲房地产公司该笔业务应缴纳土地增值税税额的下列计算式中,正确的是(　　)。

　　A. (20 000－12 000)×40%－20 000×5%＝2 200(万元)

　　B. (20 000－12 000)×40%－12 000×5%＝2 600(万元)

　　C. 20 000×40%－12 000×5%＝7 400(万元)

　　D. 20 000×40%－(20 000－12 000)×5%＝7 600(万元)

11. 根据城镇土地使用税法律制度的规定,下列土地中,不征收城镇土地使用税的是(　　)。

　　A. 位于农村的集体所有土地

　　B. 位于工矿区的集体所有土地

　　C. 位于县城的国家所有土地

　　D. 位于城市的公园内索道公司经营用地

12. 2020年甲盐场占地面积为300 000m²,其中办公用地35 000m²,生活区用地15 000m²,盐滩用地250 000m²。已知当地规定的城镇土地使用税每平方米年税额为0.8元。甲盐场当年应缴纳城镇土地使用税税额的下列计算式中,正确的是(　　)。

　　A. (35 000＋250 000)×0.8＝228 000(元)

　　B. 300 000×0.8＝240 000(元)

　　C. (35 000＋15 000)×0.8＝40 000(元)

　　D. (15 000＋250 000)×0.8＝212 000(元)

13. 某市观光采摘园占地共20 000m²,其中水果种植用地16 000m²,行政办公用地3 000m²,观光园附设饮食部占地1 000m²。企业所在地城镇土地使用税年单位税额每平方米5元。该企业全年应缴纳城镇土地使用税(　　)元。

　　A. 0　　　　B. 20 000　　　　C. 100 000　　　　D. 80 000

14. 某企业占用林地140万平方米建造花园式厂房,所占耕地适用的定额税率为30元/m²。该企业应缴纳耕地占用税(　　)万元。

　　A. 800　　　　B. 1 400　　　　C. 2 100　　　　D. 4 200

15. 关于房产税纳税人的下列表述中,不符合法律制度规定的是(　　)。

　　A. 房屋出租的,承租人为纳税人

　　B. 房屋产权所有人不在房产所在地的,房产代管人为纳税人

　　C. 房屋产权属于国家的,其经营管理单位为纳税人

　　D. 房屋产权未确定的,房产代管人为纳税人

16. 甲公司厂房原值500万元,已提折旧200万元,已知房产原值减除比例为30%,房产税从价计征税率为1.2%,计算甲公司年度应缴纳房产税税额的下列计算式中,正确的是(　　)。

　　A. 200×(1－30%)×1.2%＝1.68(万元)

　　B. 500×1.2%＝6(万元)

　　C. (500－200)×(1－30%)×1.2%＝2.52(万元)

　　D. 500×(1－30%)×1.2%＝4.2(万元)

17. 2020年甲公司房产原值1 000 000元,已提取折旧350 000元。已知从价计征房产税税率为1.2%,当地规定的房产税扣除比例为30%。甲公司当年应缴纳房产税税额的下列计算式中,正确的是( )。

    A. (1 000 000−350 000)×1.2%=7 800(元)
    B. (1 000 000−350 000)×(1−30%)×1.2%=5 460(元)
    C. 1 000 000×(1−30%)×1.2%=8 400(元)
    D. 1 000 000×1.2%=12 000(元)

18. 2020年7月1日,甲公司出租商铺,租期半年,一次性收取含增值税租金126 000元。已知增值税征收率为5%,房产税从租计征的税率为12%。计算甲公司出租商铺应缴纳房产税税额的下列计算式中,正确的是( )。

    A. 126 000÷(1+5%)×(1−30%)×12%=10 080(元)
    B. 126 000÷(1+5%)×12%=14 400(元)
    C. 126 000×(1−30%)×12%=10 584(元)
    D. 126 000×12%=15 120(元)

19. 甲企业出租仓库给乙公司,该仓库原值500万元,乙公司以30万元的生产资料抵付租金。已知当地政府规定计算房产余值的扣除比例为30%,从价计征的税率为1.2%,从租计征的税率为12%,则甲企业应该缴纳的房产税为( )。

    A. 30×12%=3.6(万元)
    B. 500×(1−30%)×1.2%=4.2(万元)
    C. 30×12%+500×(1−30%)×1.2%=7.8(万元)
    D. 500×1.2%=6(万元)

20. 根据房产税法律制度的规定,下列各项中,不予免征房产税的是( )。

    A. 名胜古迹中附设的经营性茶社
    B. 公园自用的办公用房
    C. 个人所有的唯一普通居住用房
    D. 国家机关的职工食堂

21. 某企业2020年生产经营用房原值12 000万元;幼儿园用房原值400万元;出租房屋原值600万元,年租金80万元。已知房产原值减除比例为30%;房产税税率从价计征的为1.2%,从租计征的为12%,该企业当年应缴纳房产税税额的下列计算式中,正确的是( )。

    A. 12 000×(1−30%)×1.2%=100.8(万元)
    B. 12 000×(1−30%)×1.2%+80×12%=110.4(万元)
    C. (12 000+400)×(1−30%)×1.2%+80×12%=113.76(万元)
    D. (12 000+400+600)×(1−30%)×1.2%=109.2(万元)

22. 甲企业2020年年初拥有一栋房产,房产原值1 000万元,3月31日将其对外出租,租期1年,每月收取租金1万元。已知房产税税率从价计征的为1.2%,从租计征的为12%,当地省政府规定计算房产余值的减除比例为30%。2020年甲企业上述房产应缴纳房产税税额的下列计算式中,正确的是( )。

    A. 9×12%=1.08(万元)
    B. 1 000×(1−30%)×1.2%÷12×3+1×9×12%=3.18(万元)
    C. 1 000×(1−30%)×1.2%÷12×4+1×8×12%=3.76(万元)

D. $1\,000\times(1-30\%)\times1.2\%=8.4$(万元)

23. 根据契税法律制度的规定,下列行为中,应征收契税的是( )。
   A. 甲公司出租地下停车场
   B. 丁公司购买办公楼
   C. 乙公司将房屋抵押给银行
   D. 丙公司承租仓库

24. 根据契税法律制度的规定,下列各项中,不征收契税的是( )。
   A. 张某受赠房屋
   B. 王某与李某互换房屋并向李某补偿差价款10万元
   C. 赵某抵押房屋
   D. 夏某购置商品房

25. 根据契税法律制度的规定,下列各项中,不属于契税纳税人的是( )。
   A. 出售房屋的个人
   B. 受赠土地使用权的企业
   C. 购买房屋的个人
   D. 受让土地使用权的企业

26. 2020年10月小王购买一套住房,支付房价97万元、增值税税额10.67万元。已知契税适用税率为3%,计算小王应缴纳契税税额的下列计算式中,正确的是( )。
   A. $(97+10.67)\times3\%=3.2301$(万元)
   B. $97\div(1-3\%)\times3\%=3$(万元)
   C. $(97-10.67)\times3\%=2.5899$(万元)
   D. $97\times3\%=2.91$(万元)

27. 2020年2月李某以150万元价格出售自有住房一套,购进价格200万元住房一套。已知契税适用税率为5%,计算李某上述行为应缴纳契税税额的下列计算式中,正确的是( )。
   A. $150\times5\%=7.5$(万元)
   B. $200\times5\%=10$(万元)
   C. $150\times5\%+200\times5\%=17.5$(万元)
   D. $200\times5\%-150\times5\%=2.5$(万元)

28. 某4S店11月进口9辆商务车,海关核定的关税计税价格为40万元/辆,当月销售4辆,2辆作为样车放置在展厅待售,1辆公司自用。该4S店应纳车辆购置税( )万元。商务车关税税率为25%,消费税税率12%。
   A. 5.48   B. 5.60   C. 5.68   D. 17.04

29. 某汽车制造厂将自产轿车10辆向某汽车租赁公司进行投资,将自产轿车3辆转作本企业固定资产,将自产轿车4辆奖励给对企业发展有突出贡献的员工。该汽车制造厂应纳车辆购置税的计税依据为( )。
   A. 投资作价
   B. 轿车售价
   C. 核定的最低计税价格
   D. 核定的最高计税价格

30. 甲向乙购买一批货物,合同约定丙为鉴定人,丁为担保人,关于该合同印花税纳税人的下列表述中,正确的是( )。
   A. 甲和乙为纳税人
   B. 甲和丙为纳税人
   C. 乙和丁为纳税人
   D. 甲和丁为纳税人

31. 下列单位或个人不属于印花税纳税义务人的有( )。
   A. 贷款合同的担保人
   B. 借款合同的贷款人
   C. 与个人签订的用于生活居住的房产租赁合同的房地产管理部门
   D. 运输合同的托运方

32. 2020年1月,甲公司将闲置厂房出租给乙公司,合同约定每月租金2 500元,租期未定。签订合同时,预收租金5 000元,双方已按定额贴花。5月底合同解除,甲公司收到乙公司补交租金7 500元。甲公司5月应补缴印花税(　　)元。

　　A. 7.5　　　　　　B. 8　　　　　　C. 9.5　　　　　　D. 12.5

33. 2020年10月,甲公司向税务机关实际缴纳增值税70 000元、消费税50 000元;向海关缴纳进口环节增值税40 000元、消费税30 000元。已知城市维护建设税适用税率为7%,甲公司当月应缴纳城市维护建设税税额的下列计算式中,正确的是(　　)。

　　A. (70 000+50 000+40 000+30 000)×7%=13 300(元)

　　B. (70 000+40 000)×7%=7 700(元)

　　C. (50 000+30 000)×7%=5 600(元)

　　D. (70 000+50 000)×7%=8 400(元)

34. 某企业地处市区,2020年5月被税务机关查补增值税90 000元、消费税50 000元、所得税60 000元,还被加收滞纳金40 000元、被处罚款80 000元。该企业应补缴城市维护建设税和教育费附加为(　　)元。

　　A. 10 000　　　　B. 14 000　　　　C. 16 000　　　　D. 20 000

二、多项选择题

1. 计算土地增值税时,旧房及建筑物可以扣除的金额有(　　)。

　　A. 转让环节的税金　　　　　　B. 取得土地的地价款

　　C. 评估价格　　　　　　　　　D. 重置成本

2. 下列单位中,属于土地增值税纳税人的有(　　)。

　　A. 建造房屋的施工单位　　　　B. 中外合资房地产开发公司

　　C. 转让国有土地的事业单位　　D. 房地产管理的物业公司

　　E. 以自建商品房安置回迁户的房地产开发企业

3. 甲、乙两家企业共有一项土地使用权,土地面积为1 500 m²,甲、乙两家企业的实际占用比例为3:2。已知该土地适用的城镇土地使用税税额为5元/m²,关于甲、乙企业共有该土地应缴纳的城镇土地使用税,下列处理正确的有(　　)。

　　A. 甲企业应缴纳的城镇土地使用税=1 500×3÷5×5=4 500(元)

　　B. 甲企业应缴纳的城镇土地使用税=1 500×5=7 500(元)

　　C. 乙企业应缴纳的城镇土地使用税=1 500×2÷5×5=3 000(元)

　　D. 乙企业应缴纳的城镇土地使用税=1 500×5=7 500(元)

4. 下列城市用地中,应缴纳城镇土地使用税的有(　　)。

　　A. 民航机场场内道路用地　　　B. 商业企业经营用地

　　C. 火电厂厂区围墙内的用地　　D. 市政街道公共用地

5. 根据房产税法律制度的规定,与房屋不可分割设施的下列表述中,应计入房产原值缴纳房产税的有(　　)。

　　A. 给排水管道　　B. 电梯　　　　C. 暖气设备　　　D. 中央空调

6. 根据车船税法律制度规定,以下属于车船税征税范围的有(　　)。

　　A. 用于耕地的拖拉机　　　　　B. 用于接送员工的客车

　　C. 用于休闲娱乐的游艇　　　　D. 供企业经理使用的小汽车

7. 根据车船税法律制度的规定,下列各项中,属于车船税征税范围的有( )。
   A. 摩托车　　　　B. 客车　　　　C. 货车　　　　D. 火车
8. 根据车船税法律制度的规定,下列车船中,以"辆数"为依据的有( )。
   A. 摩托车　　　　B. 机动车辆　　　C. 商用货车　　　D. 商用客车
9. 下列关于车船税计税依据的表述中,正确的有( )。
   A. 商用货车以辆数为计税依据　　　　B. 商用客车以辆数为计税依据
   C. 机动船舶以净吨位数为计税依据　　　D. 游艇以艇身长度为计税依据
10. 下列选项中,属于契税征税范围的有( )。
    A. 房屋交换　　B. 房屋赠与　　C. 房屋买卖　　D. 房屋租赁
11. 关于契税计税依据的下列表述中,符合法律制度规定的有( )。
    A. 受让国有土地使用权的,以成交价格为计税依据
    B. 受赠房屋的,由征收机关参照房屋买卖的市场价格规定计税依据
    C. 购入土地使用权的,以评估价格为计税依据
    D. 交换土地使用权的,以交换土地使用权的价格差额为计税依据
12. 根据印花税法律制度的规定,下列各项中,属于印花税纳税人的有( )。
    A. 立据人　　　　　　　　　　　B. 各类电子应税凭证的签订人
    C. 立合同人　　　　　　　　　　D. 立账簿人
13. 下列选项中,属于印花税征税范围的有( )。
    A. 借款合同　　B. 加工承揽合同　　C. 仓储保管合同　　D. 购销合同
14. 根据印花税法律制度规定,下列合同中,应该缴纳印花税的有( )。
    A. 购销合同　　　　　　　　　　B. 技术合同
    C. 货物运输合同　　　　　　　　D. 财产租赁合同
15. 根据印花税法律制度的有关规定,下列关于印花税计税依据的说法,不正确的有( )。
    A. 财产租赁合同,以所租赁财产的金额作为计税依据
    B. 货物运输合同,以所运货物金额和运输费用的合计金额为计税依据
    C. 借款合同,以借款金额和借款利息的合计金额为计税依据
    D. 财产保险合同,以保险费收入为计税依据

三、判断题
1. 海盐属于资源税征税范围。( )
2. 房地产开发企业建造的商品房,出售前已使用的,不征收房产税。( )
3. 房产税从价计征,是指以房产原值为计税依据。( )
4. 对个人按市场价格出租的居民住房,暂免征收房产税。( )
5. 甲钢铁厂拥有的依法不需要在车船登记部门登记的在单位内部场所行驶的机动车辆,属于车船税的征税范围。( )
6. 纳税人签订的商品房销售合同应按照"产权转移书据"税目计缴印花税。( )
7. 对由于减免增值税、消费税而发生退税的,已征收的城市维护建设税不予退还。( )

参考文献

[1] 杨志勇.税收经济学[M].北京：东北财经大学出版社,2011.
[2] 盖地.中国税制[M].北京：中国人民大学出版社,2020.
[3] 中国注册会计师协会.税法[M].北京：经济科学出版社,2019.